本报告为教育部哲学社会科学发展报告培育项目
"海南国际旅游岛建设发展报告"（项目批准号：13JBGP027）阶段性成果
本书由海南大学中西部高校提升综合实力工程学科建设项目资助

海南国际旅游岛建设发展报告(2014)

海南国际旅游岛发展研究院　编著

中国社会科学出版社

图书在版编目(CIP)数据

海南国际旅游岛建设发展报告.2014／海南国际旅游岛发展研究院编著.
—北京：中国社会科学出版社，2015.11
ISBN 978-7-5161-6968-1

Ⅰ.①海… Ⅱ.①海… Ⅲ.①地方旅游业－经济发展战略－研究报告－海南省－2014 Ⅳ.①F592.766

中国版本图书馆 CIP 数据核字（2015）第 246327 号

出 版 人	赵剑英
责任编辑	任 明
特约编辑	乔继堂
责任校对	郝阳洋
责任印制	何 艳

出 版	中国社会科学出版社
社 址	北京鼓楼西大街甲158号
邮 编	100720
网 址	http://www.csspw.cn
发 行 部	010-84083685
门 市 部	010-84029450
经 销	新华书店及其他书店

印刷装订	北京市兴怀印刷厂
版 次	2015年11月第1版
印 次	2015年11月第1次印刷

开 本	710×1000 1/16
印 张	17.75
插 页	2
字 数	300千字
定 价	68.00元

凡购买中国社会科学出版社图书，如有质量问题请与本社营销中心联系调换
电话：010-84083683
版权所有　侵权必究

《海南国际旅游岛建设发展报告》
编委会名单

顾　　问	侯自新	刘康德		
主　　编	刁晓平	刘秉镰		
副 主 编	王崇敏	王迎军		
执行主编	李辽宁	陈扬乐	李仁君	
编　　委	李辽宁	陈扬乐	李仁君	周　伟
	刘德浩	尹正江	熊勇先	孟繁强
	樊　燕	杜传忠	耿松涛	王晓云
	白雪洁			

前　言

本报告是教育部哲学社会科学发展报告项目"海南国际旅游岛建设发展报告"（项目批准号：13JBGP027）培育阶段成果的第二本，由海南大学与南开大学的专家合作完成。

作为年度报告，本报告秉承第一本的研究理念，同时在侧重点上有所区别。在研究理念上，保持报告的"突出研究性"定位，着力于从学者的视角审视海南国际旅游岛建设，凸显研究的战略性、前沿性和开放性；在研究思路上，继续按照"总—分—总"的逻辑思路，系统考察一年来海南国际旅游岛建设的发展状况，但是侧重点与第一本有较大不同。在行业篇的"旅游业"中不再从一般意义上对海南的旅游业泛泛而谈，而是突出"三沙旅游"；在"农业"中重点关注"休闲农业"。同时，根据一年来国家和海南发展的新形势，在本报告中增加了法治建设和公共外交两个专题。根据这样的安排，本报告内容分为十章，主题分别是：新形势、新进展、三沙旅游、房地产行业、休闲农业、生态文明、基本公共服务均等化、法治建设、公共外交、未来发展展望。

本报告仍采取分篇主编制：综合篇（第一、二章，主编：陈扬乐）、行业篇（第三、四、五章，主编：李仁君）、专题篇（第六、七、八、九章，主编：周伟）、展望篇（第十章，主编：孟繁强）。各章撰写人分别是：第一章（尹止江）、第二章（耿松涛）、第三章（陈扬乐）、第四章（李仁君）、第五章（时晓冬）、第六章（王晓云）、第七章（刘德浩）、第八章（熊勇先）、第九章（周伟、卢暄、王欣）、第十章（孟繁强）。最后由李辽宁统稿。

本报告再次体现了海南大学与南开大学的合作精神。在研究过程中，海南大学副校长、海南国际旅游岛发展研究院执行院长刁晓平教授、副校长王崇敏教授多次组织课题组成员就相关问题进行讨论。南开大学原校长、海南国际旅游岛发展研究院院长侯自新教授、海南国际旅游岛发展研究院副院长孟繁强博士，多次专程到海南大学就报告的写作进行指导；南开大学王迎军教授、白雪洁教授、杜传忠教授等也多次通过视频会议、现场指导的方式，对报告的写作和修改提出了宝贵的意见。在此，谨向南开大学的专家组表示诚挚的谢意！

本报告在研究和出版过程中，国际旅游岛发展研究院副院长樊燕博士做了大量联系和组织的工作。本研究也得到了各级领导和有关人士的关心和支持。海南省委、省政府相关部门对本报告予以大力支持，特别是海南省统计局、海南省旅游发展委员会、海南省外事侨务办公室，为本报报告提供了重要的数据支撑和写作建议。中国社会科学出版社对本书进行了深入认真的审读和校改。同时，本书还引用了一些统计和调查数据，在此一并致谢。

由于时间仓促，水平有限，本报告呈现的结果可能与读者的期望有较大距离，有些分析难免存在偏颇之处。在此，我们热忱欢迎广大读者和专家不吝赐教，我们将不断改进，提高研究质量。

海南国际旅游岛发展研究院
2015 年 9 月

目 录

综 合 篇

第一章 海南国际旅游岛建设新形势 (3)
 第一节 国际新形势 (3)
  一 中国国际影响力日益增强 (3)
  二 全球经济格局重构态势明显 (6)
  三 政治、外交与经济相互交织影响进一步加强 (8)
  四 互联网技术对全球影响深远 (9)
 第二节 国内新形势 (10)
  一 全面依法治国与全面从严治党 (10)
  二 中国经济与社会发展步入"新常态" (11)
  三 多项区域发展战略出台利于区域协调发展 (13)
  四 生态文明愈发重要 (14)
  五 旅游市场发展出现新形势 (15)
 第三节 新形势对海南国际旅游岛建设的影响 (16)
  一 国际地位提升为海南对外开放创造了有利条件 (17)
  二 "一带一路"战略为海南创造广阔的发展空间 (17)
  三 经济结构调整给海南带来巨大发展机遇 (17)
  四 休闲时代将促进海南休闲度假旅游业发展 (18)
  五 复杂多变的国际环境影响海南入境旅游发展 (19)
  六 出境旅游持续走高影响海南国内旅游市场开拓 (19)
  七 海南旅游业面临转型升级的巨大压力 (19)

第二章 海南国际旅游岛建设新特征 (20)
 第一节 发展理念的转变 (20)
  一 建设幸福家园成为首要目标 (20)

二　建设海洋强省成为奋斗目标……………………………(22)
　　三　深化改革成为基本保障…………………………………(23)
　　四　扩大开放成为重要抓手…………………………………(25)
第二节　发展路径做出调整………………………………………(26)
　　一　大力发展环保产业………………………………………(26)
　　二　大力发展海洋经济………………………………………(28)
　　三　大力发展乡村旅游………………………………………(30)
　　四　大力推进城乡一体化发展………………………………(30)
第三节　海南省的综合实力增强…………………………………(32)
　　一　人均国民生产总值稳步提高……………………………(32)
　　二　旅游业快速发展…………………………………………(34)
　　三　新型城镇化取得明显进展………………………………(38)
　　四　人均收入水平快速提升…………………………………(40)
第四节　海南省经济结构更优化…………………………………(43)
　　一　三次产业结构持续优化…………………………………(43)
　　二　现代服务业成为支柱……………………………………(44)
　　三　经济发展空间结构趋向平衡……………………………(47)

行　业　篇

第三章　三沙市旅游业发展研究…………………………………(55)
第一节　三沙市旅游发展的意义…………………………………(55)
　　一　是国际旅游岛建设的内在要求…………………………(56)
　　二　是实施南海开发战略的内在要求………………………(56)
　　三　是建设海洋强国和海洋强省的内在要求………………(56)
　　四　是有效维护国家海洋权益的内在要求…………………(57)
第二节　三沙市旅游发展基础……………………………………(58)
　　一　自然条件优良……………………………………………(58)
　　二　社会经济快速发展………………………………………(59)
　　三　旅游资源特色鲜明………………………………………(59)
　　四　制约因素不容忽视………………………………………(60)
第三节　三沙市旅游发展动力机制………………………………(60)

  一　三沙市旅游发展的动力系统……………………………（61）
  二　三沙市旅游发展的动力模型……………………………（62）
  三　三沙市旅游发展动力的作用机制………………………（62）
  四　基于动力机制的三沙旅游发展对策……………………（63）
 第四节　三沙市旅游发展思路……………………………………（63）
  一　指导思想…………………………………………………（64）
  二　战略目标…………………………………………………（64）
  三　战略选择…………………………………………………（65）
  四　三沙旅游发展重点………………………………………（67）
  五　三沙旅游发展布局………………………………………（71）
 第五节　三沙市旅游发展建议……………………………………（72）
  一　制定三沙旅游开放政策…………………………………（72）
  二　建立三沙旅游发展机制…………………………………（74）
  三　建立三沙旅游安全保障体系……………………………（74）
  四　构建三沙旅游发展公共服务保障体系…………………（76）
  五　建设三沙旅游人才支撑体系……………………………（78）

第四章　海南国际旅游岛房地产业发展研究……………………（80）
 第一节　海南房地产市场新动态…………………………………（80）
  一　房地产投资稳步增长……………………………………（80）
  二　房地产市场销售量跌价涨………………………………（80）
  三　开发建设亦现降温………………………………………（83）
  四　全省的土地市场继续降温，长期于底部徘徊…………（86）
  五　库存量依然高企…………………………………………（86）
  六　稳步推进保障房建设……………………………………（88）
 第二节　海南房地产调控新动向…………………………………（88）
  一　限制普通商品住房比例，着力高端经营性地产………（89）
  二　注重民生建设，加强棚户区改造………………………（90）
  三　重拳出击清理闲置土地，架起防违控违红线…………（91）
  四　落实分类调控思想，形成"南收北促"新局面…………（92）
 第三节　海南房地产发展热点追踪………………………………（92）
  一　旅游地产成为海南房地产发展的转型方向……………（93）
  二　养老地产新趋势——全力配合国家养老基地建设 ………（100）

第四节　发展建议 …………………………………………………（108）
　　一　着力把海南岛建设成为海南人民的幸福家园 ……………（108）
　　二　宏观调控规范市场，谋求海南旅游地产、养老地产
　　　　健康发展 ……………………………………………………（109）
　　三　创新宣传和促销方式，做精做强房地产业 ………………（109）

第五章　海南国际旅游岛休闲农业发展研究 ……………………（111）
第一节　导论 ………………………………………………………（111）
　　一　休闲农业及其发展历程 ……………………………………（111）
　　二　休闲观光农业园区及其客源分析 …………………………（113）
　　三　国内休闲农业发展现状与趋势 ……………………………（115）
第二节　海南休闲农业发展环境、目标与原则 …………………（116）
　　一　海南休闲农业的发展环境 …………………………………（116）
　　二　海南休闲农业的发展目标 …………………………………（121）
　　三　海南休闲农业的发展原则 …………………………………（122）
第三节　海南休闲农业发展现状 …………………………………（123）
　　一　海南休闲农业发展新业态 …………………………………（123）
　　二　海南休闲农业发展的经典案例 ……………………………（125）
　　三　行业协会助推休闲农业提质增效 …………………………（126）
　　四　海南休闲农业发展存在的问题 ……………………………（126）
第四节　海南休闲农业发展的对策 ………………………………（129）

专　题　篇

第六章　海南国际旅游岛生态文明建设研究 ……………………（135）
第一节　海南省生态文明发展新措施与成就 ……………………（135）
　　一　海南省应对环境问题新举措 ………………………………（135）
　　二　海南省生态文明发展取得的新成就 ………………………（139）
第二节　海南省生态文明发展存在问题分析 ……………………（140）
　　一　空气质量污染轻微上升 ……………………………………（140）
　　二　海洋及海滩生态环境有所恶化 ……………………………（141）
　　三　生活污水与农业面源污染是主要水污染源 ………………（145）
　　四　产业发展带来的环境压力不容忽视 ………………………（146）

五　海南城镇化对生态承载力的影响 …………………………(150)
第三节　海南省生态问题影响因素研究 ……………………………(152)
　　一　空气环境质量影响因素分析 ……………………………(152)
　　二　海洋及海滩生态环境影响因素分析 ……………………(153)
　　三　村镇生态保护政策实施存在缺陷 ………………………(154)
　　四　民众与企业的生态意识较薄弱 …………………………(155)
第四节　生态文明发展重点方向建议 ………………………………(156)
　　一　进一步优化产业结构，留住高素质人才 ………………(157)
　　二　提高清洁能源比重，落实垃圾分类与回收流程 ………(158)
　　三　小镇定位"风情"，实现人文与生态和谐发展 ………(158)
　　四　治理城市内河污染，恢复海滩及近海域生态环境 ……(159)
　　五　强化生态环境保护法律法规的实施力度 ………………(160)

第七章　海南国际旅游岛基本公共服务均等化问题研究 …………(162)
第一节　海南基本公共服务均等化建设主要成就 …………………(162)
　　一　海南基础教育发展水平显著提高 ………………………(163)
　　二　海南医疗卫生公共服务事业取得积极进展 ……………(165)
　　三　海南社会保障事业稳步推进 ……………………………(166)
　　四　海南加快推进公共文化服务体系建设 …………………(169)
　　五　海南硬件基础设施建设水平不断提高 …………………(170)
　　六　小结 ………………………………………………………(171)
第二节　海南基本公共服务均等化发展水平评价 …………………(171)
　　一　海南基本公共服务总体发展水平大幅度提升 …………(172)
　　二　海南省内区域间基本公共服务发展水平差异较大 ……(173)
　　三　海南城乡基本公共服务非均衡格局未彻底扭转 ………(175)
第三节　海南基本公共服务均等化的制约因素 ……………………(181)
　　一　公共财政对基本公共服务均等化发展水平的影响 ……(182)
　　二　基本公共服务均等化水平的影响因素：基于数据 ……(184)
第四节　政策建议 ……………………………………………………(187)
　　一　坚持总体发展与重点推进相结合，有针对性地推进基本
　　　　公共服务均等化建设 ……………………………………(187)
　　二　坚持把海南作为一个大城市来谋划布局推进基本公共服务
　　　　均等化 ……………………………………………………(188)

三　坚持城乡统筹推进基本公共服务均等化 …………………（189）
第八章　海南国际旅游岛法治发展研究 ………………………………（194）
　第一节　法治与海南国际旅游岛建设 ………………………………（194）
　　一　海南国际旅游岛建设中法治的规范分析 ………………（195）
　　二　法治是海南国际旅游岛建设的内在要求 ………………（196）
　　三　海南国际旅游岛法治建设的基本内容 …………………（200）
　第二节　海南国际旅游岛建设中的法治成就 ………………………（203）
　　一　完善了国际旅游岛法规体系 ……………………………（203）
　　二　提高了法治政府的建设水平 ……………………………（206）
　　三　创设了公平正义的司法环境 ……………………………（208）
　　四　提高了社会公众法治观念 ………………………………（211）
　　五　提升了法律公共服务水平 ………………………………（214）
　　六　提升了法学教育科研水平 ………………………………（216）
　第三节　海南国际旅游岛法治建设中的问题及发展方向 …………（217）
　　一　海南国际旅游岛法治建设中存在的问题 ………………（217）
　　二　海南国际旅游岛法治发展的方向 ………………………（221）
第九章　海南国际旅游岛公共外交发展研究 …………………………（225）
　第一节　公共外交背景扫描 …………………………………………（225）
　　一　公共外交的概念及其历史 ………………………………（226）
　　二　公共外交的功能及应用实践 ……………………………（229）
　　三　公共外交在中国的兴起与发展 …………………………（233）
　第二节　海南公共外交的兴起与发展 ………………………………（237）
　　一　海南开展公共外交的优势 ………………………………（237）
　　二　海南公共外交的源起与生成 ……………………………（241）
　　三　海南公共外交与国际旅游岛建设 ………………………（243）
　　四　博鳌亚洲论坛：海南公共外交的实践范例 ……………（246）
　第三节　海南公共外交的新探索与新使命 …………………………（248）
　　一　海南公共外交的战略构想与实践进展 …………………（249）
　　二　海南公共外交的前景展望与未来任务 …………………（252）

展 望 篇

第十章 海南国际旅游岛战略展望 (259)
第一节 海南国际旅游岛战略的定位展望 (259)
一 新阶段与新版图中的海南定位 (259)
二 海南国际旅游岛战略所面临的多重叠加期 (260)
第二节 旅游特区背景下的海南国际旅游岛战略创新 (261)
一 "一带一路"中的海南愿景——"国际旅游特区" (261)
二 以"大城市管理框架"推动绿色崛起 (261)
三 以"丰富的产业体系"推动城市化进程 (262)
第三节 打造中国旅游特区的若干建议 (263)
一 "特"体现的是在多个旅游细分领域的顶端优势 (263)
二 中国唯一的"旅游+"的实践范例 (264)
三 进一步扩大政策开放力度,打造旅游"政策特区" (265)
四 实施人才战略,实现旅游"人才特区" (266)
五 陆海统筹,实现海洋旅游的"互联互通" (267)
六 打造旅游特区一流的"营商环境" (268)

综合篇

第一章

海南国际旅游岛建设新形势

自国际旅游岛建设这一国家战略颁布实施以来,国际、国内形势发生了巨大而深刻的变化,对国际旅游岛建设产生了深远影响。面对新的发展环境和形势,国际旅游岛建设也作出了相应的目标调整和应对之策。

第一节 国际新形势

海南国际旅游岛作为国家战略,自始至终受到国内外形势的影响。准确研判国内外形势,对于把握国际旅游岛建设的机遇和挑战具有重要意义。

一 中国国际影响力日益增强

改革开放以来,中国经济社会发展取得了长足进步,综合国力不断增强,在国际社会中尽其所能地发挥作用,国际地位不断提升,国际影响力与日俱增。

(一)对世界经济的发展做出重要贡献

中国已成为世界头号工业生产国。2007年,中国工业生产总值只有美国的62%,到了2011年,中国工业生产总值已是美国的120%。2012年,中国工业总产值是美国的126%。

中国外汇储备规模连续多年稳居世界第一位。中国外汇储备2006年末突破1万亿美元,2009年末突破2万亿美元,2011年末突破3万亿美元,2012年末为3.31万亿美元。

中国已成为全球头号贸易大国。2013年,中国全年进口近2万亿美元的商品,为全球贸易伙伴创造了大量就业岗位和投资机会。

中国经济总量连续跨越新台阶。2000年,中国实现国内生产总值1.3万亿美元,与法国大体相当;2008年,中国国内生产总值超过德国,居世界第三位；2010年，中国国内生产总值超过日本，居世界第二位，成为仅次于美国的世界第二大经济体；到了2011年，中国经济总量已接近7万亿美元，相当于法、德两国经济总量之和。2014年，中国经济总量超过了63万亿元人民币，成为全球第二个经济总量突破10万亿美元的大国。

据IMF测算，2014年，中国对世界经济增长的贡献率为27.8%，对亚洲经济增长的贡献率超过50%。目前，随着中国经济地位大幅提高，国际社会越来越期待中国在全球经济治理中发挥更大作用。

(二) 对APEC的发展做出积极贡献

APEC是建立和发展中国与亚太区域各经济体互利共赢合作关系的大平台。中国于1991年正式加入APEC之后，提出了许多经济技术合作倡议，积极推动APEC经济技术合作进程；提出"开放的、灵活的、讲求实际的"亚太合作理念，对"APEC大家庭精神"的提出发挥了重要作用。2001年，中国担任APEC东道主，通过了《上海共识》，提出探路者计划，为推进亚太区域贸易投资自由化进程发挥了积极作用；首次务实推动贸易便利化计划和首次将反恐议题纳入APEC议程。这些都对APEC的发展做出了里程碑式的贡献。2014年，中国又一次担任APEC东道主。会议通过了《北京纲领》和《亚太伙伴关系声明》，进一步明确了亚太地区经济合作的发展方向、目标与举措；批准了APEC《互联互通蓝图》，为推动亚太地区基础设施建设和互联互通合作提供制度保障；通过《亚太经合组织推动实现亚太自贸区北京路线图》，使亚太自贸区建设进入实质性启动阶段，有利于缓解亚太地区贸易体系的碎片化发展，减少贸易成本，促进可持续、包容和平衡的经济增长；签约成立亚洲基础设施投资银行，为弥补亚洲发展中国家基础设施建设资金紧缺和减少亚洲资金外流发挥积极作用；发布《北京反腐败宣言》，有利于加速APEC成员在引渡条约、司法协助、反洗钱等领域的谈判与合作，有利于促进亚太地区反腐网络的构建。

(三) 在中国—东盟自由贸易区中发挥重要作用

在中国的积极倡导和推进下，2010年1月1日，中国—东盟自由贸易区全面建成，它涵盖双方20亿人口、6万亿美元贸易总额和9万亿美元国内生产总值，是全球人口最多的自由贸易区。从中国和东盟双边来看，中国—东盟自由贸易区的建立和发展，在促进发展中国家团结合作、提升东盟国家国际地位、促进东盟国家抢占中国市场和有效吸引外资、消除东盟对中国的疑虑等方面发挥了积极作用。数据表明，2014年，中国与东盟贸易额达4803.94亿美元，同比增长8.3%。① 目前，中国已是东盟最大的贸易伙伴。从整个亚洲来看，建立中国—东盟自由贸易区，在很大程度上推进了东盟经济一体化进程和亚洲一体化进程。中国—东盟自由贸易区对东盟内部经济合作的紧密化也产生了明显的促进作用，同时对日韩与东盟建立自由贸易区，对"中日韩"经济共同体和"亚洲共同体"的建立有很强的带动作用。

（四）提出并倡导"一带一路"战略

中国提出并倡导的"一带一路"战略将成为亚太地区乃至世界新的增长源。"一带一路"，分别以新疆为丝绸之路经济带核心区和以福建为21世纪海上丝绸之路核心区，贯通中亚、南亚、西亚、东南亚乃至欧洲部分区域，牵系亚太经济圈和欧洲经济圈，涵盖44亿人口，是世界跨度最长、最具发展潜力的经济走廊。第一，在"一带一路"战略的施行中，交通基础设施互联互通势必先行，这给沿线各国或地区基础设施建设企业带来了巨大的市场机会。第二，"一路一带"战略为沿线国家带来经贸合作的新机遇。在"一带一路"主要交通节点与港口将以经贸合作的方式建成一批特色产业园和产业示范区，吸引各国企业入园投资，带动沿线各国发展经济、增加就业、改善民生。官方数据表明，2012年，中国与丝绸之路经济带沿线各国贸易总额达5495亿美元，占中国外贸总额的14.2%；与海上丝绸之路沿线各国贸易总额达6900多亿美元，占中国外贸总额的17.9%。② 2013年，中国与丝绸之路经济带陆路沿线国家贸易总额达6000多亿美元，占中国对外贸易总量的15%左右。③ 第三，"一带一路"使沿线各国看到了投资合作的新机遇。未来5年，中国将进口超过10万亿美元的商品，对外直接投资将超过5000亿美元。第四，"一带一路"战略是中国与沿线国家保障能源安全的突破口。2012年，中国已经成为全球最大的能源消费国，原油进口量达2.7亿吨，对外依存度突破

---

① 马德林：《2014年中国东盟贸易额超4800亿美元》，资料来源：http://finance.chinanews.com/cj/2015/01-30/7022026.shtml。

② 杨眉、郭芳、姚冬琴：《新丝路贸易先行：我国为多沿线国家最大出口市场》，《中国经济周刊》2014年7月8日。

③ 杨眉、郭芳、姚冬琴：《新丝路战略的经济支点》，《中国经济周刊》2014年7月7日。

60%。"一带一路"战略为中国提供了安全可靠的石油进口来源，同时也使这些能源国家获得了稳定的能源出口市场。

（五）倡导和推进亚洲基础设施投资银行

2013年10月2日，习近平主席提出筹建亚洲基础设施投资银行的倡议。2014年10月24日，包括中国、印度、新加坡等在内的21个首批意向创始成员国在北京签署《筹建亚投行备忘录》，共同决定成立亚洲基础设施投资银行。亚洲基础设施投资银行的创始成员国达57个，涵盖了除美、日之外的主要西方国家。亚洲基础设施投资银行的建立，将有效促进亚洲资本的有效配置，积极推动亚洲地区基础设施建设、经济增长和区域经济一体化。亚洲基础设施投资银行的建立体现了中国"有所作为"的大局意识。一方面，它有利于提升包括中国在内的新兴市场国家在国际经济舞台上的地位；另一方面，它有利于激活和扩大全球投资需求，支持世界经济复苏，增强全球经济的稳定性。

二 全球经济格局重构态势明显

（一）金融危机对全球经济造成持续不利影响

2008年发生的国际金融危机波及范围广，影响时间长，对世界经济造成了严重创伤。全球经济在过去数年间一直以一种持续失衡的状态运行。第一，全球失业问题异常严峻。在全球金融危机爆发6年后，全世界仍有约两亿失业人口，其中青年人失业情况尤为严重。国际劳工组织2014年5月年度报告指出，发展中国家青年失业率超过12%，中东、北非最为严重，1/3的青年成为失业者。第二，全球经济内生增长动力严重不足，导致全球经济复苏乏力。人口红利因素衰减，资本积累被约束，导致内生增长动力的缺失。第三，产出缺口依然保持高位，一些国家仍然在消化包括高负债、高失业率在内的金融危机的后续影响。第四，大宗商品繁荣周期结束引发价格危机。2014年以来，由于供过于求导致全球大宗商品价格下跌5%左右，这是2011年大宗商品价格达到峰值后连续第三年出现下滑。国际油价大幅下跌，自2014年6月起，国际原油价格在原有基础上呈加速下跌趋势。[①] 第五，全球贸易持续疲软。世界贸易组织

---

① 张茉楠：《全球经济将走向结构调整的"新常态"》，资料来源：http://www.cfen.com.cn/web/meyw/2015-01/13/content_ 1156838.htm。

(WTO)发布的全球贸易增长最新预测表明,2014年和2015年全球贸易额增长预期分别下调3.1%和4%,远低于2008年金融危机前10年平均贸易年增长率6.7%的水平。第六,新兴市场国家经济面临巨大的货币风险。随着美国退出QE以及加息预期的增强,资本大幅流出新兴市场,导致俄罗斯、印度尼西亚、马来西亚等国家货币大幅贬值。

(二)全球经济呈缓慢不均衡复苏态势

世界金融危机爆发后,全球发达经济体总体陷入衰退,新兴经济体,特别是中国实体经济快速增长。经过几年的调整,发达经济体出现分化,呈现缓慢增长和停滞不前两种态势,而新兴经济体的发展也开始持续减速。首先,美国经济增长乏力,但转机初现端倪。从2010年1月至2014年9月,美国工业已实现持续57个月同比增长,且从2013年8月份开始持续一年超过金融危机前水平。[①] 其次,欧元区经济开始复苏,但基本上是原地踏步。2014年一季度GDP环比增长率仅为0.2%,二季度为零增长,三季度的增长率也只有0.2%。2014年,欧元区通缩压力不断增强,下半年核心通胀率下降至0.5%,9月、11月进一步降至0.3%。2014年,欧元区失业率居高不下,高达11.5%。日本经济经历短暂复苏后,又陷入第四轮衰退,2014年一季度GDP增长1.5%,二季度GDP环比萎缩1.8%,三季度继续下滑1.6%。最后,新兴经济体失速国家数量增多。新兴市场和发展中经济体已连续四年减速,2014年平均增速预计仅有4.4%,比2013年低0.3个百分点,比2010年则大幅下降3.1个百分点。

(三)全球经济格局重构带来新影响

金融危机后,发达国家推出"再制造"战略,试图通过优势产业或优势价值环节提高竞争力;新兴经济体则力图通过对外直接投资和产业升级,通过产业链延伸和扩展来突破发展空间的局限。全球价值链重构一方面推动国际市场竞争,另一方面促进国际分工的深化和区域利益整合。以美国为代表的发达经济体和以中国为代表的新兴经济体都在积极组建"利益共同体",如美国主导的太平洋伙伴关系协定(TPP)、跨大西洋贸易与投资伙伴协议(TTIP)等,以及中国主导的中国—东盟自由贸易区、上海合作组织和"一带一路"等。

[①] 张亚雄、程伟力:《2014年世界经济形势分析与2015年展望》,《中国联合商报》2015年1月19日。

金融危机后,高端制造业回流发达国家步伐加快,由实物商品生产的分工转向服务产品生产的国际分工已成趋势,服务外包和服务贸易全球化不断向纵深推进,这为国际服务贸易创造了广阔的发展空间。美国在2011年提出了"再工业化"战略,巴西、印度于2011年公布了《工业强国计划》,德国于2013年初提出工业4.0计划。物联网、大数据、工业机器人、3D打印以及生物、材料、节能环保等技术创新将促进传统产业改造和新兴产业兴起,推动产业数字化、智能化、绿色化发展。新能源成为驱动产业结构调整的重要力量。

三 政治、外交与经济相互交织影响进一步加强

2014年,世界各国政治、外交、经济相互交织影响不断加强,增加了影响全球经济增长和世界和平与稳定的不确定性风险及隐患。

发达经济体货币政策的分化成为影响全球经济的重要变量。自金融危机以来,美、日、欧等发达国家率先推行宽松的货币政策,掀起全球竞相贬值的货币之争。2014年,发达经济体货币政策开始分化。美国全面退出量化宽松政策,日本继续用日元贬值来拉动经济复苏,欧元区推出了一揽子宽松货币政策。发达经济体货币政策的分化导致新兴国家内部货币政策分化的加剧。俄罗斯、土耳其、巴西等国不得不实施趋紧的货币政策来应对通货膨胀和本国货币大幅贬值的压力;中国、印度等亚洲国家,迫于信贷需求下滑、通胀紧缩、大宗商品价格大幅下跌等压力而推行宽松的货币政策。发达经济体货币政策的博弈和分化,对全球资本流动产生极大影响,加大了世界经济的不确定性风险和隐患。

政治博弈、地缘政治冲突与经济交互影响加深。2014年,中美之间的紧张与缓和,美欧与俄罗斯的激烈较量,中俄、中欧之间的合作交融,中国与主要发展中国之间的互助合作,中国与周边国家之间的是非恩怨,构成了大国关系的基本走势。其中,中美之间的博弈关乎全球经济增长及世界和平与稳定。中美作为世界上最大的两个经济体,其经济总量接近世界经济总量的三分之一,其经济贸易合作不仅可以促进两国经济的发展,而且有利于世界经济的发展。但是,随着中国的迅速崛起,中美经济竞争不断加剧,并逐渐转变为政治博弈。美国为了维系其在全球的霸权地位,实施"重返亚太""战略再平衡"战略,在政治、经济、军事、外交等全方位对中国进行围堵。2014年,美国进一步调整"重返亚太"战略,充

当日本、菲律宾和越南等国的后台，染指中国南海、东海，使这一区域相关国家矛盾随之激化，亚太局势趋于紧张，中美关系一度绷紧。但随着乌克兰危机和中东危机的深化，中美关系趋向缓和，而 APEC 会议则为中美构建新型大国关系提供了新的契机。可以预见，中美合作—对抗、博弈—妥协的复杂关系将会持续很长一段时间，并对世界经济的发展产生持久影响。

2014 年，乌兰克危机引发的地缘政治事件，进一步加剧了全球经济的不稳定性，延缓了全球经济复苏进程。例如，美欧等国联手对俄罗斯进行经济制裁，人为地造成了 2014 年国际市场油价暴跌。此外，北非、中东局势动荡也一定程度地影响了全球经济的复苏进程及世界和平与稳定。

总之，经济竞争和政治博弈与冲突是影响国家间关系的重要因素，而国与国之间的外交与政治冲突，反过来又会增加世界经济的不确定性与风险。

四 互联网技术对全球影响深远

2014 年，全球互联网用户再创新高，达到 28.9 亿人，覆盖全球所有地区。2014 年，互联网对人们生活的渗透进一步加深，移动化趋势更加明显，大数据时代端倪初现，以迅猛之势席卷传统行业，正在引发各行各业巨大变革。

第一，传统制造业将由规模化、标准化向智能化、定制化、个性化生产转变。2014 年 4 月，美国 AT&T、思科（Cisco）、通用电气（GE）、IBM 和英特尔（intel）等五家行业龙头企业联手组建了工业互联网联盟（IIC）；12 月，美国通用电气公司与日本软银公司签署 Perdk 软件平台许可协议，标志着美国通用电气提倡的"工业互联网"进入实质运作阶段。第二，基于互联网平台，农业正在由粗放式化学农业向精细型现代化农业转变。第三，全球互联网推动传统教育产业的变革，一方面改变传统教育模式，通过多媒体教学和依托软件教学大大提高了教学效率；另一方面通过传播渠道的扩张促进远程教育的发展，使人们足不出户即可接受各种教育。第四，全球互联网推动传统医疗产业的变革。互联网正在改变着医疗设备行业，改变着传统诊疗方式。互联网的发展也正在改变传统医院的存在形态，远程医疗将成为现实。另外，医院药物销售功能也将被医药电子商务所取代。第五，互联网不断催生新的业态。自互联网被广泛应用以来,电子商务、电子银行、网上银行、智慧旅游等新业态不断涌现,随着互联网技术的不断进步,新的业态将层出不穷。此外,互联网还将改变人们的生活方式、工作方式,继而改变人们的思维方式;由于互联网的信息沟通的无障碍性,互联网的普及将会促进各国的民主进程和推进国际格局的变革,从而推动国际大融合。总之,互联网技术的快速发展与广泛应用将成为影响全球经济增长的重要变量。

第二节 国内新形势

在本报告中,国内新形势从政治和经济两个方面来考察。"四个全面"①战略布局的提出,完整展现出新一届中央领导集体治国理政总体框架;中国经济已经进入新常态,经济与社会发展正在步入新的轨道和发展模式;"一带一路"、长江经济带和京津冀协同发展"三个支撑带"与上海、广东、天津、福建四个自贸区形成的"3+4"多点支撑,构成了中国区域发展的战略格局。在这样的背景下,海南国际旅游岛建设面临新的发展环境和发展机遇。

一 全面依法治国与全面从严治党

关于全面依法治国。2013年11月,中国共产党十八届三中全会通过了《关于全面深化改革若干重大问题的决定》,强调指出坚持法治国家、法治政府、法治社会的一体化建设。2013年,中国全国人大及其常委会共审议通过了包括《旅游法》在内的11项法律,国务院制定了15件行政法规。截至2013年12月底,中国除宪法外,现行有效的法律共241件,法律规范的范畴更加广泛。2014年,中国进入全面推进依法治国的崭新阶段。党的十八届四中全会以"依法治国"为主题,审议通过的《中共中央关于全面推进依法治国若干重大问题的决定》,第一次就加快社会主义法治建设进行了顶层设计和战略部署。2014年,中国出台食品安全法等法律15件,制定修订企业信息公示暂行条例等行政法规38件。

---

① "四个全面",即全面建成小康社会、全面深化改革、全面依法治国、全面从严治党。限于篇幅,在此主要围绕"全面依法治国"和"全面从严治党"来阐述,这二者分别为"全面建成小康社会"和"全面深化改革"提供了法治保障和组织保障。

法制建设的许多新举措有利于进一步优化中国法治环境。例如,《立法法》的修正有利于提高中国立法质量,促成中国法律体系的全面升级;《中共中央关于再废止和宣布失效一批党内法规和规范性文件的决定》的发布,标志着我国迈出了依规治党的重要一步;建立宪法宣誓制度彰显宪法权威;《行政诉讼法》的修订,有望激活"民告官"的司法正能量。

关于全面从严治党。中国共产党的群众路线教育实践活动主要以"保持和发展党的先进性和纯洁性"为出发点,以"为民、务实、清廉"为主题,以贯彻落实中央"八项规定"为切入点,突出作风建设,极力反对"形式主义""官僚主义""享乐主义""奢靡之风"。自党的群众路线教育实践活动开展以来,我国共压缩"三公"经费530.2亿元,减少因公临时出国(境)2.7万多个批次、9.6万多人;查处公款吃喝、参与高消费的问题3083起、4144人;减少乱收费、乱罚款、乱摊派项目3.1万多个,查处"三乱"问题1.1万多起,涉及金额15.1亿元;10万余人主动上交"红包"及购物卡,涉及金额5.2亿元,查处2550人、涉及金额2.5亿元。教育实践活动取得了显著成效,干部作风明显好转,"四风"势头得到控制,群众办事更加方便,社会风气整体好转。[①] 2014年,各级纪检监察机关共查处违反中央八项规定精神问题53085起,处理71748人,其中给予党纪政纪处分23646人;查处违纪违法纪检监察干部1575人,其中厅局级34人、县处级229人;国际追逃追赃办公室共追逃500多人,追赃30多亿元。[②] 如此常态化、高压式反腐倡廉对中国经济社会产生了深远影响:第一,对政府权力进行有效的制度约束,能充分发挥市场机制的作用,从而提高经济运行的效率;第二,惩治腐败可有效避免资源与能力的独占或非法交易,营造更加公平的发展环境;第三,惩治腐败可以缓解因财富分配不公而引起的社会矛盾;第四,惩治腐败可以破除吃喝玩乐、请客送礼、权力寻租等的"庸俗文化"和"圈子文化",有利于净化和优化社会人文环境。

二 中国经济与社会发展步入"新常态"

经历30多年的高速发展后,中国经济呈现出新的阶段性和常态化特

[①] 陆颖:《反"四风"交出成绩单"三公"经费压缩530亿》,《北京青年报》2014年10月8日。

[②] 同上。

征。"新常态"一词是2014年5月习近平总书记在河南考察时首次提出的,此后又在APEC工商领导人峰会上进行了系统阐释。他认为,中国经济的新常态有几个主要特点:速度——"从高速增长转为中高速增长";结构——"经济结构不断优化升级";动力——"从要素驱动、投资驱动转向创新驱动"。可以看出,这是一个形容经济发展态势的概念,指的是在新形势下,经济增长速度换挡、经济结构调整与发展动力重塑将成为今后较长一段时间内常态化的趋势。

具体说,中国经济新常态主要有以下基本内涵:一是新导向,即GDP减速。中国经济增速很难再维持过去30年10%左右的增长速度,未来10年增长速度将保持在6%—7%可能成为常态化趋势。二是新结构,即进行经济结构调整。在新的经济形势下,特别是在国内要素成本上升的情况下,中国投资与出口导向的粗放型经济增长模式已无法维持中国经济的持续发展,以集约型增长模式取代粗放型增长模式势在必行。三是新模式,即全面调整政府宏观调控模式。为了尽量减少经济结构失衡、资产价格泡沫与通货膨胀等问题,国家将尽可能避免再度出台全面而过度宽松的宏观调控政策,而代之以稳健的财政政策与定向宽松的货币政策。四是新动力,即培育经济增长新动力。投资加出口的经济驱动方式已不符合新时代的要求,稳定投资、控制风险、刺激消费、大众创新创业、加大公共产品与服务的提供将成为经济增长新动力。

经济新常态可能呈现以下现实表征:第一,经济增长速度变缓,但物价水平和就业状况不会出现周期性的大起大落。目前,中国的技术创新尚未取得重大突破,在此情况下,经济潜在增长率的下降和GDP增速回落有其必然性。但潜在增长率的下降一般不会影响经济的周期性波动。第二,第三产业有相对较强的发展势头。2013年,我国第三产业增加值占GDP的比重达到46.9%,第二产业的GDP比重降至43.7%,第三产业增加值占GDP的比重首次超过第二产业;2014年第三产业增加值占GDP比重继续上升,达到48.2%,高于第二产业5.6个百分点。第三产业比重上升,产业链向高端迈进是必然趋势。第三,资本市场遇到发展良机。从国内来看,以激发活力、提高效率为核心,以收购兼并、股权转让、资产剥离、资产置换等为手段的国企改革为资本市场提供了新的良好的发展机会,特别是资产证券化有望迎来新的发展机遇。从国际来看,中国从"商品输出"扩大到"资本输出",2014年首次成为"净资本输出国"。

这一方面体现了中国参与全球价值链重构的决心与能力,另一方面也为国际化资本运作创造了良好机会。第四,中小企业和新兴产业或成新的增长点。近年来,电子商务、现代物流、科技服务、金融创新等新兴产业发展迅速,持续保持50%左右的增长率。这些新业态具有市场准入度低、交易成本低、交易便利性强、市场退出壁垒小等特点。新业态的上述优势对中小企业的创业与发展有很强的推动作用。第五,各种金融风险陆续显现。房地产市场走向风险、政府债务违约风险、影子银行产品违约风险、商业银行自身倒闭风险等都会给商业银行体系的运行带来风险,继而引发金融风险;对新型业务的金融支持和人民币国际化都可能导致金融风险。

三 多项区域发展战略出台利于区域协调发展

"一带一路"、长江经济带和京津冀协同发展"三个支撑带"与上海、广东、天津、福建四个自贸区形成的"3+4"多点支撑,是中国区域发展战略格局。

"21世纪海上丝绸之路"经济带战略,从海上联通欧、亚、非三个大陆,与"新丝绸之路"经济带战略一起,形成一个海上、陆地的闭环,沿海地区作为连接中国与众多邻国的门户和纽带,在"一带一路"建设中具有独特的地位和作用。海南理应在"一带一路"战略中发挥更重要的作用。

京津冀协同发展不仅是解决北京发展面临的矛盾和问题,也不仅仅是解决天津、河北发展面临的矛盾和问题,而且是优化国家发展区域布局、优化社会生产力空间结构,打造新的经济增长极,形成新的发展方式的需要。

长江流域经济带是我国最大、最完整的流域经济带,浓缩了我国经济发展的精华。以其为核心,连接起北方经济带和南方经济带,从而实现全国东中西贯通发展和南中北共同发展。

在上海自贸试验区挂牌一年之后,自由贸易园区的经验在2014年进一步向国内其他地区推广。2014年12月12日,国务院召开常务会议指出,党中央、国务院已决定在更大范围推开(上海)自由贸易试验区建设经验,推动实施新一轮高水平对外开放。中国将在广东、天津、福建特定区域再设三个自由贸易园区,自贸区将重点在企业与个人创业的便利化、消费增长、贸易便利化、跨境电子商务、扩大外资准入、鼓励对外投资、金融业开放、融资便利等领域进一步扩大开放。

四 生态文明愈发重要

环境问题是世界各国共同面临的问题。随着经济的发展、社会的进步，环境问题也越来越严峻。从全球范围来看，全球气候变化、臭氧层破坏、酸雨、海洋污染、生物多样性锐减，以及土地资源污染、毒化学品污染、淡水资源污染等环境问题，一直困扰着世界各国。改革开放以来，中国经济飞速发展，随之而来的环境问题也层出不穷。目前，中国面临的环境问题主要有：大气污染、水污染、土地沙化、垃圾处理、生物多样性破坏、水土流失、旱灾水灾、WTO 面临的环境问题、三峡库区环境问题、持久性有机物污染问题等。

这些环境问题对中国经济、社会的发展产生极大的消极影响，主要表现为：第一，大气污染、水污染、土壤污染、食品污染、持久性有机物污染等问题给国民健康带来了极大危害。全国肿瘤登记中心发布的《2012 中国肿瘤登记年报》表明，全国每年新发肿瘤病例约为 312 万例，平均每天确诊 8550 人，每分钟就有 6 人被诊断为癌症。其中，肺癌已成为我国首位恶性肿瘤死亡原因，占全部恶性肿瘤死亡 22.7%，而流行病学研究表明，大气污染与人群肺癌发病/死亡率的升高存在显著关系[1]。第二，环境问题对国民经济造成直接或间接的不利影响。环境污染引发各种疾病和职业病，使社会人力资源受损，导致社会人力成本的增加；环境污染对资源本身造成破坏，导致整个社会的生产成本上升、生产效率降低和产品质量下降；环境污染如大气污染、水污染等会导致生产条件的恶化，继而对生产者的身心健康和生产效率产生负面影响；环境污染很容易使生产设施、场所及原料遭受破坏，从而产生污染经济，污染经济会导致价格上升，继而引发通货膨胀，污染经济还会增加政府治理污染的成本。第三，环境问题可能影响社会稳定。统计数据显示，近年来，因环境问题引发的群体性事件以年均 29% 的速度在递增。中国社科院法学院研究所发布的《2014 年中国法治发展报告》表明，环境污染是导致万人以上群体性事件的主要原因，在所有万人以上的群体性事件中占 50%。

---

[1] 李秋萌：《报告显示全国每分钟有 6 人被确诊为癌症》，《京华时报》2013 年 1 月 10 日。

五 旅游市场发展出现新形势

2013年《国民旅游休闲纲要》的实施将对我国旅游业的发展产生重大影响。其一，强力促进休闲旅游设施的建设。交通、酒店、餐饮、景区、购物、娱乐等专门设施将进一步完善。休闲公共服务设施的建设将加强。城市公园、城市游憩带、乡村休闲园区、休闲综合体、度假村等成为重点建设项目，智慧旅游项目建设力度将加大，博物馆、艺术中心、科普园地、爱国主义教育基地等社会文化服务设施建设将获得更多的资金支持。其二，积极促进休闲度假旅游的发展。国家积极倡导休闲和旅游消费升级，有利于人们休闲度假观念的养成；带薪休假制度为休闲度假旅游提供了时间保证。在此前提下，只要人们有足够的可随意支配收入，休闲度假旅游将得到长足发展。其三，将催生旅游电子商务新业态。根据国际经验，为了获得高性价比的旅游服务，旅游者一般采取提前预订的方式来安排旅游行程，这一趋势将催生国内旅游电子商务新业态。到目前为止，国内咔旅网、携程、去哪儿等旅游电商都已开辟独立的"早期预订"频道来适应这一趋势，网络预订和在线旅行社将成为国民休闲旅游的一大主流。此外，带薪休假制度的推行，将有助于解决季节性波动和旅游目的地指向冷热不均等问题，将在一定程度上拓宽国民休闲空间和促进出境游市场持续增长。

与此同时，出境旅游持续走高喜忧参半。2014年，中国出境旅游人次首次突破1亿人次大关，达1.07亿人次，比2013年增长19.49%，是1998年出境旅游人次（843万人次）的10.8倍，是2010年出境旅游人次（5738万人次）的2倍。[①] 据预测，到2030年中国出境游客数量将会达到约5.35亿人次。这些数据表明，自1998年以来，中国出境旅游持续走高。出境旅游持续走高，一方面说明我国综合国力不断增强，中国人民与世界各国人民的联系与交流更加紧密；另一方面也说明中国公民的旅游欲望、消费指向和福利观念都发生了根本性变化。但是，出境旅游的发展对我国经济社会的消极影响也不容忽视。出境高消费影响旅游业对本国经济的贡献，造成内需漏出，甚至导致服务贸易逆差增大。统计数据显示，中

---

① 《国家旅游局：去年出境旅游首次突破1亿人次大关》，资料来源：http://www.chinanews.com/gn/2015/02-09/7048922.shtml。

国出境旅游者在国外的人均消费达到约2500欧元,为全球最高。财富品质研究院的统计数据表明,2013年,全球奢侈品市场面临诸多压力,但全球奢侈品市场总容量仍达到创纪录的2170亿美元,全年增长率11%,其中,中国人买走了全球47%的奢侈品。[①] 商务部统计数据显示,1995年至2013年中国的服务贸易已连续19年逆差,而且逆差规模不断扩大。2013年创下历史新高,服务贸易进出口总额5396.4亿美元,仅为美国的一半左右,而服务贸易逆差额就达到1184.6亿美元。出境购买奢侈品支出是导致服务贸易逆差增长的主要原因之一。

第三节 新形势对海南国际旅游岛建设的影响

2014年,海南主动适应经济发展新常态,稳发展、调结构、促改革、惠民生,海南经济社会稳定、健康发展,国际旅游岛建设取得了新成绩。

第一,从总体情况来看,2014年,海南经济总量达到3500.7亿元,是2009年的2.1倍,年均增长达11.1%。全年全省常住居民人均可支配收入17476元,比上年增长11.1%。其中,城镇常住居民人均可支配收入24487元,比上年增长9.3%;农村常住居民人均可支配收入9913元,比上年增长12.6%。全年全省城镇新增就业人数10.1万人,比上年增长1.6%;年末全省从业人员533.90万人,比上年末增长3.8%;其中,城镇从业人员240.12万人,增长12.7%。

第二,从三次产业比重来看,2014年三次产业比重为23.1∶25∶51.9,第三产业占比51.9%,提前实现国际旅游岛建设2015年服务业占比过半的目标。

第三,从旅游业发展情况来看,2014年,海南省接待过夜游客4060.2万人次,是2009年的1.8倍,年均增长12.5%;2014年,海南全省旅游总收入485亿元,是2009年的2.3倍,年均增长18%。截至2014年,海南旅游业创造直接就业岗位约40万个,连同关联产业创造的就业岗位超过150万个。旅游业对关联产业,如餐饮业、房地产业、休闲农业、交通运输业、商品销售业等的拉动效益明显。

第四,2014年全省农业总产值1259.70亿元,比2013年同期增长

---

① 王红茹:《中国出境游支出全球第一》,《人民文摘》2014年第9期。

4.9%。其中,农林牧渔业完成增加值832.8亿元,比2013年增长5.0%。第五,2014年全省工业完成增加值514.4亿元,比2013年增长11.6%。其中,石油加工业产值551.1亿元,比2013年增长16.4%;医药制造业产值122.4亿元,增长13.7%。

2014年,国际国内新形势对海南国际旅游岛建设带来了多方面的影响。主要表现在以下方面。

一 国际地位提升为海南对外开放创造了有利条件

改革开放以来,中国成为全球第二大经济体、头号工业生产国、头号贸易大国,对国际的贡献越来越大,国际影响力日益增强,"中国道路"受到广泛关注。国家在促进国际合作,特别是促进新兴经济体合作方面所做的贡献和所取得的成效,为海南搞活经济、扩大对外开放、加强国际合作扫平了道路,搭起了舞台,奠定了基础。据海南省官方数据,2014年全省对外贸易进出口总值975亿元,比上年增长4.3%,其中,出口总值271.4亿元,增长17.8%。在出口总值中,对东盟出口97.9亿元,增长70.3%;对日本出口8.1亿元,增长11.5%。这些数据表明,中国政府积极倡导和推进中国—东盟自由贸易区建设和亚洲共同体建设对海南的对外开放有直接的推动作用。

二 "一带一路"战略为海南创造广阔的发展空间

海南处于海上丝绸之路连南接北的战略支点地位。在"一带一路"战略的大背景下,海南的定位更加明确,海南省委提出,抢抓"一带一路"建设重大机遇,从实施国际旅游岛国家战略出发,把聚焦点、着力点放在打造中国的旅游特区,打造世界一流的精品旅游目的地上。"一带一路"战略有利于加强海南旅游业的国际合作,使海南吸收更多的国际元素与国际标准,进一步提升海南的国际化水准和国际知名度;有利于推进海南与东南亚、东北亚国家或地区以邮轮为纽带共同构建海上丝路旅游环线和环南海旅游经济圈。"一带一路"战略对西沙海岛休闲与邮轮旅游的开发有很强的促进作用。西沙旅游的开发和海上丝路旅游环线的建成必将吸引大量国内外多层次、可持续的旅游消费。

三 经济结构调整给海南带来巨大发展机遇

扩大内需、推进城镇化和注重第三产业的发展对海南来说都是难得的机会。第一，拉动消费将为海南创造大量的刚性需求。国家拉动消费，以内需促发展已成趋势。近年来中国居民的消费能力有很大的提升，已有23%的中等收入群体。十八大提出要在2020年实现居民收入倍增，如果这一目标实现，中国将形成6亿中等收入人群。由此可以相信，到2016年，我国的消费总规模将从2011年的16万亿元提升到30万亿元；到2020年，预计消费需求总规模将由30万亿元提升到45万亿—50万亿元[①]。海南生态环境优美，又是中国唯一的热带海岛，只要优化消费结构、提高服务质量、改善人文环境，海南很有可能成为消费主导经济转型的先行区。

第二，城镇化将为海南带来相当数量的投资与消费需求。未来的城镇化是人口的城镇化，中国人口城镇化发展将拉动上百万亿的固定资产投资和居民消费需求。目前，海南的城镇化水平还比较低，还有刺激经济发展的良好空间。

第三，第三产业的主角化是海南的重大利好。2014年，海南第一产业、第二产业、第三产业的占比为23.1∶25.0∶51.9，这说明第三产业作为海南主导产业的地位越来越突出。国家大力发展第三产业的政策安排，对海南这一本身以第三产业为主的省份来说无疑是重大利好，旅游、养老、房产、家政、健康、体育等领域的市场潜力巨大，中小企业和新兴产业发展前景广阔。

四 休闲时代将促进海南休闲度假旅游业发展

《国民旅游休闲纲要》的推出对海南旅游业的发展是一大利好。首先，休闲时代的开启将为海南创造庞大的休闲消费市场。根据国际经验，人均GDP达到5000美元时，休闲度假旅游需求进入膨胀期。2011年，中国人均GDP已达到5000美元；2012年，中国人均GDP达到6100美元，沿海等大城市人均GDP超过10000美元。这些数据表明，有钱、人闲、人口基数近14亿的国内民众是海南发展休闲度假旅游业坚实的市场基础。其次，休闲时代的开启将促进海南休闲设施的建设和现有旅游产品体系的完善。最后，休闲时代的开启将很大程度地推进海南休闲产业的发展。

---

① 迟福林：《十八大后转型发展的大趋势与海南国际旅游岛建设的新机遇》，资料来源：http：//www.cird.org.cn/WeAreCird/Research/Briefing/201301/t20130124_160098.htm。

五 复杂多变的国际环境影响海南入境旅游发展

世界经济持续低迷、恐怖主义日益猖獗、地缘政治愈演愈烈，使许多国家的人们出游意愿降低，导致海南入境旅游人次锐减，最紧要的是海南传统的一级入境旅游客源地俄罗斯、韩国等国来海南旅游人次大幅下降。由于海南周边旅游市场竞争激烈，韩国、泰国、印度、越南等地采取本币贬值策略，进行低成本促销，对海南开拓入境旅游市场构成极大的竞争威胁。同时，国内许多省、市或地区也不断加大特色旅游产品、特色旅游商品的生产，通过各种措施来抢夺境外旅游市场，这也在一定程度上地威胁海南境外旅游市场的开拓。

六 出境旅游持续走高影响海南国内旅游市场开拓

目前，海南97%的旅游者来自国内，可以说国内旅游者是海南旅游业的衣食父母。出境旅游的持续走高对海南国内旅游市场的开拓至少造成两个方面的影响：其一是出境旅游走高，可能压缩海南的国内旅游市场规模；其二是引起旅游者结构的变化，中低档旅游者有可能增多，高档旅游者数量则有可能呈下降趋势。显然，前者影响海南旅游业的"丁"，后者则影响海南旅游业的"财"。

七 海南旅游业面临转型升级的巨大压力

为适应国际国内新环境，海南旅游业的转型升级迫在眉睫。首先，入境市场疲软和出境旅游持续走高的双重压力，迫使海南必须按照国际标准提升自己的产品开发能力和市场运作用能力，实现旅游产品与消费环境的国际化。其次，近年来，海南生态文明建设取得了一定的成效，优美环境依然是海南的一大卖点，但生态文明建设仍然面临许多挑战，环境保护机制尚未完善，红树林等重要生态资源缺乏有效保护，节能减排的形势严峻，推行善行旅游的呼声越来越高。最后，《国民旅游休闲纲要》的出台将给海南带来难得的发展机遇，但是威胁与机遇并存，海南现有的旅游产品、服务设施、消费环境、营销思路与模式、管理思路与体系、人力资源等都无法与休闲时代的消费特征相匹配，这在客观上要求海南旅游业加快转型升级步伐。

第二章

海南国际旅游岛建设新特征

2014年6月，受国家有关部门委托，遵照国务院领导同志批示精神，并按照《国务院关于推进海南国际旅游岛建设发展的若干意见》的要求，国家发展改革委国际合作中心组织开展海南国际旅游岛建设发展第三方评估工作，完成了《海南国际旅游岛建设发展综合评估报告》。该报告表明：海南国际旅游岛建设总体顺利、收效明显；国际旅游岛六大战略定位已经逐步实现，《若干意见》制定的13项任务指标，总体上看，87.5%的指标进展顺利。报告同时指出了海南国际旅游岛未来发展战略的建议，包括：必须筑牢国际旅游岛建设的生态底线；创建海南旅游卓越品质；创新旅游相关服务业发展机制；拓展热带农业发展空间；增强基础设施保障支撑能力；落实以人为本的惠民富民政策；要力促新型工业旅游产业联动发展；推出国际旅游岛发展政策升级版。2014年，海南国际旅游岛建设取得了明显进展，具体表现在经济社会实力综合增强和经济结构更加优化等方面，这些进展的取得又来自于发展理念和发展路径的转变。

第一节 发展理念的转变

海南国际旅游岛建设发展理念可以概括为：扩大开放、深化改革、陆海统筹、全面小康。其中，全面小康是海南国际旅游岛建设的根本目标（建设幸福家园成为首要目标），陆海统筹是海南国际旅游岛建设的空间架构（建设海洋强省成为奋斗目标），深化改革是海南国际旅游岛建设的基本保障，扩大开发是海南国际旅游岛建设的关键抓手。

一 建设幸福家园成为首要目标

海南国际旅游岛建设是海南经济社会发展阶段性（2010—2020年）

战略，即到2020年基本建成国际旅游岛。关于海南国际旅游岛建设发展目标的表述，2014年前表述为把海南建设成为"中外游客的度假天堂和海南人民的幸福家园"，2014年的表述为把海南建设成为"海南人民的幸福家园和中外游客的度假天堂"。尽管只是顺序上的变化，但正是这种顺序的变化，反映了发展理念发生了根本性的变化。这种顺序的变化表明对海南国际旅游岛建设战略的理解得到了升华。

对于海南国际旅游岛建设战略，需要从以下几方面深刻理解。

首先，海南国际旅游岛建设是区域发展战略，而不是产业发展战略。通过长期探索，海南选择通过发展旅游业带动现代服务业发展，进而实现区域的全面发展。优先发展旅游业只是海南区域经济社会与生态和谐发展的众多选择之一，是立足海南省情和市场需求的科学抉择。

其次，海南国际旅游岛建设的根本目的是提高海南人民的幸福指数。一个区域无论采取什么样的发展战略，在理论上，其根本目的是提高当地居民的幸福指数，而在社会主义初级阶段，可概括为全面建成小康社会。人民幸福指数的高低取决于区域经济发展水平（尤其是人民的收入水平和消费能力）、社会发展水平、生态建设水平和政治文明程度等。在海南这一特定区域内，发展传统工业不具有比较优势，发展热带农业具有比较优势，但农业属于弱势产业和基础产业，产业附加值不高，对区域经济社会发展的带动作用偏弱。长期实践和探索表明，构建以现代服务业为主导产业的特色经济结构是海南实现从传统农业社会跨越式地迈向现代后工业社会的科学选择。构建以旅游业为龙头产业、以现代服务业为主导产业的特色经济结构正是海南国际旅游岛建设的关键内容。

最后，"海南人民的幸福家园"和"中外游客的度假天堂"相辅相成。"幸福家园"是"度假天堂"的前提和条件，没有幸福家园，也就不可能有真正意义上的"度假天堂"，只有建成"幸福家园"，人民安居乐业，幸福美满，才能热情好客，诚信友善，才能成为"度假天堂"。反过来，"度假天堂"是"幸福家园"的实现路径和保障。海南独特的区位条件决定了现代服务业必然成为海南特色经济结构的主导产业；同时，旅游业很强的产业带动效应和产业关联效应决定了旅游业必然成为现代服务业的龙头产业。

2014年，海南为了提高当地居民对国际旅游岛建设成效的分享份额，出台了系列政策和措施，其中大力推进乡村旅游发展成为亮点。为了进一步规范市场秩序，提高游客满意度和满意率，旅游、物价、质监、公安等部门通力协作，齐抓共管，中国旅游研究院的调研报告显示，游客对海南的满意度明显提高。

二 建设海洋强省成为奋斗目标

与全国其他沿海省份相比，海南省的行政区划具有独特的二元同心结构：处于中心的是生态环境优良的海南岛，处于外围的是占全国海域面积三分之二的南海。从地图上俯瞰，巨大的绿色岛屿漂浮在广阔的蓝色海洋中，中心的"绿"与外围的"蓝"，既界限清晰，又浑然一体，构成了"蓝"与"绿"之间不可分割的二元同心结构。因此，就海南发展而言，必须紧紧依托海南自身管辖海洋面积广大、生态环境优良等方面的独特优势，大力发展以蓝色为代表的海洋经济和以绿色为代表的陆域经济，在"陆海统筹"与"蓝绿互动"发展思路的引领下，不断推动陆域经济与海洋经济的协同式发展，这是海南经济社会可持续发展的希望与潜力所在，同时也将为海南国际旅游岛建设提供均衡的结构支撑和持久的动力源泉。

总体而言，"陆海统筹"与"蓝绿互动"发展观，就是在国际旅游岛建设的过程中，将发展眼光不仅仅局限于陆地，而是立足陆地，放眼海洋，在搞好陆域经济建设的同时，充分发掘自身的海洋资源与优势，大力发展海洋经济，在海洋与陆地的优势互补、资源互利的条件下，使两者互为对方发展的前沿阵地和保障基地，形成一种交相呼应、互促共进的发展态势。具体而言，作为一种地区经济社会的发展思路与模式，"陆海统筹"是指在地区社会经济发展过程中，综合陆海两方面的资源环境特点与优势，将海陆两个区域作为一个整体进行规划和考量，形成优势互补、相互促进的发展态势，并以此为基础进行区域经济发展规划，形成"陆海统筹"的发展战略；"蓝绿互动"是指当陆海两区域在"陆海统筹"发展战略的指引下，陆域经济与海洋经济都发展到了一定的程度，两者能够在经济发展过程中以一方之优势带动另一方协调发展，并互为对方发展提供有力的支撑和保障，即"蓝绿互动"的发展方式。需要强调的是，"陆海统筹"与"蓝绿互动"并不是割裂的两方，而是相互交织在一起的。在用"陆海统筹"的眼光谋划发展战略时，也要考虑到海洋经济和陆域经济之间的"蓝绿互动"；在用"蓝绿互动"的方式推动经济社会发展时，也应遵循"陆海统筹"的基本原则和内在要求。

就海南国际旅游岛建设而言，实施"陆海统筹"与"蓝绿互动"的发展思路，需要统筹兼顾、均衡协调陆地资源与海洋资源两方面的优势，加强政策引导与支持，积极打造陆域经济和海洋经济的"双轮驱动"，实现海陆资源互补、海陆产业互动和海陆经济一体化，提高海洋经济的质量和效益。在此过程中，尤其是要构建好具有海南特色的海洋经济发展布局和海洋产业体系，大力发展现代海洋渔业，做大做强临港工业，支持发展海洋油气业，加快发展海洋旅游业，积极发展海洋交通运输业，培育壮大海洋新兴产业。要修订和完善涉海法律法规，科学制定海洋发展规划，实施科技兴海和人才强海战略，提高海洋综合管理与控制能力，加快推进海洋重大基础设施建设，加强海洋生态文明建设和海洋文化建设等，全面推进海洋产业体系转型升级，不断提升海洋经济综合实力，实现海南由岛屿型经济体向岛屿—海洋型经济体的转变和跨越，避免形成单一化、失衡化的发展路径依赖，以长远的眼光、战略的思维和系统的构建，推动海南经济社会走向全面协调与可持续发展之路。

总之，海南作为全国管辖海域面积最大的海洋省份，大力发展海洋经济进而实现蓝色崛起，这是对绿色崛起战略的丰富与补充，通过实施以国际旅游岛建设为核心的绿色崛起战略以及海洋资源开发为核心的蓝色崛起战略，在"陆海统筹"与"蓝绿互动"发展观的指导下，海南必将迎来再次崛起的春天。

三 深化改革成为基本保障

"四个全面"——全面建成小康社会、全面深化改革、全面依法治国、全面从严治党，是我党在新的历史时期治国理政的总方略，对于推进中国特色社会主义现代化建设具有重要意义。为了贯彻落实中央精神，推进海南国际旅游岛建设上新台阶，在省委、省政府领导下，海南各界齐心协力，共同参与到全面深化改革的行动之中。

第一，统一思想，明确任务，改革再动员再部署。2014年1月9日，省委六届五次全会通过了《关于贯彻落实党的十八届三中全会精神推动海南全面深化改革的实施意见》（简称《实施意见》）。《实施意见》分为12个部分，内容包括：推进市场化改革，培育特色优势产业；完善省直管市县体制，提高资源配置效益；建立健全全面反映市场供求和资源稀缺程度的土地市场机制，推动永续发展；推动国资国企和农垦改革，增强国有经济活力、控制力、影响力；转变政府职能，提高行政效能；创新开放型经济发展体制机制，建设海上丝绸之路服务基地；完善城乡一体化体制机制，推动城乡统筹发展；推进社会事业改革创新，实现基本公共服务均等化；推进社会主义民主政治建设，推进法治海南建设；创新社会管理体制，提高社会治理水平；加快生态文明制度建设，创建生态文明示范区；加强和改善党的领导，为全面深化改革提供坚强的政治保证。《实施意见》把中央的部署要求融会贯通到海南改革发展具体实践中，明确了海南省未来五年的改革方向和路径。

在2014年省"两会"上，时任省委副书记、省长蒋定之所作的《政府工作报告》中，"改革"一词罕见地出现了43次，其中，年度"改革任务清单"还列出了八大重点工作。根据省委的部署要求，在深入调研、广泛征求意见的基础上，省委办公厅、省政府办公厅形成了海南省2014年重点改革工作方案初稿，于2月13日提交省委常委会审议并原则通过。2014年3月18日，省委书记罗保铭主持召开专题会议，再次就该方案逐条研究，提出具体修改意见。经过不断调整完善，《海南省2014年重点改革工作方案》于3月底正式印发。《方案》包括12部分、71项改革任务，每项改革都明确了协调单位、牵头单位、参加单位、完成时间等，注重改革事项的可行性、可操作性、可考核性，防止大而化之。与此同时，各市县各部门也纷纷结合各自实际，研究制定了贯彻落实省委改革决策部署的意见办法和工作方案，以实际行动迅速推进各项改革工作。

第二，统筹全局，整体推进，六大领域全面开花。改革是一项庞大的系统工程，小到一个证、一个章，大到经济社会发展的宏观政策，都与改革有千丝万缕的联系。在推进改革的过程中，海南将改革的深度与广度紧密结合在一起。2014年2月13日，省委成立全面深化改革领导小组，负责全省深化改革的总体设计、统筹协调、整体推进、督促落实。领导小组下设经济体制和生态文明体制改革、民主法制领域改革、文化体制改革、社会体制改革、党的建设制度改革、纪律检查体制改革等6个改革专项小组。这些专项小组涵盖了海南省经济、政治、文化和社会生活的各个领域，其工作的强力推动，也使得海南省改革工作整体推进，全面开花。

第三，聚焦重点，屡出实招，多个方面显实效。全面深化改革，并不是"胡子眉毛一把抓"，而要注重在"牵一发而动全身"的节骨眼儿和要害处用力，实现"一子落"激发"全盘活"的效果。改革的目的就是要推动海南经济社会的可持续发展。为此，海南将有助于稳增长、调结构、防风险、惠民生的改革任务和措施放在优先位置，以改革的思路破解制约海南发展的关键领域和薄弱环节，取得一系列阶段性成果：为了发挥市场的主体作用，方便群众创业、就业，海南省着力完善"先照后证"制度，实行注册资本认缴登记制，实现工商网上登记服务全省覆盖；为了更好地保护利用海南稀缺资源，为可持续发展留下发展后劲和空间，海南省先后成立省公共资源交易服务中心，小Ⅰ、小Ⅱ型水库统一收归市县管理，完成林地征占用审批制度改革和森林公安管理体制改革，并在部分市县启动了市场化出让海域使用权试点，真正做到对最宝贵的土地、林地、岸线、岛礁、填海地等资源进行集中管理、优化配置。为了进一步释放国有企业和农垦的发展活力，海南省加快海建集团与海宁公司、海南控股与水电集团的重组整合，启动了港口资源重组整合和规范公司治理试点；两轮8个农场顺利移交市县管理，实现了"一改多赢"。

四 扩大开放成为重要抓手

中国改革开放近40年，改革和开放互为前提，相辅相成。在我国进行全面深化改革之际，对外开放也达到了一个新阶段。"一带一路"作为中国首倡、高层推动的国家战略，奠定了我国主动走向世界的大开放格局。"一带一路"战略构想的提出，契合沿线国家的共同需求，为沿线国家优势互补、开放发展开启了新的机遇，沿线国家在平等的文化认同框架下开展合作，体现的是和平、交流、理解、包容、合作和共赢的精神。海南处于海上丝绸之路的重要区域，海南是由大陆走向南海的桥头堡，也是我国21世纪海上丝绸之路建设的重要战略支点所在。

海南如何对接"一带一路"战略就是海南如何发挥自身优势，进一步扩大开放。从1988年建省办大特区，2009年海南国际旅游岛建设纳入国家战略，再到最近提出打造旅游特区是海南发展战略的延续。旅游特区建设最重要的就是彰显特色，突出创新，并且以扩大开放为前提。海南作为岛屿型经济体，其生命力在于开放，海南国际旅游岛建设提出把海南建设成为"开放之岛""绿色之岛""和谐之岛"和"文明之岛"，开放是放在首位的。如今提出旅游特区，开放也是第一要义。海南扩大开放首先需要思想观念的开放。建设旅游特区，就要善于挖掘现有制度资源，敢于先行先试，努力使现有政策有效落地。比如，免税购物政策与免签证政策是海南发展国际旅游的重要特殊政策。就免税购物来说，目前全岛仅有海口、三亚开设免税店，只呈现遥相呼应的格局，并未构成覆盖全岛的免税店网络，在提高免税店覆盖率的同时，还应注重免税商品管理监督条例的建设，放宽免税商品经营准入门槛，放宽免税商品的种类和购买限额。

就免签证政策而言，2010年省政府已经出台《外国人免签证来琼旅游团服务和管理办法》并逐步放宽出入境免签证条件，面对此项便利，应当扩大允许免签证旅游团入岛的国籍范围，延长免签证旅游团的岛上停留时间，逐步取消免签证组团的人数限制。灵活运用国际旅游岛的各项支持政策，更大范围地吸引国际游客甚至投资者入岛消费、投资，是扩大海南国际旅游岛建设开放性的重要体现之一。建设旅游特区，还必须向国家争取更加开放的旅游综合配套政策在海南落地，包括更加开放便利的出入境政策、更优惠的旅游购物政策、更加开放的旅游相关产业如休闲旅游、文化娱乐、医疗养生、旅游购物和旅游医疗，等等。

第二节　发展路径做出调整

一　大力发展环保产业

2014年，海南省坚决淘汰落后产能，确保能完成"十二五"节能减排任务。为此，省委、省政府采取以下措施：一是规范企业用能，强化公共机构节能，单位生产总值能耗和工业增加值能耗实现了双下降，环境质量继续保持全国一流。二是开展工业尾气及废水污染治理，累计完成国家和省责任书减排项目501个。三是持续开展绿化宝岛大行动，巩固造林绿化成果。四是严厉打击涉林、涉污染的违法犯罪，同时加大典型宣传和问题监督曝光。五是开展松涛水库流域环境整治和生态保护工程15项，建成污水处理厂43座、垃圾处理设施22个、垃圾转运站154座。此外，儋州被纳入国家重点生态功能区转移支付范围，鹦哥岭晋升为国家级自然保护区，万宁、琼海被列入国家生态文明先行示范区，红树林湿地保护面积进一步扩大。

环境问题是21世纪面临的最严峻挑战之一，保护环境是保证经济长期稳定增长和实现可持续发展的基本国家利益。环境问题解决的好坏关系到中国的国家安全、国际形象和广大人民群众的根本利益、全面小康社会的实现。海南省第六次党代会报告中提出了"绿色崛起"战略，该战略是在发展、生态、民生中谋求共赢的智慧，对海南省深化改革、加快转变发展方式具有重要指导意义。

（一）贯彻"生态环保也是生产力"理念

习近平总书记指出，政府要更新观念、立足长远，要坚定不移地落实科学发展观，对整个生态系统的和谐、平衡担当该担当的责任。2014年，李克强总理在海南进行考察生态环保工作时提出了"环保也是生产力"的理念，用科学的眼光诠释了发展循环经济、建设资源节约型和环境友好型社会的理念。这些理念为海南的生态发展和环境保护提供了重要指导。

2014年，海南省依法严守生态红线，大力发展绿色、低碳、循环产业，保护好海南永续发展的"金饭碗"。海南省拥有丰富生态资源和优美生态环境，又承担着建设全国生态文明示范区的责任，应将保护和改善生态环境视为保护和发展生产力，将"增绿""护蓝"当成经济发展的重点。在发展方面，海南不仅要和兄弟省份比GDP和人均收入，更要比人均森林资源拥有量、人均"增绿"量、人均洁净水拥有量、空气的洁净度和负氧离子含量。

（二）大力推进产业结构调整优化

调整优化能源消费结构。按照安全稳妥发展核电、积极适度发展风电、有序推进太阳能利用、适度开发生物质能、加大天然气开发利用的思路，大力发展清洁能源和可再生能源，推进清洁煤电和天然气分布式发电，降低煤炭消费比重。

加快发展低能耗低排放产业。认真贯彻落实省委、省政府《关于进一步加快发展服务业的若干意见》（琼发〔2014〕2号）和省政府《关于加快发展服务业的若干政策》（琼府〔2014〕5号），优先发展低碳服务业，包括低碳旅游业、医疗及养老服务、IT服务业、金融保险、物流业等。发展节能环保产业，加快推进太阳能乐东海水淡化、海口车用沼气、三亚冰蓄冷等示范工程的产业化和规模化推广应用，加大扶持节能服务产业发展。同时积极地在节能、减排产业上下工夫，例如区域热电联产工程、建筑节省工程、绿色照明工程及其产业群，加快太阳能、风电等新能源的普及和应用，推广有轨电车、节能与新能源汽车等低碳交通产业等。

强化能评环评约束作用。严格实施项目能评和环评制度，坚持能评前置审批，把主要污染物排放总量指标作为环评审批前置条件，新建项目能效水平和排污强度必须达到国内先进水平。

（三）强化技术支撑和市场化机制

主要表现在两个方面：

一是加大先进技术推广应用。充分利用省技术市场网、建筑节能网和技术交易平台，加强节能低碳技术及新产品展示、交易及推广应用工作。

二是研究探索碳排放权、节能量和排污权交易制度。根据国家相关要求和部署，结合我省实际情况，研究探索碳排放权、节能量和排污权交易制度，积极向国家申请将我省作为"十二五"节能量交易试点。

二 大力发展海洋经济

海南作为中国最南端的省份和管辖海域面积最大的省份，具有生态立省、中国最大的省级经济特区和上升为国家战略的国际旅游岛建设三大独特优势，面对海上丝绸之路建设新机遇，海南需要以更开放的视野，主动形成全方位的对外开放格局。围绕南海资源开发服务保障基地和海上救援基地两大定位，充分发挥海洋大省、著名侨乡的优势，致力打造21世纪海上丝绸之路的桥头堡和重要战略支点。

2014年，海南省以建设"南海服务合作基地"为目标，以推进"岛屿—海洋经济体"为路径，加快海洋基础设施建设，加强海洋保护和管理，不断壮大海洋经济规模，推进海洋强省建设，整体海洋经济稳步发展。2014年共开工建造大型渔船116艘，新增深水网箱128口，完成池塘标准化改造9732亩。西南中沙渔业补给基地一期基本建成，西部渔港建设项目顺利实施。中海油南海西部油田海南码头投入使用，海洋石油税收征管取得实质性突破。主要从打造南海丝路旅游线路、发展海洋旅游等角度保证海洋经济的持续发展。

（一）打造南海丝路旅游线路

在国家"一带一路"建设大背景下，海南省需要加大海洋旅游开发，构建南海丝路旅游，不断推出海南南海丝路主题旅游线路，努力推动海南成为国际旅游集散地，推动中国游客从海南到海上丝绸之路沿线国家和地区，吸引外国游客到海南度假和经海南到其他省市，实现多国共同发展旅游和合作共赢，并以旅游促进区域特色文化产业、金融业、加工业的发展。

海南省以国际旅游岛建设为总抓手，大力推动与沿线国家、地区的旅游交流与合作，联合打造具有丝绸之路特色的国际精品旅游线路和旅游产品，尤其是推动21世纪海上丝绸之路邮轮旅游合作。2014年7月，国家交通运输部批复同意境外游艇临时进出海南省8个海上游览景区。作为我省在推动政策创新、扩大游艇业开放的又一成果，许多企业也在量身打造相应的游艇、帆船度假产品。

（二）大力发展海洋旅游

海南省依托沿海市县的滨海旅游度假区，积极培育和丰富海洋观光、潜水、冲浪、帆船帆板、水上飞机等海上运动旅游产品；引导和规范发展海洋垂钓和休闲渔业，促进近海渔业的传统生产方式向旅游业方向转化，满足广大游客体验海洋文化的需求。继续办好海口国际游艇展等展会赛事，进一步提升海南海洋旅游魅力。在邮轮、游艇、低空开放等领域海南省也开展了先行先试探索，将相关政策落地实施，推动邮轮游艇旅游、森林旅游、文化旅游、低空飞行等旅游新业态、新产品不断兴起，海南独特的资源环境优势正在国际旅游岛政策落地的过程中充分释放。

一年来，海南省大力发展以邮轮为核心的海洋旅游，推进中国—东盟海洋旅游经济圈的建设。为此，一方面加强海洋旅游规划编制，完成《海南省海洋旅游发展总体规划》；另一方面依托三亚、海口加快推进邮轮母港和航线建设，尽快完成凤凰岛国际邮轮母港二期和海口湾南海明珠国际邮轮母港的开发。同时，利用2014年11月加盟的"亚洲邮轮专案"的合作平台，吸引更多邮轮公司开通海南航线，开发更多邮轮旅游产品，努力推动环海南岛邮轮旅游。

（三）五大举措保障21世纪海上丝绸之路建设

一年来，海南省积极做好海上互联互通、打造"环南海旅游圈"、建设"两个基地"、加强人文合作、发展蓝色经济等5方面的工作，争取在中国—东盟海洋合作和21世纪海上丝绸之路建设中更有作为。

为此，海南省委、省政府采取多种举措：一是积极参与海上互联互通建设，发挥四大机场、四大港口和即将开通的环岛高铁、田字形高速公路的优势，构建海上丝路的门户和枢纽。二是共同打造"环南海游轮旅游圈"，发挥南海周边旅游资源丰富的优势。三是在建设南海资源开发服务保障基地和南海救援基地"两个基地"中发挥更积极的作用。四是以200多万东南亚琼籍华侨为纽带，加强各领域人文交流合作，启动与东盟国家合作办学、海洋博物馆、南海佛学院等文化项目建设。五是以亚太经合组织第四届海洋部长会议通过的《厦门宣言》为指导，推动蓝色经济的发展。

三 大力发展乡村旅游

（一）农村建设与乡村旅游开发有机结合

乡村旅游和新型城镇化建设作为中国农村发展的新课题，引进并建立先进的国际化管理机制、先进的国际文化发展理念和先进的国际经济领导地位是海南建设全新国际形象的"三匹马"。海南的旅游发展需要寻找一种清晰的发展模式，为乡村旅游发展提供一个明晰的思路。模式只有让同行业、上下游行业等一切相关行业的企业参与其中，才会创造出更大的发展空间和市场资源。

2013年年底，省政府颁发了《海南省人民政府关于加快发展乡村旅游的意见》，明确提出从加大资金投入和金融支持、实行税费优惠和用地扶持等方面推进乡村度假为主的乡村旅游发展。《意见》中清晰反映出，国际旅游岛建设对农村发展、农民生活水平提高都起到了积极的推动作用。2014年，在国际旅游岛建设的大背景下，海南将新农村建设与乡村旅游开发有机结合，目前已形成海口绿野仙踪、九龙戏水、开心农场、三亚小鱼温泉、文昌葫芦村等一批在国内具有较强吸引力和较高知名度的乡村旅游点。

（二）乡村旅游更是一种"长期旅游"

中国首届乡村旅游建设与发展投资论坛于2014年在博鳌开幕，以"变革·机遇·重塑"为主题，近200名商界领袖、著名经济专家、课题研究专家、文化学者进行中国乡村旅游跨界对话，就中国乡村旅游、新型城镇化建设结合海南各民族的本源文化，创新海南乡村旅游模式，提升海南的国际形象，进行跨界对话和深层次的理论探讨。会议指出，养生休闲是海南发展乡村旅游的王牌，海南的乡村旅游的发展趋势应该集休闲、养老、养生于一体，乡村旅游不仅局限于观光，更是一种"长期旅游"，只有这样才能吸引游客，真正带动当地经济，为市场注入活力。

四 大力推进城乡一体化发展

习近平总书记在海南视察时强调要推进"三农"工作和城乡发展一体化。为了贯彻习总书记的讲话精神，海南省委、省政府认真做好城乡统一规划，把"三农"工作放在重中之重的地位。

（一）坚持城乡统一规划

以"城镇化"作为三农工作和城乡发展一体化的引擎。主要内容包括：做好规划、实现产业引领、保护农民利益；坚持规划引领，把全岛作为一个整体进行统一规划，促进"多规衔接"；制定省会经济圈和琼南旅游经济圈发展规划，优化资源配置，促进区域合作共赢、协调发展。

加快建设区域性中心城市，完善城市功能，提高中心城市的辐射带动能力。主要内容包括：一是积极稳妥推进新型城镇化，扶持建设一批特色风情小镇，提高产业支撑能力，促进产城融合。二是加强城市建设和管理，推进海秀快速路一期、定海大桥等城镇道路基础设施建设，促进市县道路互联互通，提升交通便捷程度。三是争取将海口列入国家首批城市地下综合管廊和海绵城市建设试点。四是支持市县建设智慧城市、无线城市和数字城市，提高城市现代化、信息化和管理精细化水平。

（二）坚持"三农"重中之重发展地位

第一，以"农业现代化"作为三农工作和城乡发展一体化的支撑。充分利用独特优势，挖崛自身潜力，通过股份合作、家庭农场、专业合作等多种形式，发展适度规模经营，提高土地、劳动力效率，更好更多地提供海南特色的农产品和以农业、农村为依托的现代服务，形成独具海南特色的现代农业。

第二，以"基本公共服务均等化"作为三农工作和城乡发展一体化保障。进一步改革财政转移支付制度，将公共财政更多投向民生，投向农村，投向落后地区。在基础教育、医疗卫生、社会保障、住房就业、公共环境等方面形成一整套有利于统筹城乡发展的制度体系，确保城乡居民共享发展成果。

第三，以"农民工市民化"作为三农工作和城乡发展一体化为助力。农民工市民化有三层含义：一是农民工权益市民化，这是重点；二是农民工义务市民化，使农民工真正成为有责任、有担当的现代市民；三是农民工素质市民化，提升其自我生存和适应社会的能力。

第四，出台有针对性的扶持政策措施，加强农业基础设施建设，改善农业生产条件。增加农村公共产品供给，促进农村基本公共服务均等化，改善农村人居环境。加大对贫困地区、革命老区和少数民族地区的支持力度，继续实施中部农民增收计划。

第五，落实强农、惠农、富农政策，增加涉农补贴资金。加强涉农资金统筹和管理，使各项支农资金发挥最佳效益。支持发展休闲农业、观光农业、生态农业，促进农业与旅游业融合发展，推动农产品精深加工，扶持壮大农业龙头企业。搞好对农业品牌的整体包装和营销，制定品牌农业发展专项规划，培育壮大品牌农业主体。完善农产品流通体系，大力发展农超对接、直供直销、连锁经营、电子商务等农产品流通新业态，落实鲜活农产品运输"绿色通道"政策，降低农产品流通成本。

第三节 海南省的综合实力增强

2014年，海南省坚持"稳中求进"的工作总基调，主动适应经济发展新常态，扎实做好稳增长、调结构、促改革、防风险、惠民生各项工作，经济社会继续保持健康发展，国际旅游岛建设取得了新的成绩。

一 人均国民生产总值稳步提高

（一）人均GDP实现阶段目标

海南国际旅游岛建设对地区生产总值（GDP）具有明显的提升作用，全省GDP总值从2009年的1654.21亿元增加到2014年的3500.7亿元，年均增长10%（不考虑物价因素，下同），高于海南国际旅游岛建设的同期阶段目标值，2014年完成率比预期目标高出1.1个百分比，超额完成目标（见表2-1）。其中，第一产业增加值809.64亿元，增长率4.8%；第二产业增加值874.42亿元、增长率11.0%（其中工业增加值514.4亿元，增长率11.6%）；第三产业增加值1816.66亿元，增长率8.7%。

表2-1　　　　　　　　　海南省人均生产总值现状

年份	地区生产总值/亿元			人均生产总值/元		
	实际值	目标值	完成率	实际值	目标值	完成率
2009	1654.21			19254		
2013	3146.46	2686	117.14	35317	30162	117.09
2014	3500.7	3461.1	101.1%	38924	38142	102.0%

资料来源：2013年目标值依据《海南国际旅游岛建设发展规划纲要》（2010—2020）中2012—2015年的目标插值获得，2013—2014年实际值来源于全国及各地经济与社会发展统计公报。

人均GDP从2009年的19254元增加到2014年的38924元，年均增长20%，完成率比预期目标高出2个百分比，2014年超额完成既定目标，即按照习总书记提出的"有质量的增长"、可持续增长。

2014年，我省一般公共预算总收入1242.8亿元，增长12.1%；其中，地方一般公共预算收入555.3亿元，增长15.4%；固定资产投资3039.5亿元，增长13.2%；社会消费品零售总额1090.9亿元，增长12.2%。

同时需要指出，如果考虑物价因素，2014年的全省GDP和人均GDP的年均增速慢于《规划纲要》提出的目标值，而《纲要》在设置目标时考虑了物价因素，因此，在海南国际旅游岛建设过程中仍需要采取更加有力的措施拉动经济发展。出台服务业、房地产业、棚户区改造、小微企业发展等一揽子扶持政策，积极设立创业投资引导基金、"惠农贷"担保基金，加强电力、天然气等生产要素调度，发挥政策对经济运行的调节作用。

(二) 人均GDP份额有所下降

2014年，海南省地区生产总值完成3500.72亿元，增长率8.5%，增速比全国平均水平快1.1个百分点。2014年人均GDP为38924元，与2013年相比增速达7.5%。人均GDP相当于全国平均水平份额的83%，居全国的位次与2013年相比向前提了一位，但与2013年（84%）相比份额降低0.7%。必须意识到，海南人均GDP虽然与2013年相比增长7.5%，但与发达省市区相比，差距仍然较大。例如，居全国第10位的山东的人均GDP比海南省高出59%（见表2-2）。

广西壮族自治区2014年人均GDP排名没有变，份额也基本维持不变的现状，降低0.07个百分比；湖南省2014年人均GDP上升两名，份额高出0.2个百分比；安徽省2014年人均GDP排名也维持原来的名次，但份额降低0.8个百分比。海南省2014年份额降低了0.7%。

2014年海南省继续发挥投资的关键作用，积极主动适应经济发展的新常态，把转方式、调结构放到更加突出位置，继续紧抓项目建设，保持稳中加快、稳中向好的发展态势。今年，395个重点项目完成投资1919亿元，超出年度计划198亿元。明确要求凡不符合省发展规划、发展方向和规模偏小、带动作用不大的项目，一概不列入省重点项目。在投资过程中，不仅重视项目建设的总量、数量，更重视项目的质量、项目的结构，提升经济运行质量和效益。

表2-2　　　　　　　海南人均GDP与全国及其他省市比较

省市区	2013				2014年			
	GDP/元	排名	人均GDP/元	排名	GDP/亿元	排名	人均GDP/元	排名
全国			41908		646463		46800	
辽宁	27077.7	7	61680.41	7	28626.58	7	65300	7
山东	54684.3	3	56182.17	10	59426.59	3	61700	10
湖南	24501.7	10	36621.08	19	27048.46	10	41000	17
湖北	24668.49	9	42539.21	14	27367.04	9	47500	13
安徽	19038.9	14	31574.68	26	20848.75	14	34900	26
海南	3146.46	28	35144.98	21	3500.72	28	38900	20
广西	14378	20	30468.32	27	15672.97	19	33700	27
云南	11720.91	24	25157.57	29	12814.59	23	27700	29

资料来源：根据《中国统计年鉴》（2014、2015）、《海南统计年鉴》（2015）、2015年海南省经济和社会发展统计公报相关数据整理。

二　旅游业快速发展

（一）旅游业增速较快

2014年，海南省旅游业增加值完成258.1亿元，增长9.1%。旅游产业GDP占GDP的比重达7.4，比去年增长5.7%。2014年全省接待国内外游客总人数4789.08万人次，比去年增长10.6%；按照规划完成率是100.1%，完成率比预期高出0.1个百分比。旅游总收入506.5亿元，比去年增长13.2%。按照规划完成率是101.2%，完成率比预期高出1.2个百分比（见表2-3）。其中，接待过夜游客首次突破4000万大关，达到4060.18万人次，同比增长10.56%；接待一日游游客728.9万人次，同比增长10.7%。年末全省共有挂牌星级宾馆156家，其中，五星级宾馆26家，四星级宾馆41家，三星级宾馆72家。

综合来看，2014年海南省旅游业态得到健康培育，由海南省旅游委负责督导的100个重点旅游项目累计完成投资280亿元，完成年度投资计划的110%。琼海市还荣获了"全国十佳旅游县（区）""美丽中国"称号。目前，旅游新业态方面呈现三大特点：免税购物销售额爆发式增长，乡村游、自驾游、婚庆游等呈现良好势头，邮轮、游艇旅游快速发展。

表 2-3　　　　　　　　　　海南旅游发展现状

年份	旅游接待量/万人次			旅游总收入/亿元		
	实际	目标	完成率	实际	目标	完成率
2009	2250.33		277	211.72		
2013	3672.52	3624	101%	428.56	375	114%
2014	4789.1	4784	100.1%	506.5	500	101.2%

资料来源：2013 年目标值依据《海南国际旅游岛建设发展规划纲要》（2010—2020）中 2012—2015 年的目标插值获得，2013—2014 年实际值来源于全国及各地经济与社会发展统计公报。

免税购物销售额爆发式增长。离岛免税政策的落地，一举破解制约海南旅游进一步发展的旅游购物"短板"，成为海南国际旅游岛建设中含金量最高、影响最广泛的政策之一，呈现拉动免税品进口高速增长、促进海南旅游人数增长、扩大海南国际旅游岛影响力三大政策效应。海南省积极实行"即购即提、购物邮寄、先征后退"购物方式，免税购物销售额增长31.6%。例如，建成运营海棠湾购物中心、观澜湖电影公社、奥特莱斯品牌折扣店等一批旅游项目，设立亚洲邮轮合作基金，邮轮旅客增长60%以上。免税购物对海南国际旅游岛建设具有里程碑式的意义，它将进一步释放旅游消费的能力，实现转方式、调结构、促发展，增强海南旅游的吸引力。

乡村游、自驾游、婚庆游等呈现良好势头。2014 年，海南乡村旅游也得到加速发展。海南将新农村建设与乡村旅游开发有机结合在一起，目前已形成海口绿野仙踪、九龙戏水、开心农场、三亚小鱼温泉、文昌葫芦村等一批在国内具有较强吸引力和较高知名度的乡村旅游点。新增 A 级景区 7 家，134 家乡村旅游示范单位创建工作得到推进，三亚玫瑰谷等 3 家景区被评为全国休闲农业与乡村旅游示范点，乡村旅游富民工程取得成效，全省年接待乡村游客 600.46 万人次，实际乡村旅游收入 17.75 亿元。同时，婚庆旅游也得到推动，全年各市县举办大型婚庆旅游主题活动共 23 场、近 1500 对新人参与，发布了 20 多条蜜月婚庆旅游线路，超过 30 万对岛外游客到海南拍摄婚纱照、度蜜月。

滨海度假、旅游购物、邮轮游艇等旅游新业态快速发展。积极推进邮轮、游艇旅游发展，全年三亚凤凰岛、海口秀英港两个港口出入境邮轮

229艘次、游艇97艘次,共接待邮轮、游艇旅客19.23万人次,同比增长32.1%。西沙邮轮旅游实现常态化运营,共开行23个航次,同比增长76.9%,接待游客4178人次,同比增长95%,旅游市场环境治理不断加强。

2014年,海南省旅游新业态的法律法规、旅游改革创新也在不断完善,取得了新的成果。先后颁布实施《旅游价格管理规定》,管控旅游市场价格;成立旅游发展委员会,推进"大旅游"管理体制改革;强化旅游协会功能,倡导行业自律;实现旅游管理信息电子化,提升市场监管水平……一项项落实国家战略的改革创新举措,为海南旅游业的发展不断寻找到新的突破口,彰显出巨大发展潜力和空间。

(二)旅游业份额高于全国平均水平

2014年,接待国内外游客总人数4789.08万人次,增长率10.6%,增速比全国高0.6个百分点,比预期高0.1个百分点;旅游总收入506.53亿元,增长率13.2%,增速比全国高2.2个百分点,比预期高1.2个百分点。旅游接待总人数及旅游总收入两项指标增速均高于全国旅游业平均发展水平。

2014年,全省旅游业增加值占全省GDP比重达到7.4%,在一定程度上拉动了GDP的发展,以旅游业为龙头的第三产业增加值占全省GDP比重达到51.9%。但在以GDP和人均GDP为主要衡量指标的大背景下,依赖旅游业推进经济发展,推动效果并不显著。

表2-4　　　　　　海南国内旅游与全国及其他省市比较

省市区	2013 国内游客接待量/亿人次	增长率	国内旅游收入/亿元	增长率	2014年 国内游客接待量/万人次	增长率	国内旅游收入/亿元	增长率
全国	32.6	10.3%	26276	15.7%	361000	10.7%	30312	15.4%
辽宁	4.04	11.7	4432.8	18.5%	45925	13.6%	5190	14%
湖北	4.06	18.7%	3130.1	22.6%	46900	15.5%	3676	17.4%
安徽	3.36	15%	2903.2	15.3%	38000	12.8%	3310	14%
海南	0.36	11.1%	408.1	14.4%				

资料来源:2013—2014年实际值来源于全国及各地经济与社会发展统计公报。

在国内旅游方面:国务院给予海南国际旅游岛的离岛免税等各项优惠政策的落实对国内旅游发展注入了新的活力和竞争力。2013年,海南国内游客接待数量增长速度（11.1%）高于全国的增长速度（10.3%）（见表2-4）。也必须清醒地认识到，海南国内旅游发展速度低于全国平均水平，尤其是国内旅游收入的增长速度与全国平均水平的差距还较大。

在国内接待游客及旅游收入的增长率方面，与安徽、湖北等省市相比较，海南省的增长速度均明显较低。海南省的国内接待游客增长率（11.1%）虽然高于全国平均水平（10.3%），但相比较周边的省市，增长率仍然不高，低于安徽增长率（15%）、湖北的增长率（18.7%）。

2014年春节长假，三亚景区接待游客数同比增长20%。据当地媒体报道，春节期间，三亚的客源的"散团比"（即散客比例和参团游客比例）实现了8∶2，达到"成熟旅游度假地"的标准，并且据称"月收入8000元以上的游客占到了54%"。需要指出的是，在建设国际旅游岛环境下，国务院给予了海南离岛免税、大型体育赛事即开型彩票等众多优惠政策，如果能够更好地利用国务院给予的各种优惠政策，组合旅游产品，可以更快提升国内游客在海南的人均消费水平。

表2-5　　　　　海南入境旅游与全国及其他省市比较

省市区	2013 入境旅游人数/万人次	增长率	国际旅游外汇收入/亿美元	增长率	2014年 入境旅游人数/万人次	增长率	国际旅游外汇收入/亿美元	增长率
全国	12908	-2.50%	517	3.30%	12849	-0.50%	569	10.20%
辽宁	503.1	4.80%	34.8	3.20%	260.7	1.5	16.2	1.70%
湖北	268	1.20%	12.19	1.30%	277.1	3.40%	12.4	1.60%
安徽	385.5	16.30%	17.3	15.80%	405.1	13%	19.6	13.20%
海南	75.6	-7.30%	3.31	-4.80%				

资料来源：2013—2014年实际值来源于全国及各地经济与社会发展统计公报。

在入境旅游方面，2013年，海南入境旅游人数的增长速度及国际旅游外汇收入的增长速度均低于全国的增长速度。同时，国际旅游外汇收入的增长速度呈现出负增长趋势，与全国平均水平呈现较大差距。

相比较其他省市，海南省的入境旅游人数及国际旅游外汇收入的增长率低于全国平均水平，与周边城市相比，增长率明显较低（见表2 5），其中安徽省入境旅游人数的增长率高达16.3%；湖北省入境旅游人数的增长率为1.2%。连续数年前往海南旅游的外国游客数量在不断下降，虽然"国际旅游岛"政策给予26国的游客以免签待遇,但主要客源仅来自俄罗斯和东南亚的三四个国家。

海南省的旅游经济比重依然偏低,国际游客人数偏少,旅游软件环境和管理与规划有一定的差距,整体旅游目的地形象规划相对缺失以及旅游宣传没有及时到位,导致海南旅游业游客发展速度缓慢。总体来看,国际旅游岛战略已有实际推进,但旅游线路单一、环境屡遭破坏、配套服务落差和物价高昂等问题,仍然在困扰着当地旅游业的发展,海南旅游业的转型升级已迫在眉睫。

三 新型城镇化取得明显进展

(一)新型城镇化成为最大潜力

2014年,海南省开展了市县总体规划第三轮修编和《海南省总体规划》编制工作,海南城镇化发展取得了显著成绩。全省城镇化率从2009年的49.07%增加到2014年的53.76%,2014年比上年增加了1.5个百分比,增长率为5%(见表2-6)。

表2-6 海南省城镇化率现状

年份	城镇化率	
	实际值	增长率
2009	49.07%	2%
2013	51.10%	2%
2014	53.76%	5%

资料来源:根据《中国统计年鉴》(2010、2014、2015)、《海南统计年鉴》(2015)、2015年海南省经济和社会发展统计公报相关数据整理。

随着城镇化进程加快和人们生活品质的提升,海南资源环境的升值空间巨大,综合效益日益凸显。人口城镇化带来中等收入群体规模的快速增长,全国对海南消费需求呈刚性增长。其中,养老服务需求、旅游休闲度假需求得到快速增长。省会经济圈、琼南旅游经济圈融合发展势头良好。其中,儋州市被纳入全国首批新型城镇化综合试点。农村经济也稳步发展,一产增加值增速高出全国0.7个百分点,19个村落入选中国传统村落名录。

(二)城镇化水平在全国的占比提升

2014年,海南省地区城镇化率水平53.76%,增长率5%,增速比全国平均水平快3个百分点。居全国水平由95%提升到98%,但仍低于全国平均水平（见表2-7）。

表2-7　　　　海南城镇化率与及其全国及其他省市比较

省市区	2013 城镇化率	增长率	居全国水平	2014 城镇化率	增长率	居全国水平
全国	53.7	2%		54.77	2%	
湖北	54.51	2%	102%	55.67	2%	102%
安徽	47.86	3%	89%	49.2	3%	90%
海南	51.1	2%	95%	53.76	5%	98%

资料来源：根据《中国统计年鉴》（2014、2015）、《海南统计年鉴》（2015）、2015年海南省经济和社会发展统计公报相关数据整理。

从数据中可以看出，2014年，湖北省城镇化率水平份额基本不变，安徽省的城镇化水平居全国的占比有所增长，但仍低于全国平均水平。海南省相比较湖北省，份额仍然较低。此外，海南省城镇化水平发展不均衡，海口、三亚和五指山城镇化率相对较高，其他县市水平较低，不足50%。海南省如何快速高效地推动全省整体的城镇化建设，协调省内各个城市的均衡发展显得尤为重要。

规划需要研究城镇优缺点。海南省城镇化动力多元，既有传统的城、乡二元主体，还具有农垦、岛外置业人士等动力因子，因此，农垦和旅游度假区是海南城镇化重要组成部分。需要科学合理的设计和统一的规划与部署，对于新型城镇化建设及其未来的发展模式，需要实事求是的研究。注重产业升级，围绕国际旅游岛建设，在巩固和发展现有传统服务业的同时，积极引导总部经济、金融贸易、科技研发、教育培训、健康养生等高端服务业发展。将旅游、农业、文化、生态统一结合起来发展的新产业业态，是海南城镇化发展探索出的一个有效的模式，让农民参与到旅游业和服务业中来。

落实"提低、扩中、控高"六字方针。在很多专家看来，关键是要打破贫富凝固，形成上下流动的通道，让更多中低收入者实现收入增长，而中低收入群体正是拉动消费最有力的生力军。机制的完善关键在于加快改革，提低、扩中、控高的六字方针需要有效落实。提低包括加大结构性减税力度、推进农业转移人口市民化、加大教育投资等。限高主要是对国企高管等高收入群体，通过对垄断行业企业收入进行调控实现更公平的分配，目前正在深化国有企业负责人薪酬制度改革。扩中则需要通过各项措施扩大中等收入比重，形成"橄榄形"收入分配格局。

发展特色小城镇。继续发挥海口和三亚中心城市的主导力量，切实提高这两个中心城市的城镇化建设与发展质量。同时，进一步加快五指山、琼海、文昌、白沙、昌江等中小城市的城镇化进程，发展特色小城镇建设。

支持城乡居民双向流动。长期以来，我国的城镇化都是按照资本、劳动力、技术等要素由农村向城市单向集聚。然而，城镇化不仅仅是吸引农民向城镇聚集的单向发展过程，把城镇居民吸引到农村居住和就业，也是城镇化的重要内容。

四 人均收入水平快速提升

（一）城乡居民收入较快增长

2014年，海南省常住居民人均可支配收入17476元，比上年增长11.1%，扣除价格因素，实际增长8.5%。其中，城镇常住居民人均可支配收入24487元，比上年增长9.3%，扣除价格因素，实际增长6.9%；按照目标，完成率为99.3%，比预期低0.7个百分点；农村常住居民人均可支配收入9913元，比上年增长12.6%，扣除价格因素，实际增长9.6%；按照规划，完成率为102.6%，比预期高2.6个百分点（见表2-8）。

2014年，城镇居民可支配收入指标没有完成规划目标，完成率为97.1%，农村居民人均纯收入指标超额完成，完成率达107.2%。城镇居民可支配收入指标虽没有完成，但2014年也开展了一系列活动，推进新型城镇化建设。例如，开展了《海南省总体规划》编制工作及市县总体规划第三轮修编，规范海南省的城市发展。加快建设特色风情小镇和美丽乡村，全省城镇化率达53.76%，比上年提高1个百分点。

表2-8　　　　　　　海南城乡居民可支配收入现状

年份	城镇居民可支配收入			农村居民人均纯收入		
	实际值	目标	完成率	实际值	目标值	完成率
2009	13750.85			4744.36		
2013	22929			8332		
2014	24487	24659.62	99.30%	9913	9661.79	102.60%

资料来源：2009，2013—2014年实际值来源于全国及各地经济与社会发展统计公报。

(二) 四大项收入全面增长

从收入结构看，2014年海南省常住居民四大项收入呈现全面增长态势。其中，工资性收入增长最快，同比增长13.6%，是推动居民增收的主动力；经营净收入、财产净收入和转移净收入分别增长9.9%、3.6%和7.2%。

2014年海南常住居民人均工资性收入9854元，同比增加1182元，增长13.6%，占人均可支配收入的比重为56.4%，对全省居民收入增长的贡献率达到67.8%。据了解，最低工资标准上调、城乡从业人数稳步增长、新增资政策等因素均拉动居民工资性收入增长。

经营净收入方面，2014年海南省常住居民人均3930元，同比增加355元，增长9.9%，对全省居民收入增长的贡献率为20.3%。其中来自第三产业的经营净收入增长16.8%，是海南居民经营净收入增长的主要动力，占经营净收入的比重超过五成。

2014年海南居民人均转移净收入2438元，同比增长7.2%，对全省居民收入增长的贡献率为9.3%。其中，企业离退休金标准上调、医疗保障制度不断完善、台风救灾款收入增加等因素促进了该项收入的增长。2014年海南居民社会救济和补助收入增长35.2%。

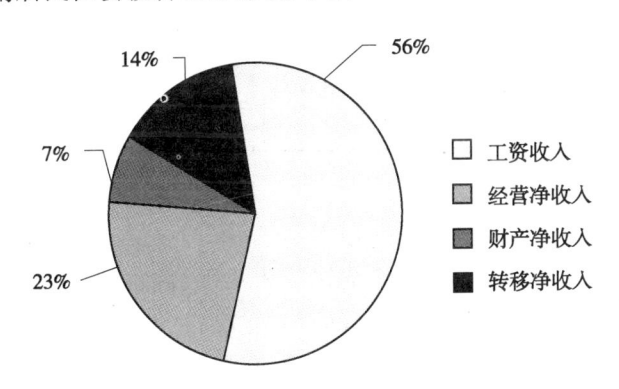

图2-1 海南省2014年常住居民收入构成

2014年海南居民人均财产净收入1254元，同比小幅增长3.6%。红利收入增长168.7%是财产净收入增长的主因。其中，集体分配的红利收入同比翻番，其他红利收入增长535.6%。

(三) 城乡发展达到全国中等发达水平

2014年，海南城镇居民可支配收入的增长速度与2013年相同，在全国的排名也均为16位，增速比全国增速高1个百分点。这表明海南城镇居民人均消费水平稳速发展，基本达到全国中等发达程度。

海南国际旅游岛建设给城乡居民带来了实惠，突出表现在家庭人均收入年均增速快于全国平均水平。城镇居民人均收入方面，海南省占全国平均水平的比重为0.85，整体水平较2013年下降0.2%；增速比全国高出0.3个百分点，比预期低0.7个百分点；农村居民人均纯收入方面，海南省占全国平均水平的比重为0.94，整体水平较2013年提升1%；增速比全国高出1.4个百分点，比预期高2.6个百分点（见表2-9）。

表2-9　　海南城乡居民可支配收入与全国及其他省市比较

省市	2013 城镇居民可支配收入/元	排名	农村居民人均纯收入/元	排名	2014 城镇居民可支配收入/元	排名	农村人均纯收入/元	排名
全国	26955		8896		28844		10489	
山东	28264	8	10620	8	29222	8	11882	
辽宁	25578	9	10523	9	29082	9	11191	
湖南	23414	12	8372	17	26570	11	10060	
湖北	22906	17	8867	13	24852	13	10849	
安徽	23114	15	8098	20	24839	14	9916	
广西	23305	13	6791	25	24669	15	8683	
云南	23236	14	6141	29	24299	21	7456	
海南	22929	16	8332	19	24487	16	9913	

资料来源：根据《中国统计年鉴》（2014—2015）、《海南统计年鉴》（2015）、2015年海南省经济和社会发展统计公报相关数据整理。

由于发展起步晚，海南城乡居民收入水平目前还未达到全国平均水平，与发达省份相比差距依然十分明显。例如与湖南相比，2013年湖南城镇居民收入是海南省的1.02倍，2014年的比重达1.08。

需要指出的是，如果考虑物价因素，城乡居民收入水平的年均增长速度将慢于《纲要》提出的阶段性目标。因此，提高城乡居民对海南国际旅游岛建设成效的份额，让广大人民群众获得更多实惠，既是党中央、国务院的一贯要求，也是海南国际旅游岛建设下一步需要重点落实的工作。

通过海南省与全国及湖南、湖北、安徽、广西、云南等城市综合实力的对比，可以总结出目前海南省的发展现状：整体呈现上升增长趋势，但整体排名均处于中下游水平，具体表现在：人均GDP持续增长但份额有所下降；旅游业发展迅速、入境旅游发展较为缓慢；农村居民人均纯收入增速快于全国平均水平；城乡统筹发展有序推进。

第四节　海南省经济结构更优化

在加快新型城镇化建设的大背景下，产业发展至关重要。2014年，全省深入贯彻落实党的十八大、十八届三中、四中全会和习近平总书记系列重要讲话精神，按照省委、省政府的一系列决策部署，围绕年初省人代会确定的各项目标任务，抢抓机遇，主动适应经济发展新常态，经济社会发展取得了新成就。全省经济运行保持平稳增长，经济转型取得扎实进展，民生继续得到改善，发展质量继续提升。

一　三次产业结构持续优化

（一）产业结构优化持续推进

海南开启了新常态下加快建成国际旅游岛、实现绿色崛起的新征程，面对"提质升级增效"的新要求，并在科学发展观的指导下，同步推进新型工业化与信息化、构建现代产业创新体系、改造和提升传统服务业、大力发展现代农业，加快推进产业结构优化和产业升级。

2014年，全省实现地区生产总值3500.7亿元，年均增长8.5%；三次产业结构为23.1∶25.0∶51.9。在稳定第一产业发展的前提下，继续刺激第三产业发展，大力发展新型工业，初步形成以现代服务业为主导、新型工业、现代农业为两翼的特色产业体系。

省统计局运用计量经济模型对海南省的三次产业进行了贡献度分析，指出扩大第三产业在生产总值中的比重会推动经济的良性增长。最能有效拉动海南经济增长的主要因素：一是科学研究综合技术服务业，以高新技术产业为契机使科学研究和相关的技术性服务产业化；二是房地产业和商业饮食业可成为海南经济长期增长的支柱产业，这跟海南提出的建设生态省以及旅游大省战略是比较吻合的。

（二）培育新的经济增长板块

2014年海南省人均GDP已超过6000美元，三次产业呈现"三二一"结构，轻重工业之比为24.5∶75.5，城镇化率达到53.76%，综合判断，海南经济尚处于工业化中期阶段。服务业实现增加值1816.66亿元，占比为51.9%，对经济增长的贡献达到49.8%，是经济增长的主要推动力。凭借优越的生态环境和气候条件，以旅游业为龙头的现代服务业正加快发展，2014年接待国内外游客4789.08万人次，实现旅游总收入506.53亿元，带动了交通运输业、住宿和餐饮业、商务服务业的快速增长。现阶段，服务业占主导地位，但现代服务业发展不足，经济抗风险能力不强，经济转型升级任重道远。在海南工业八大支柱产业中重化工业占7个，其中高耗能产业有6个。124家大中型工业企业，仅占规模以上工业企业单位数的33%，其拥有资产、实现产值、创造利税占工业占比均超过70%，大中型企业支撑作用十分明显，重化工业所占份额偏高。

海南省产业实现提质增效，新业态发展迅速，对经济增长有着十分明显的拉动作用。从目前产业结构来看，农业占比仍然较大，新兴产业对经济增长的拉动作用还有较大的提升空间。主要表现在：

一是推动新型特色产业成长壮大。坚持集约、集群、环保、园区化、高技术的发展方向，做大油气化工、汽车制造、食品加工等产业，延长产业链条，实现集群发展。加大对战略性新兴产业支持力度，提高新能源、新材料、生物医药、软件开发等产业的比重。大力发展信息产业，启动"光网智能岛"工程建设，推动三网融合，普及4G网络，实现光纤宽带全岛覆盖。深化与阿里巴巴、腾讯等互联网企业的战略合作，支持本土互联网企业发展壮大，争取互联网网间直联试点，努力形成产业转型升级、增长动力多元、互联网产业规模化的发展格局。建设中印IT合作产业园区，支持发展云计算、物联网、大数据等新一代信息技术，制定电子商务和信息服务业发展规划。大力扶持中小微企业发展，加大对小微企业贷款贴息力度，实施小微企业"提升工程"。

二是积极培育新的消费热点。发挥海南作为全国消费承接地的优势，适应个性化、多样化消费新趋势，实施养老健康家政、信息、旅游、住房、绿色、教育文化体育6大消费工程，增加多层次、多样化产品供给。加快发展生活性服务业，健全社区生活消费服务网点，打造社区便民消费圈。改革流通体制，完善流通体系和市场体系。加大促销力度，创新促销方式，着力引进岛外消费。

二 现代服务业成为支柱

海南自建立国际旅游岛以来，上下逐渐形成一个共识，即海南省要进一步振兴产业，夯实产业基础，延长产业链条，进一步奠定海南国际旅游岛建设的现代产业体系，使国际旅游岛具有强有力的产业支撑。

(一) 服务业挑起海南经济半壁江山

2014年，海南服务业实现增加值1816.66亿元，占全省GDP的比重达51.9%，创历史新高。海南服务业实现了长足发展，近年服务业占GDP比重呈现逐年上升的态势，形成以旅游业为龙头、现代服务业为主导的特色经济结构，已成为海南经济增长的主要动力、财政收入的主要来源、投资的重点领域。

数据显示，海南国际旅游岛建设对第三产业发展具有明显的提升作用（见表2-10）。从占比上看，2014年，海南第三产业增加值占全省GDP的比重达51.9%，目标完成率达104%，比计划高出4个百分点，超额完成目标。依据各年统计数据显示，该指标，20世纪90年代初期达到40%以上，2009年为45.25%，2010—2014年依次为46.2%、45.6%、46.9%、48.3%、51.9%。2009—2014年海南服务业增加值年均增长3%，截至目前，目标实现率为100%。

表2-10　　　　　　　　海南省第三产业发展现状

年份	第三产业从业人数占比			第三产业增加值占比		
	实际	目标	完成率	实际	目标	完成率
2009	35.5			45.25		
2013	41.6	41	101.46%	48.3	48	101%
2014	45	43.93	102.74%	51.9	50	104%

资料来源：根据《海南统计年鉴》(2015)、2015年海南省经济和社会发展统计公报相关数据整理。

除产业增加值占比外，就业人数等经济指标也已达到国际旅游岛建设2015年目标值，2014年海南第三产业就业人数占社会就业总人数达到45%。该指标比重从2009年的35.50%提高到2014年的45%，比《规划纲要》设定的2014年目标占比值高出了1.07，目标完成率达到102.74%，超额实现了阶段目标。相关数据显示，服务业在挑起海南经济半壁江山的同时，在占比方面相当于提前完成了国际旅游岛建设的阶段性目标。

未来，海南省仍将继续调整三次产业结构，提升以旅游业为龙头的现代服务业的份额，促进产业内部结构逐步向高端化转变。

（二）相继出台多项措施支持现代服务业发展

2014年，海南省相继出台《关于进一步加快发展服务业的若干意见》《关于加快发展服务业的若干政策》《海南省现代服务业产业指导目录（鼓励类）》等一批加快服务业发展的政策措施。商务报告指出：2014年，省级财政安排商务、旅游、金融、信息和文化等各类服务业资金达2.85亿元，支持了324个重点企业和重点项目。

借助全面推动旅游市场管理体制改革，开发乡村游、婚庆游、邮轮游艇等多元化旅游产品，三亚千古情、海口冯小刚电影公社等一批新型旅游项目建成开业等，海南旅游业也呈现南热北暖、中西崛起的良好态势。批发业、交通运输仓储邮政业、金融业、信息传输计算机服务和软件业、租赁和商务服务业虽然作为海南省服务业发展的弱项，但总体上呈较快增长势头，对服务业的贡献日益加强。一些业内人士提出，海南省与其他一些主要旅游地区相比，其服务业比重仍偏低。例如香港、澳门的服务业比重达到90%左右，北京等地服务业也达到70%以上。同时海南餐饮、交通、住宿等传统服务业占比较高，而金融、保险、文化、健康等现代服务业占比不够高。

同时，国内不断上升的消费需求客观要求海南跨越工业化，直接形成以服务业为主导的经济格局；消费结构的升级和消费主体的扩大，客观要求海南跨越传统服务业，形成以现代服务业为重点的服务业体系。"十三五"期间，海南需要通过扩大服务业开放，来加快推进服务业转型升级。充分释放以良好生态环境为依托的旅游消费市场潜力，积极争取服务业开放的先行试验权，以国际购物中心建设为突破口，重点推进医疗、教育、文化、金融等现代服务业的全面开放。

支持金融业稳健快速发展，确保海南银行和华夏银行海口分行年内建成开业，组建法人财产保险公司，争取设立金融租赁公司，培育企业上市，利用多层次资本市场推动经济发展。加快跨境人民币业务创新试点工作，推进离岸金融政策落地，支持发展互联网金融。按照"消化存量、优化增量"的思路，引导房地产市场加大结构调整力度，增加经营性房地产开发，优化房地产空间布局，整顿规范房地产市场秩序，促进房地产业健康稳定发展。继续支持现代物流、文化创意、体育休闲、服务外包、健康医疗、会展等其他现代服务业发展。促进批发业快速增长，加强仓储物流园区建设，做大转口贸易和大宗商品交易。

三 经济发展空间结构趋向平衡

2014年,海南省经济发展坚持稳中求进的总基调,经济运行呈现平稳回升的增长态势,各区域经济发展稳中有进、稳中向好的特征明显。

(一) 实力经济市县合力撬动全省经济发展

2014年,在全省18+1个市县(暂不含三沙市,下同)中,有4个市县地区生产总值增速高于全省平均水平(9%),依次是:海口市增长9.2%、澄迈县增长10.5%、东方市增长10.8%、洋浦经济开发区增长11.5%。GDP增速实现两位数增长的市县仍然全部集中在西部地区。有两个市县地区的生产总值增速在5%以下,分别是文昌市增长1.3%、陵水县增长4.3%。GDP增速最高的洋浦经济开发区(11.5%)与最低的文昌市(1.3%)相差10.2个百分点,差距在逐渐缩小。分区域看,西部地区生产总值增长9.4%,东部地区增长10.2%,中部地区增长7.1%,中部地区增长6.6%(见表2-11)。

2014年,从海南省各市县(区)地区生产总值排名中,海口市依然遥遥领先;从地区生产总值增速排名看,洋浦经济开发区以11.5%的增长速度位居首位。

经济总量大的市县(地区)合力撬动全省经济发展。当前,全省经济总量排名前三的市县(地区)分别是海口市、三亚市和洋浦经济开发区。这三个地区经济总量占全省经济总量的比重分别为29.1%、11.7%和7.3%。对全省经济增长的贡献率为48.2%,共同拉动全省经济增长。

表2-11　　2013—2014年各市县地区生产总值及增长速度

市县	2014年绝对数/亿元	2013年绝对数/亿元	2014年增长速度/%
东部地区	2040.09	1848.71	7.1
海口市	1005.51	904.64	9.2
三亚市	404.38	373.49	5.5
文昌市	192.08	175.65	1.3
琼海市	179.69	162.61	8
万宁市	165.13	147.12	6.7
陵水县	93.29	85.2	4.3
中部地区	247.37	216.38	6.6
五指山市	21.39	18.3	5

续表

市县	2014年绝对数/亿元	2013年绝对数/亿元	2014年增长速度/%
安定县	70.85	61.48	6.5
屯昌县	53.7	46.54	6.7
琼中县	32.76	28.07	8.5
保亭县	33.97	29.22	7.1
白沙县	34.7	32.77	5.5
西部地区	1163.53	1066.4	9.4
儋州市	221.15	195.23	7
洋浦	254.34	254.13	11.5
东方市	138.68	124.13	10.8
澄迈县	224.39	201.56	10.5
临高县	139.9	119.19	8.6
乐东县	93.52	80.67	7.5
昌江县	91.54	91.49	7.9

说明：本表绝对数按当年价计算，增速按可比价计算。

(二) 集中指数表示区域分布较为均衡

衡量区域经济发展差距的指标，本报告选取集中指数来衡量。

集中指数：

$$C = \left(1 - \frac{H}{T}\right) \times 100\%$$

$$H = t_1 + t_1 + \Lambda + t_n$$

C为集中指数，T为全国或全区总人口，ti为各基层地区的人口，n按下述原则确定：将某经济活动在地域上的分布，按大小顺序排列，分别设为p1、p2…pn，该经济活动在全国或全地区的总值为p，当p1 + p2 + … + pn = 1/2 p 时，n即为所求。

H的意义为：占全国或全地区该项经济活动半数地区的总人口。H值较大时，C值较小，表示该项经济活动的地域集中程度较低，区域分布较为均衡；H值较小时，C值较大，表示该项经济活动集中程度较高，地区差异比较明显。

依据海南省第六次人口普查数据，经计算，海口市、三亚市、澄迈市、儋州市4个市县的GDP之和为海南省GDP的1/2，即n=4。

C = 1 − (204 + 51 + 93 + 49)/867，即C = 54%。表示海南省地区经

济活动的地域集中程度较低,区域分布较为均衡。

表2-12　　　　　2014年各市县地区生产总值及人口数量

市县	2014年绝对数（亿元）	2014年人口数量
东部地区	2040.09	443
海口市	1005.51	204
三亚市	404.38	51
文昌市	192.08	54
琼海市	179.69	45
万宁市	165.13	56
陵水县	93.29	33
中部地区	247.37	123
五指山市	21.39	11
安定县	70.85	31
屯昌县	53.7	27
琼中县	32.76	20
保亭县	33.97	16
白沙县	34.7	18
西部地区	1163.53	301
儋州市	221.15	93
东方市	138.68	47
澄迈县	224.39	49
临高县	139.9	42
乐东县	93.52	47
昌江县	91.54	23

说明:绝对数按当年价计算,资料来源《海南统计年鉴》。

东部地区贡献了全省近六成的经济总量,是对全省经济发展具有重要影响的区域。今年以来,东部地区受房地产市场波动影响,地区经济发展有所回落。房地产房屋销售面积、房地产投资增速普遍偏低。

服务业带动中部地区经济稳步回升。三次产业中批发零售和住宿餐饮等传统型服务业回暖迹象明显,服务业对中部地区经济发展的贡献率由上半年的29.9%提高到了40.5%。

西部地区工业经济支撑作用依然强劲。工业经济对西部地区经济的辐射带动能力和对全省经济支撑作用持续增强。西部地区工业完成增加值高于全省平均水平，对西部地区经济增长的贡献率在逐渐增强。

（三）海南省发展需要持续做好以下工作

作为国家的重大战略部署，到 2020 年，海南的旅游服务设施、经营管理和服务水平与国际通行的旅游服务标准全面接轨，初步建成世界一流的海岛休闲度假旅游胜地，使之成为"开放之岛、绿色之岛、文明之岛、和谐之岛"。

1. 加快推进各项改革，争创更具活力的体制机制

坚持问题导向，加大改革力度，争创经济特区更具活力的体制机制新优势。深化行政审批制度改革，深化商事制度改革，深化财税体制改革，深化农业农村改革，深化国资国企改革，继续深化科技、教育、文化、医药卫生、旅游管理、国土资源管理体制等其他各项改革。

政府应该积极营造有利于金融支持海洋经济发展的政策环境，完善金融市场，使其引导规范海洋产业投资方向。围绕南海资源开发服务保障基地和海上救援基地的两大定位，充分发挥海洋大省、著名侨乡的优势，将海南打造成 21 世纪海上丝绸之路的重要战略支点。

2. 大力培育新的经济增长点，保持经济平稳较快增长

全岛要增强开放意识，树立国际化思维和全球视野，统筹岛内岛外两个市场、两种资源，大力发展外向型经济，加快提升国际旅游岛的建设水平。

按照做大经济总量、优化产业结构、提高质量效益的要求，大力培育新的经济增长板块，增强经济发展后劲，促进经济提质增效。积极培育新的消费热点，推动新型特色产业成长壮大。大力发展旅游产业，加强对全省旅游资源的统一规划和整合，促进旅游业特色化、差异化发展。鼓励创新旅游产品，支持发展邮轮游艇、低空飞行、房车露营等旅游新业态，积极开发生态旅游、红色旅游、乡村旅游、健康旅游，推动旅游产业转型升级。

3. 强力推进项目建设，夯实经济社会发展基础

在坚持生态立省的前提下，把项目建设与促进旅游开发、保护生态环境相结合，加大招商引资力度，组织实施一批有持续税源、能改善民生的重大项目，提高支撑发展的能力和后劲。

改革投融资体制，加强政府投资管理，研究出台我省政府投资和社会资本合作实施意见，开展政府投资与社会资本合作试点，鼓励和引导社会

投资。优化投资结构，提高单位面积土地投资强度和产出效益。解决项目土地、林地、用海指标和环评以及征地搬迁等问题，为项目建设营造良好环境。

4. 坚定不移实施生态立省战略，推进城乡一体化发展

加大生态环境保护力度，划定全省生态保护红线，构建科学的生产、生活和生态空间分布格局。加大生态补偿力度，完善生态补偿机制，认真执行节能减排低碳发展行动方案，坚决淘汰落后产能。继续推动绿色照明、可再生能源利用等节能示范工程，提高清洁能源消费比重。坚持"三农"重中之重的地位不动摇，进一步强化"三农"工作。

坚持规划引领，把全岛作为一个整体进行统一规划，促进"多规衔接"。制定省会经济圈和琼南旅游经济圈发展规划，优化资源配置，促进区域合作共赢、协调发展。加快建设区域性中心城市，完善城市功能，提高中心城市的辐射带动能力。

5. 继续保障和改善民生，提高人民生活水平

努力扩大就业，增加居民收入。实施积极就业政策，强化就业指导服务，确保新增城镇就业9万人。健全社会保障体系，完善住房保障机制，继续办好十件民生实事。落实教育优先发展战略，实施"全面改薄"工程，完成第三批国家级县域义务教育均衡发展评估验收。

行业篇

第三章

三沙市旅游业发展研究

2012年6月21日,国务院决定在南海成立地级三沙市。这标志着新中国成立以来国家对南海行政管理方式的重大转变,主张要用综合手段解决南海问题,通过对南海海洋资源的有效开发、利用、保护,在南海建立更为强大的综合管控能力。2012年7月24日,中国海南省三沙市揭牌仪式在三沙市永兴岛隆重举行,三沙市正式成立。海南省三沙市的特殊区位决定了其在我国实施海洋强国战略、南海开发战略和海南国际旅游岛建设战略,以及在向国际社会宣示南海主权等方面具有重大意义。2013年4月,海口——西沙邮轮旅游航线正式开通,并允许邮轮游客登上鸭公岛、全富岛和银屿岛做短暂停留,这意味着西沙旅游有了良好的开端。

第一节 三沙市旅游发展的意义

三沙市可以大力发展旅游业,将旅游业作为城市发展的先导产业和支柱产业[1]。而作为三沙市政府所在地,西沙群岛的开放开发尤为重要。为此,要"积极稳妥推进开放开发西沙旅游,有序发展无居民岛屿旅游"[2],要"开展海岛旅游、交通、渔业等基础设施建设,开发建设永兴岛—七连屿珊瑚礁旅游区,合理开发海岛旅游资源"[3]。

---

[1] 王开泳、陈田、虞虎:《设立三沙市的战略意义与城市发展的战略思路》,《中国名城》2013第6期。

[2] 《国务院关于推进海南国际旅游岛建设发展的若干意见》(国发2009〔44〕号),2009年12月31日。

[3] 国家海洋局:《全国海洋功能区划(2011—2020)》,2012年3月3日。

一　是国际旅游岛建设的内在要求

国际旅游岛建设战略实施以来，海南经济社会发展取得了明显进展，但也存在发展空间受限、发展速度不快、发展水平不高等现象，尤其是对于产业结构中的龙头产业旅游业来说，还存在旅游产品丰度、广度和深度有待提升，旅游活动空间有待拓展等一系列问题。作为我国唯一的热带群岛性地级市，三沙市拥有热带自然风光、美丽的珊瑚礁、缤纷多彩的海底世界以及"阳光、空气、沙滩、海水、绿色"五大旅游要素具有发展海洋旅游和海岛旅游的先天优势。作为海南省的重要组成部分，三沙市旅游资源开发与利用是海南国际旅游岛建设的内在要求[1]，对于丰富海南国际旅游岛的内涵具有重要意义[2]，对于拓展海南旅游活动空间、提升海南旅游产品品质、优化海南旅游产品结构和平缓海南旅游的季节性等方面都具有重要意义。

二　是实施南海开发战略的内在要求

早在20世纪80年代，邓小平就将"搁置争议、共同开发"原则扩大到南海争议问题。2013年随着《中华人民共和国和文莱达鲁萨兰国联合声明》的发布，在第八届东亚峰会上，李克强就推动南海共同开发和平解决南海问题发表了重要讲话，在"2+7倡议"中提到，中国愿同东盟国家"稳步推进海上合作，共同建设21世纪海上丝绸之路。"让南海成为和平之海、友谊之海、合作之海。

然而，在域外大国强势介入南海问题的背景下，南海局势在总体上保持稳定、可控的同时，消极因素和不稳定因素增多，南海问题的复杂性和艰巨性进一步凸显，维护南海和平稳定大局面临新的巨大挑战。

旅游业是民生事业，是跨越过国界的和平产业，因此，在目前的南海地缘政治局势下，积极稳妥开发三沙旅游是南海开发战略"软着陆"的最佳选择。

三　是建设海洋强国和海洋强省的内在要求

中共十八大报告提出，我国应"提高海洋资源开发能力，发展海洋

---

[1]　滕文庆、孙冰冰：《关于加快西沙旅游开发建设的思考》，《价值工程》2010年第7期。
[2]　刘登山：《加快开发无居民海岛丰富国际旅游岛内涵》，《今日海南》2010年第3期。

经济，保护海洋生态环境，坚决维护国家海洋权益，建设海洋强国"。2012年11月，省委、省政府召开全省海洋工作会议，提出举全省之力加快建设海洋强省，力争海洋经济生产总值占GDP比重从2012年的1/4左右提高到2020年的1/3以上。

三沙市管辖约200万平方公里的海域，约占我国海域总面积的2/3。三沙市管辖的海域拥有丰富的油气资源、矿产资源、旅游资源、空间资源和交通资源，与越南、菲律宾、马来西亚、文莱、新加坡和印度尼西亚等国家相邻，是21世纪海上丝绸之路的重要节点和平台，在海洋强国和海洋强省建设中自然应该发挥重要作用。

金永明[①]认为，我国建设海洋强国的基本指标主要包括以下方面：海洋经济发达，海洋科技先进，海洋生态环境优美且健康，拥有构建和完善海洋制度及体系的高级人才队伍，先进的管理海洋问题或事故的能力，包括完善的海洋法律和制度，健康和具有公正价值取向的海洋文化，以及强大的海上国防力量。可见，海洋经济发达是海洋强国和海洋强省建设的关键任务。

南沙群岛及其周边海域等南海区域的主权争议使得三沙市的资源开发和区域发展面临来自国际社会的无理指责，国际合作成为南海资源开发的重要手段之一。旅游业的特殊属性使得其成为三沙市资源开发和区域发展的先导产业，可通过在重大旅游基础设施建设、旅游市场、海上救援、邮轮航线串联等方面的国际合作，探索南海资源开发的国际合作范例，积累国际合作经验。

海南是海洋大省，却不是海洋强省，目前海洋经济对海南本省的发展贡献偏低。提高海洋经济的贡献力和发展水平已经成为一个迫切面对的问题。三沙市的地理位置决定三沙应该成为海南海洋经济发展的重要一极。

四 是有效维护国家海洋权益的内在要求

根据传统国际法的先占原则，第一，首先发现和命名，第二，首先经营和开发，第三，首先实施管辖权和行使主权。另外，能否维持驻岛人员足够生存的生产活动这也是评判是否有专署经济区的重要条件之一。

按照这些原则，三沙市所管辖的岛礁及其周边海域是我国的固有领

---

① 金永明：《中国海洋强国战略三步走》，《东方早报》2013年8月12日。

土，无可争辩。但目前，越南、菲律宾等国家霸占了众多岛礁，其中，仅越南就霸占了19个，岛礁及其周边海域的维权形势比较严峻。之所以出现这种尴尬局面，重要原因在于我国在相关海域和岛礁的民事存在不足。因此，增加民事存在是维护岛礁及其周边海域领土主权的重要手段。在21世纪海上丝绸之路建设背景下，合作共赢是解决以岛礁及其周边海域争端的基本取向。旅游业在国际合作和增加民事存在等方面的先天优势使其应该成为存在岛礁争议区域开发开放的先导产业和支柱产业，成为在争议区域实行合作开发的和平产业。

第二节　三沙市旅游发展基础

三沙市的旅游资源具有爱国情结性、神秘性、原生性和垄断性等特性，中央和海南省对三沙市的建设和发展给予了充分的关注和支持，三沙旅游市场潜力巨大，等等。这些为三沙市旅游业发展打下了扎实的基础。

一　自然条件优良

三沙市是海南省第三个地级市，是我国最南端的城市，辖区内岛屿面积约13平方公里，海域面积200多万平方公里，常住人口600多人，是中国陆地面积最小、总面积最大、人口最少的城市。

（一）区位重要

三沙市与越南、柬埔寨、泰国、新加坡、马来西亚、印度尼西亚、文莱、菲律宾等国相邻，位于亚洲与大洋洲、太平洋与印度洋的"十字路口"，素有"亚洲地中海"之称，是连接欧亚非大洋洲等的重要国际海上战略通道和商业往来交通命脉，也是石油能源运输要道，是21世纪海上丝绸之路的重要节点和平台。

（二）自然资源丰富

三沙市的岛礁除个别为火山岛外，都是珊瑚礁岛，岛礁以低、平、小为特征。属热带海洋性季风气候，是西太平洋台风发源地之一。一般10月到次年2月海浪最大。岛上植被稀少，动物以鸟类和龟类为主。这里是世界珊瑚礁发育条件最好的区域之一，珊瑚礁及其生态系统发育良好，海洋生物种类繁多，其中鱼类有1500多种。海底石油和天然气储量巨大，有"第二波斯湾"之称。此外，海底矿产资源和海洋动力资源也非常丰富。

二 社会经济快速发展

受到各种原因的影响和特殊地理位置的限制，三沙市经济基础比较薄弱，以渔业生产为主。三沙市是我国四大渔区之一，渔场面积达182万平方公里。也有少量其他生产活动，其中，商业和社会文化服务业主要集中在永兴岛。后勤补给主要由"琼沙轮"和"琼沙3号轮"承担，过往船只和永兴岛机场也承担一定的后勤补给任务。

三沙市成立以来，社会经济发展迅速。在人才队伍建设、招商引资、基础设施建设、油气资源开发、渔业资源保护、生态环境修复以及发展规划编制等方面取得了明显进展。例如，先后编制了三沙市"十二五"规划、城市总体规划、旅游规划、交通规划等多个总体规划和北礁、晋卿岛等岛屿利用专项规划。

三 旅游资源特色鲜明

（一）数量庞大，类型丰富

据调查[①]，三沙市共有旅游资源单体364个，其中自然旅游资源为283处，占总量的79.49%。既有形态各异的岛礁景观，潮汐和浪花等海域风光，也有海上日出和日落等天气现象，还有海上丝绸之路、甘泉岛古井等人文旅游资源。可将这些资源分为包括8个大类、18个亚类、36个基本类型。

（二）远洋特色，垄断性强

三沙市面积辽阔，水体巨大，远离大陆和海南岛，从空间上看，其旅游性质为远洋旅游。三沙市气候长夏无冬，拥有热带海底世界，热带珊瑚礁景观群和"海上丝绸之路"等旅游资源，在热带海洋旅游资源中具有垄断性。

（三）组合度高，富有变化

三沙市拥有宜人的气候、湛蓝的海水、名贵的海产、神秘的海岛等海域旅游景观，独特的地貌、众多的海滩、奇特的生态、珍贵的文物等海岛旅游景观，优美的泻湖、瑰丽的珊瑚、美妙的水族等海底旅游景观，这些

---

① 中科院：《南海旅游发展总体规划》，内部资料，2014年。

景观相互组合,给人以千变万化、美丽神秘的感受。海上日出、海上日落、潮汐潮涌、海上星辰和云雾等自然景观随着时间地点的不同呈现出不同的景色,变化多端,其乐无穷。

(四) 区位独特,国际关注

三沙市处于太平洋和印度洋的咽喉,扼两洋海运的要冲,是亚洲大陆与澳洲大陆、中东国家以及非洲大陆之间的海上商业通道,也是我国通往新加坡、雅加达方向海空航线的必经之地,其航海与航空价值是具有国际性的。同时,在国防上占有重要地位,肩负着保卫祖国南部海疆,维护我国海洋主权的神圣职责,并且对维护东南亚的和平具有较大的影响。

四 制约因素不容忽视

(一) 军事管制增加协调难度

三沙市是我国的前线和边疆,肩负着捍卫主权的使命,因此旅游开发与政治、军事、外交策略紧密相关,必须严格遵守在维护国家主权、服从国防建设和军事斗争的前提下进行旅游开发。由此,造成政策可进入性差和对开放对象的限制。

(二) 基础设施滞后增加建设成本

除西沙群岛的永兴岛外,其余岛礁均不具备旅游接待条件,旅游要素配置几乎为零。永兴岛虽有基本的旅游要素配置,但接待总量有限,接待档次较低,要素之间协调性不匹配。基础设施建设和服务支持系统滞后使三沙市旅游发展受到制约。

(三) 海洋灾害多增加开发难度

三沙市的自然灾害主要表现为台风和风暴潮,太平洋台风和南海台风,对东沙群岛、中沙群岛和西沙群岛影响较大,主要出现在6—10月,而南海的热带季风气候和赤道季风气候的时间节律又决定了旅游活动必须在台风期间进行,这使得南海旅游在开放开发过程中遇到难度。

第三节 三沙市旅游发展动力机制

可将三沙市旅游发展的动力归纳为驱动力、推动力、拉动力和阻滞力四个方面,这四个力通过相应的路径形成合力,共同推进三沙市旅游业的发展。

一 三沙市旅游发展的动力系统

可将三沙市旅游发展的动力分为八个方面。

（1）内生驱动力。一是领土维权驱动力。这是最强大的动力，源于中华民族和全体国民对三沙主权的捍卫。二是区域发展驱动力。主要源于：承接世界海洋旅游重心（尤其是邮轮旅游重心）向亚太地区转移；承担海上新丝路建设重任；建设世界海洋旅游国际合作新高地；创新我国海洋旅游发展机制；促进海南国际旅游岛建设。

（2）内生阻滞力。主要包括远离核心客源市场、岛礁面积狭小、生态环境脆弱、基础设施薄弱以及军事管制等方面的阻滞力。

（3）本地旅游承载力。主要表现在：高品质旅游资源的承载力（南沙旅游资源具有神秘性、爱国情结性、审美性、多样性等特点）；宽广空间资源的承载力。

（4）旅游发展压力。主要源于：生态环境保护、激烈的市场竞争、旅游产品生命周期以及旅游安全保障等方面。

（5）外生推动力。一是政府部门的推动力。主要源于：优惠政策、建设基础设施、直接投资、安全保障和外交活动等。二是企业部门的推动力。主要源于：报效国家、服务市场、追求经济利益和拓展发展空间等。三是外国部门的推动力。主要源于：旅游市场需求、国际合作开发三沙资源和经济利益驱动等。四是技术创新与应用的推动力。主要源于：交通技术（如邮轮、水上飞机和潜水设备等）、工程技术（如岛礁扩建和浮动平台建设）、生态技术（如珊瑚礁及其生态系统修复）、管理技术、营销技术（如微营销）和信息技术的创新及其在旅游领域的广泛应用。

（6）外生拉动力。主要表现为旅游市场需求的拉动力，重点源于：爱国情结、拓宽视野、追求新奇、渴望健康、摆脱压力、受到尊重、情感交流、消磨时间和可支配收入等方面。

（7）外生阻滞力。主要源于主权声索国、周边非主权声索国、域外大国以及东盟等国际组织。

（8）约束力。主要表现为国际海洋法、领土安全至上以及生态保护优先的约束力。

这八个力可概括为"驱—推—拉—阻"四个维度（图3-1）。

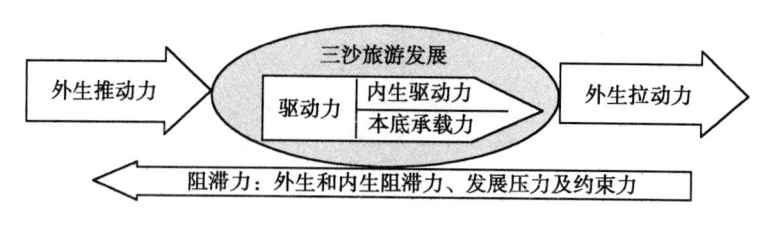

图 3-1 三沙旅游发展的动力系统结构

二 三沙市旅游发展的动力模型

根据主导力的不同可将旅游发展动力模型分为政府驱动型、市场驱动型、资源驱动型、经济驱动型及综合驱动型等。旅游发展动力模型因时而异,因地不同。

在发展早期,三沙旅游发展的动力模型为政府驱动型。三沙市是个十分特殊的区域——地缘政治复杂,维权形势严峻;常住人口极少,基础设施匮乏;岛屿面积狭小,生态环境脆弱;海洋资源丰富,开发潜力巨大;地处交通要冲,战略地位突出。因此,在三沙旅游发展早期,政府起着绝对的主导作用,没有政府的批准和积极推动,三沙市旅游只能停留在理论上。从现实情况看,早在20多年前海南省就提出要发展西沙旅游,但由于各方面原因,直到2013年才得到中央政府的批准。与此同时,旅游发展的内外部阻力很大,包括南海周边国家及域外大国的阻力。

在发展后期,三沙旅游发展的动力模型为市场驱动型。市场驱动力既表现在企业的推动力,也表现在当游客的拉动力。显然,当三沙旅游发展到一定阶段后,旅游基础设施和旅游配套设施日趋完善,旅游产品和服务不断丰富,旅游发展效益不断得到体现。此时,一方面,三沙市将会成为旅游者心目中理想的旅游目的地,游客对三沙旅游发展的拉动力将迅速攀升,另一方面,受利益驱动的影响,旅游企业将会积极主导投入到三沙旅游发展中,成为三沙旅游发展的中坚力量。

三 三沙市旅游发展动力的作用机制

旅游发展动力的作用机制是指各种作用力的大小、作用方向和作用路径。对三沙旅游发展起决定性作用的是内生驱动力,尤其是维权驱动力。正是这种强大的内生驱动力,驱使着政府部门、企业部门和客源市场积极主动地参与到南海旅游发展中来。在南海旅游发展过程中,也会受到远离

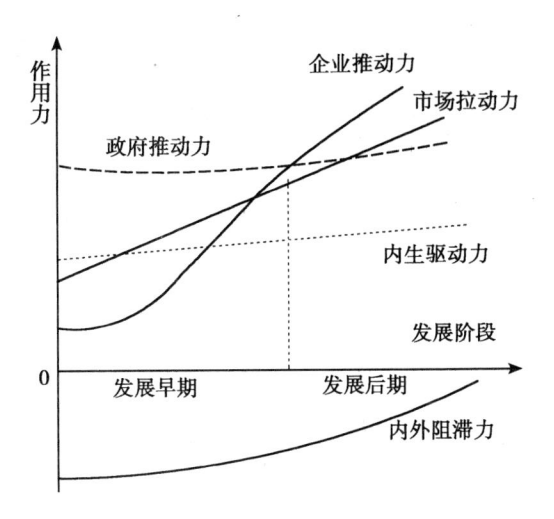

图 3-2 三沙旅游发展动力模型演化示意图

客源市场和基础设施薄弱等内生阻滞力以及主权声索国及域外大国的外生阻滞力的阻力作用,然而,当三沙旅游发展效果得到市场充分认可后,这些阻力就会转化为推动三沙旅游进一步发展的动力。

四 基于动力机制的三沙旅游发展对策

从动力机制角度出发,三沙旅游发展的主要对策有:

(1) 加强国际合作,降低外生阻滞力。南沙旅游发展的国际合作领域主要有:旅游市场合作;重大旅游基础设施建设合作;旅游营销合作;旅游救援合作;国际邮轮航线串联;旅游信息平台共享。

(2) 深化顶层设计,提升外生推动力。树立实际占用意识,提升政府部门推动力;放宽市场准入,提升企业部门推动力;推进合作共赢谈判,提升外国部门推动力;推进科技成果的旅游应用,提升技术创新推动力。

(3) 强化领土意识,增强外生拉动力。加强爱国主义教育,培育旅游市场拉动力。

(4) 加强国际规则研究,合理规避约束力。

第四节 三沙市旅游发展思路

思路来源于理论和经验,并决定行动。三沙市旅游资源及其开发条件

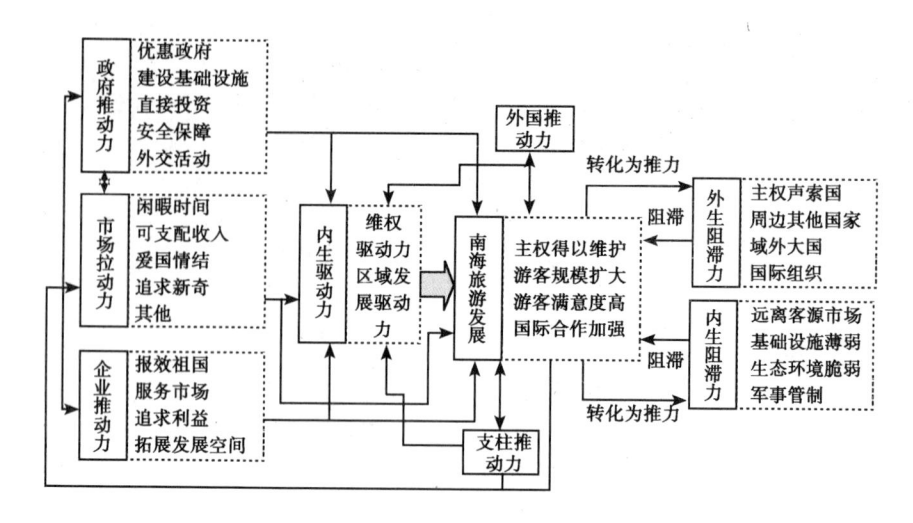

图 3-3　三沙旅游发展动力作用机制模型

具有特殊性，要在相关理论的指导下探索立足三沙市情的发展思路。

一　指导思想

以"四个全面"为指导，以服务于国际旅游岛建设、南海开发、海洋强国建设、"一带一路"建设等国家战略为总体要求，以体制机制创新为总抓手，坚持以海为本、海陆统筹、军民共建和重点突破等基本原则，统筹处理旅游业发展与军事国防建设、海洋能源开发、海洋环境保护及三沙市社会经济发展等方面的关系，构建热带特色的海洋旅游产业体系，使旅游业成为推进三沙市社会—经济—环境可持续协调发展的先导产业和支柱产业，将三沙市建设成为我国海洋旅游创新基地、世界海洋旅游新圣地和世界海洋旅游国际合作新高地。

二　战略目标

（一）总体目标

力争到 2030 年，基本建成旅游产业体系完善、综合效益突出、"主题"岛礁开发成效明显、管理运营模式超前、海洋生态建设领先、对中国海洋旅游发展发挥先行示范和龙头带动作用的"世界海洋旅游的新圣地""世界海洋旅游国际合作新高地"和"国家海洋旅游创新基地"。

（二）阶段目标

（1）西沙旅游"成体系"时期（2015—2020 年）。发挥海口和三亚等海南中心旅游城市的集散功能以及西沙群岛作为三沙旅游龙头的辐射带动作用，在椰香公主号试运行取得圆满成功的基础上，购置规模更大、档次更高的新邮轮，更新提升三亚至西沙群岛的邮轮航线，实现海南旅游的"陆海联动"。西沙国家海洋公园建设项目获得有关部门批准，并取得实质性建设进展。鸭公岛等"主题"岛礁建设取得明显进展。旅游接待设施基本完善，过夜游客日接待能力达到300人。到2020年，年接待国内游客达到5万人次，其中，在岛上过夜游客达到6万人天次，年旅游总收入达到5亿元。

（2）中沙、南沙旅游"成规模"时期（2021—2025年）：西沙旅游接待能力不断提升，西沙群岛成为国际旅游岛的重要旅游目的地。同时，南沙、中沙旅游起步，依托国内重点邮轮停靠城市或母港城市，面向国内市场，开通"上海—西沙—中沙—南沙"等邮轮旅游航线，并在黄岩岛和永暑礁等岛礁建设旅游接待设施。在游客互送、邮轮航线串联、大型旅游基础设施建设和海上救援等领域开展与越南、马来西亚、文莱等国家之间的国际合作，初步形成三沙旅游国际合作局面。试行开展三沙旅游的包机业务，实现三沙旅游发展的"海海对接"。到2025年，南沙群岛、中沙群岛成为三沙旅游的新热点，三沙市过夜游客日接待能力达到1000人，年接待国内外游客达到10万人次，其中，在岛上过夜的游客达到20万人天次，旅游总收入达到15亿元。

（3）三沙旅游繁荣期（2026—2030年）：推进三沙邮轮旅游国际化，按照国际重要海洋旅游目的地的要求和标准，进行全方位建设，使三沙旅游产品不断精品化，产业体系逐渐国际化，实现三沙旅游发展的"洋洋对接"。到2030年，三沙市过夜游客日接待能力达到2000人，年接待国内游客达到15万人次，年接待国际游客达到5万人次，其中在岛上过夜的游客达到30万人天次，旅游总收入突破30亿元。

三　战略选择

（一）以海为本战略

以海为本是指在三沙旅游发展中，要以海洋生态环境保护和修复为前提和基础。良好的海洋生态环境是三沙旅游业发展赖以存在和发展的基础和依托，保护好海洋生态环境，尤其是保护三沙珊瑚礁及其生态系统，既是三沙市经济社会发展的必然要求，也是建设海洋强国和海洋强省的必由之路。

（二）无缝对接战略

无缝对接包含以下几方面含义：（1）军地协调共同推进三沙市旅游业发展。大力发展旅游业既是发挥三沙市比较优势、推进三沙市经济社会可持续发展的必要途径，也是增加我国在南海岛礁上的民事存在、利用产业活动宣示和维护岛礁及其周边海域主权的重要手段，因而是军地共同的目标。（2）产业融合构筑以旅游业为龙头的三沙市特色经济结构。三沙市的优势资源主要有空间资源、海洋旅游资源、油气资源、海洋交通运输资源、海洋渔业资源，由此出发，三沙市未来应该重点发展海洋旅游业、海洋交通运输业、海洋油气开采业和海洋渔业等产业。在环境问题日益引起人们高度关注和南海局势等背景下，旅游自然会成为先导产业和支柱产业。要通过海洋旅游业的发展，提升海洋渔业和海洋交通运输业的附加值，延长海洋渔业和海洋交通运输业的产业链。（3）部门齐心协力共促三沙市旅游迈上新台阶。一方面，发改委、外交部、海洋局和海南省委省政府等部门要统一思想，站在全国乃至世界的角度、从建设海洋强国和实施"一带一路"战略的高度，充分认识到发展三沙市旅游业的重大意义，从高层给予三沙市旅游业发展以足够的支持和指导；另一方面，省委省政府各职能部门、三沙市委市政府以及相关企业等，要深刻领会中央相关文件的精神，用足用活中央及相关部委给予的优惠政策，积极主动地创新体制机制，以时不我待、只争朝夕的精神，协力促进三沙市旅游业迈上更高台阶。（4）区域统筹将三沙市打造为国际海洋旅游新高地。一方面，以三亚或文昌为后勤保障基地和客源组织地，以"主题"岛礁及其周边海域为目的地，实现陆海统筹；另一方面，以西沙群岛为三沙市旅游核心区或集散区或龙头，以中沙群岛和南沙群岛为"双轮"或"双翼"，逐步形成一心多轴的三沙旅游空间格局。

（三）重点突破战略

空间上实现重点突破。三沙市地域辽阔，各区域资源既有差异也具有相似性，为提升游客的旅游经历价值，也为了避免重复建设和节省建设成本，要将有限的资金和精力投入到重点区域，尤其是三沙旅游发展的早期，更要集中在西沙群岛的少数岛礁上。

产品上实现重点突破。三沙市岛礁面积狭小，生态环境脆弱，登岛旅游受到明显的空间和生态上的制约，为实现三沙市旅游的可持续发展，要以邮轮旅游为重点，登岛逗留为辅，充分发挥漂浮的旅游目的地的作用，形成世界邮轮旅游新高地。

市场上实现重点突破。三沙旅游具有宣示主权和开展爱国主要教育等重要功能，尤其在当前域外大国强势介入南海问题等背景下，更需要突出该功能。因此，在市场选择上，在近期，要以国内游客为重点，在条件未成熟前，暂时不允许外国游客进入。

（四）精品锻造战略

随着游客的旅游消费能力的持续增强，对旅游产品的质量需求也越来越高。因此，锻造旅游精品，既是发挥区域比较优势的要求，更是满足市场需求的要求。

规划引导。一方面，在《全国海洋功能区划》和《海南国家旅游岛建设发展规划纲要》等的基础上，科学编制和严格执行《三沙市旅游发展总体规划》，另一方面，每个"主题"岛礁要按照相关要求编制总体规划、详细规划、修建性规划和环境影响评价，并严格执行。

规范疏导。出台《三沙市旅游管理条例》，编制出台并认真落实《三沙市邮轮旅游规范》《三沙市游艇旅游规划》和《三沙市垂钓旅游规划》等系列规范性文件。

利益诱导。在成立三沙市旅游投资控股公司的同时，鼓励民间资本积极参与到三沙市旅游开发中来，并对为三沙市旅游发展企业（如海峡航运控股有限公司）给予适当资金扶持。

监管督导。加大监督管理力度，开展定期、不定期检查监督，并根据相关规章严厉处罚违规者。

质量前导。质量是旅游业的生命线。三沙以其神秘性为国内外游客所向往，为确保三沙旅游的高品质，要以提升游客的旅游经历价值为出发点，打造特色旅游产品，提供优质旅游服务。

四 三沙旅游发展重点

按照"需求导向、问题导向、项目导向"原则，三沙旅游发展要突出以下重点。

（一）以设施建设为重点，拓宽三沙旅游发展空间

目前，三沙市岛礁面积约为13平方公里，旅游发展的陆域空间受到制约，选择适当区域建设人工岛并建设旅游设施，是三沙旅游发展的重要

内容。

设施不仅是重要的旅游吸引物,也是主要的旅游集散基地。要根据旅游发展规划,合理布局,有序开发,推进三沙市旅游基础设施和上层设施的建设。

要突出综合开发利用理念,立足长远和综合目标,设施建设既要满足旅游业发展的要求,也要统筹兼顾油气开采、渔业发展等领域的需求。

要加强旅游集散基地的渐进滚动式建设。首先,以浮式供应船为基础,在预定的目标岛礁建设码头与栈桥,形成生产与生活补给基地。其次,要依托上述基地,通过构建钢筋混凝土框架结构,逐步向前方和周边海域拓展,推进"人工岛"建设。最后,完善"人工岛"的各种功能,如码头及机场,配套生产生活服务设施等。

设施建设要突出生态理念。在基地开发建设中,要按照可持续发展和建设生态岛的要求,加强环境保护,充分开发利用风能、太阳能和潮汐能等清洁能源,搞好雨水收集净化设施和对污水及生活垃圾处理设施的建设,将环境污染降低至最小。

(二)以邮轮旅游为重点,构建三沙旅游产业体系

三沙市旅游产品开发和产业体系培育要体现"大洋"或"远海"旅游的特点,强化以旅游大通道建设为基础的海洋旅游方式,以旅游线路为卖点,以邮轮旅游为核心,以海上低空旅游等为配套,构建特色化的海洋旅游体验产品体系。

整合阳光、沙滩、岛礁、生物等自然旅游资源以及海上丝路文化、军事文化等人文历史旅游资源,形成特色海洋旅游产品谱系。要充分挖掘独特的海洋文化,对南海诸岛旅游设施设备以及综合服务进行统筹规划与建设,彰显海洋元素,营造特色化的海洋旅游氛围。

立足高端市场,以市场为导向,推进旅游产品策划与开发的精品化,丰富旅游活动项目,全面构建旅游的核心品牌,提升旅游竞争力和吸引力,促进产业体系的形成。

以充分发挥旅游综合功能为出发点,推动一、二、三次产业联动发展,形成远洋渔业、海洋交通运输业、"主题"岛礁等集约、集群开发模式。

(三)以科技支撑为重点,探索三沙旅游运营模式

围绕科技兴海战略,突出海洋旅游特点,以市场为导向,以现代科技

集成与应用为重点，推进三沙旅游综合服务体系和安全救助体系的信息化，发挥科技引领和支撑作用。

创新旅游管理体制。成立三沙海洋旅游综合改革试验区管理委员会。在维护国家主权、服从国防建设的前提下，协调中央和地方、部队和地方及各行业各部门之间的关系，推进旅游的协调发展。

争取旅游开放政策。扩大南海诸岛的开放范围和开放领域，放宽产业准入条件，加快旅游新业态、新产品的探索和引进，逐步实行邮轮旅游和旅行社团队免签证。开展旅游包机业务，拓展私人商务包机业务，争取开放水上飞机等岛际低空航线。

创新投融资机制。探索组建新的投融资平台，引导金融机构创新产品和服务。鼓励国内外大企业、大集团参与三沙海洋旅游综合改革试验区建设，推进旅游融资渠道多元化。

逐步完善配套机制。进一步梳理、完善促进三沙旅游业开放开发的各项政策。加大政府对旅游基础设施建设的投入和对旅游宣传推广、人才培训、公共服务的支持。

适度增加财政对旅游产业的转移支付。支持海洋旅游项目用地、用海，适当增加旅游业发展土地供应，支持利用荒地、荒滩、岛礁的土地开发旅游项目。

(四) 以精品建设为重点，推动三沙旅游品牌建设

三沙旅游的开发建设，在强调政府主导的前提下，更需要借助外力，必须强调市场在其中扮演的角色。

通过高水平的规划，吸引大企业进入，实现大项目突破，来确保三沙旅游产品具有国际竞争力。要与国际知名的、资金技术实力雄厚、管理运作经验丰富的国际邮轮公司建立合作关系，使三沙岛礁及其周边海域成为其邮轮业务的重要节点，通过大公司带动大品牌。

通过特许经营，引入引进国内民航（如海南航空）、海运（如椰香公主号）等交通运输集团，在三沙岛礁等关键节点开发建设一批以邮轮母港、客运码头、军民两用机场等为主导的交通设施项目，推进三沙旅游环线与通道体系建设。

引进品牌酒店、电子商务服务商、旅游纪念品开发商、大型旅行服务商以及综合性、专业化的大型企业集团共同推进三沙旅游业发展，实现三沙旅游产业的突破。

（五）以区域合作为重点，推进三沙旅游国际化进程

南海是中国走出太平洋的重要门户，是构筑我国安全海洋贸易通道，完善国家对外开放格局，拓展发展开放空间，打造连接中国、东南亚以及全世界市场的平台。

必须以国际化理念，通过跨区域政策整合、服务体系整合，以国际化平台推进和引导三沙旅游业朝向国际化方向发展。

要立足长远，加强国际海洋旅游交流合作，在会展和大型赛事组织、南海海洋旅游国际化研究等领域寻求突破。

要以邮轮线路为突破口，整合海南岛、三沙市旅游资源，建设大产品，有效规避区域内海洋旅游产品开发的同质竞争，全面提升国际旅游岛的整体竞争力和区域辐射力。

要推进与东盟国家、尤其是南海周边国家的旅游产品整合，推进大线路建设，培育大品牌，全面提升南海旅游的辐射力。

要通过南海旅游整体形象塑造和推广，产品开发和品牌建设，参与国际市场竞争，通过大开放，实现大合作，通过大合作，实现大发展。

（六）以源头控制为重点，保护三沙旅游生态环境

生态环境是三沙市旅游业得以持续健康发展的基础，旅游开发发展必须以保护和修复生态环境为前提。

树立保护优先、生态准入等旅游开发理念和机制，切实从源头保护南海海洋生态、自然生态与资源环境，坚持可持续旅游发展模式。

强化旅游者的海洋文化观的培育。继承和发展传统海洋文化精华，发展具有新时代特征的现代海洋文化，转变单纯以开发、扩张、追求商业利益为目标的传统海洋文化观，树立科学发展、谋求海洋经济与生态环境相协调的新的海洋文化观。

提高三沙旅游开放开发中的生态门槛。要在海洋旅游发展中宣传和普及海洋生态文明。重点建设海洋保护区、国家海洋公园等海洋生态环境科普教育基地，形成资源节约型和环境友好型的产业结构、增长方式、消费模式，全面提升三沙市旅游业的可持续发展能力。

建立完善游客参与机制，提高旅游者投身海洋生态文明建设的自觉性、主动性和积极性，努力形成关心、珍惜、保护海洋生态环境的良好氛围，在全社会牢固树立海洋生态文明理念。

把海洋生物多样性保护、海洋渔业资源开发保护、海岸带管理、海洋

环境资源调查与管理、海洋灾害预警预报等作为重点领域，建立国际合作机制，联合实施保护项目，共建良好的陆海生态环境，打造整体协调、生态友好的可持续发展空间结构，全面实现生态环境保护和修复的突破。

五　三沙旅游发展布局

三沙市海域面积辽阔但陆地面积狭小，由此，三沙旅游的空间布局原则和理念具有特殊性。

从空间上考虑，三沙旅游开发发展要凸显组团式、生态化、国际化等理念。

（一）全域统筹，三沙联动，梯次推进

以 2013 中国海洋旅游年为契机，挖掘海洋资源，突出海洋主题，促进三沙岛礁以及周边国内外旅游目的地的密切交互，推动西沙、中沙、南沙三大区域联合开发、协同发展。以环境容量和资源承载力为基础，实行差别化的区域开发和资源环境管理政策，坚持统一规划、分步实施、梯次开发、滚动发展的原则，有序推进三沙旅游业的开发开放。

（二）组合发展，功能集聚，凸显岛礁群组

三沙岛礁众多，体量小，远离大陆和海南岛，不利于旅游设施的建设，不利于关联性项目的设置。基于此，在空间布局上，应强调岛礁群与项目群的"组合式"发展原则和理念，形成不同主题的旅游集群，以组团式的空间组合结构催生"聚核效应"。本着"多业共建"的原则，依托岛礁群，将旅游功能集中，使旅游、渔业及矿产能源等多种生产与服务功能集聚，建设"精致海岛"，引导要素的有序集聚，以更少的空间集聚更多的要素。

（三）生态准入，岛礁优先，强化科学发展

加强生态环境监测和监管，科学测定资源环境承载力，合理确定发展规模，严格产业准入门槛，规范各类资源开发和经济社会活动。三沙市独特的地理环境决定了邮轮是三沙旅游最主要的方式。

（四）节点扩散，通道串联，发挥示范作用

强化以岛礁为旅游节点的核心地位，推进产业发展、综合交通、功能区建设、岸线利用等开发，充分发挥节点的优质海洋旅游资源和旅游保障基地的重点带动与典型示范作用。以节点为支撑，沿传统安全航道，组织邮轮航线，以此串联以岛礁及其附近海域为主体的旅游开发功能区，以

"支点—通道—片区"为导向,引领三沙旅游发展。

(五) 军民共享,适当分离,维护国家权益

三沙市管辖海域是太平洋和印度洋之间的海运要冲,更是我国的主要战略通道,应以国防战略安全优先的理念,优化岛屿及产业发展总体布局。由于海洋设施建设投资极大,可对有条件的岛屿采取军民两用以及军民融合政策,立足基础共享、优势互补、合理分工的发展要求,注重岛屿产业功能区与服务配套功能区之间的相互衔接、相互依托,构筑军民融合又适度分离的一体化基础设施共享机制。以海洋渔业、海洋旅游业、现代服务业、海洋交通运输业等产业的发展,维护国家核心利益,创建中国维权与开发的"示范性海洋旅游发展模式"。

第五节 三沙市旅游发展建议

三沙市独特的地缘政治地理位置、广阔的海洋旅游发展空间、颇具特色的海洋旅游资源、旅游市场对开发三沙旅游的强力需求以及各级政府对三沙旅游发展的大力支持,使三沙旅游有望成为海南国际旅游岛建设和 21 世纪海上丝绸之路建设的亮点。为切实有效推进三沙市旅游业快速可持续发展,需要在以下五个方面做出不断努力和改进。

一 制定三沙旅游开放政策

三沙市管辖区域因特殊的地理位置而长期实行半军事化管理模式,这是保障国防安全的需要。三沙旅游发展将激活三沙市海洋旅游资源,海洋旅游业也将成为三沙市的支柱产业和先导产业。为保障三沙旅游业的快速健康发展,需要制定海域、空域、人群和资本等开放政策。

(一) 明确旅游开放海域

要按照"先划区、后划界"的原则,推动军地划界工作,明确旅游开放区域。岛礁是海洋旅游的核心资源和服务设施的重要依托。建议以岛礁(或岛礁群)为对象,综合考虑军事国防、旅游开发、渔业生产和能源开采等方面的需要,将三沙市管辖海域划定为封闭区、半开放区和完全开放区等三类区域,即军事管制区、军民公用区和民用开放区。旅游活动基本上限于民用开放区,军事管制区严禁外来人员(包括游客)进入,军民公用区在获得部队允许后方可进入。

在民用开放区开展旅游活动，包括游客的旅游活动和开发商的旅游开发和经营活动，都不需要获得部队的批准，而只需要获得三沙市或省政府的批准。但要协调好旅游、渔业和能源等产业功能分区，以及海上基础设施共建。

（二）开放旅游核心区空域

三沙市管辖海域幅员广阔，大部分岛礁离海南岛较远，旅游交通和海上快速综合救援是三沙市海洋旅游开放开发的难点和重点。建议统筹三沙市机场建设规划，适量地在西沙、南沙和中沙的重点开放区域建设军民公用机场。在适时开放永兴岛机场的基础上，开通海口、三亚和北京、上海等中心城市与三沙之间的航线，构建三沙市与海南岛及大陆腹地之间的空中通道。

包括海上飞机、直升机、三角翼等在内的低空观光是海洋旅游最富吸引力和最具投资价值的旅游产品。因此，在三沙旅游核心区开放低空航权，不仅能丰富和完善三沙市海洋旅游产品体系，而且也能为旅游核心区的岛礁间联系和海上安全救援提供快速交通工具。

（三）逐步放开旅游人群

三沙市海洋旅游从推出期到成熟期是一个循序渐进的过程。鉴于三沙市的特殊地理位置和旅游开发所面临的困难和挑战，建议制定"先国内、后国际"的旅游开放人群政策，实行"分期开放、分类管控"的措施。

近期（2015—2020年），采用身份登记制，对大陆居民全面开放；中期（2021—2025年），采取身份登记制，开放人群在大陆居民的基础上扩大到港、澳、台同胞；远期（2026—2030年），实行完全开发，即在中期开放人群的基础上，对海南国际旅游岛的免签国家公民，实行免签和身份登记制度，对其他国家的公民，参照我国边境地区的旅游签证政策，采取"二次签证"政策。

（四）分类开放融资渠道

三沙市旅游开发面临环境复杂、政策性强、基础设施薄弱、技术难度大、生态保护要求高等诸多问题和困难，制定合理的融资渠道开放政策，是促进三沙市海洋旅游健康良性发展的重要保障。建议采取"管控"与"放开"相结合的思路，分类开放三沙市旅游发展融资渠道，即重大基础建设投资实行国有资本垄断政策，岛礁开发投资实行国内资本优先政策，服务与活动类投资实行特许加盟政策，商品类生产投资实行完全市场化政策。

二 建立三沙旅游发展机制

（一）成立旅游开发决策协调机构

三沙市旅游开放开发具有政策性强和涉及面广等特点，建议成立由国家发改委、外交部、海洋局、广州军区、海南省等部门共同组成三沙市旅游开放开发决策协调机构，负责制定综合开发方案、步骤与政策，统一协调军事建设、旅游开发、渔业生产、能源开采等海域空域布局和重大海上公共设施、海上安全与救援等设施建设等。

（二）推行旅游开发联合审批制度

成立海南省三沙市旅游开发建设领导小组（或与海南省国际旅游岛建设发展领导小组合并设立），负责研究三沙市旅游重大政策和重大举措、组织编制三沙市旅游发展规划和分区规划、批准重大基础设施和旅游项目。其成员应包括三沙市、旅游、军事、海事、渔业、建设、环保、技术监督等部门的主要负责人。前期海南省旅游委员会可作为其工作机构，负责项目受理和组织，待条件成熟后，此项工作转移交三沙市政府。

（三）适时制定《海南省海洋旅游发展条例》

为加强三沙旅游管理，保护和合理开发利用海洋旅游资源，规范三沙市旅游开发与经营行为，推进三沙旅游开放进程，促进三沙旅游业健康有序发展。建议海南省在《海南省实施〈中华人民共和国海域使用管理法〉办法》和《海南省海洋环境保护规定》等法规基础上，适时制定《海南省海洋旅游发展条例》。

三 建立三沙旅游安全保障体系

确保旅游安全是三沙市海洋旅游发展的基本前提和根本保障。三沙旅游安全保障体系应结合南海国防建设，综合考虑海洋旅游、海洋渔业和海洋能源等多方面的安全救援需求，打造统一的海上安全预警和综合救援体系。以此为基础，加快海上综合救援体系建设，制定海上旅游安全救助预案，建立海上综合安全协调机制，加强海上旅游安全科技保障，形成完善的三沙旅游目的地安全保障与救援体系。

（一）建设海上综合救援设施体系

三沙市海上综合救援设施的建设应综合考虑海洋旅游、海洋渔业和海洋能源开采等多方面的需求，使海上救援设施在空间、功能等方面实现一体化。建议在对接全省海上综合救援设施体系的基础上，以海上旅游安全预警和救援为先导，结合三沙旅游业开放开发进程，依托现有公共安全系统，以旅游区、旅游交通沿线、旅游服务基地为重点区域，加快建设三沙市管辖海域的综合救援设施体系。

（二）制定海上旅游安全救助预案

结合三沙市旅游开放开发的总体部署和进程，研究完善三沙海上搜救应急组织指挥体系及职责任务、预警和预防机制、海上突发事件的险情分级与上报、海上突发事件的应急响应和处置、后期处置、应急保障等预案。同时，加强海洋旅游安全知识宣传，增强海洋旅游者的安全意识和自我保护意识，提高海洋旅游管理和服务一线从业人员的应急救护能力和海洋旅游者风险意识，以减少海洋旅游者的安全事故的发生概率。进一步完善安全设施，制定游客分流预案，合理组织安排三沙旅游的内部游览线路。

（三）构建海上综合安全协调机制

2011年，海南省政府成立了海口、三亚、洋浦、清澜、八所等海上搜救分中心，覆盖海南省辖区5大开放口岸、13个沿海市、县、开发区的近海海上搜救指挥体系基本形成。随着三沙市的成立和三沙旅游业的开放开发，海南省有必要成立三沙海上搜救分中心，近期形成近海和西沙海上安全救援体系，远期形成近海、西沙、中沙和南沙"四区合一"的海上综合安全体系。同时，结合三沙市开放开发的实际需要，海南省政府和交通运输部有必要建立省、部际联席会议制度，建立三沙常态化的安全协调机制。在加大旅游安全设施投入的同时，切实落实旅游安全属地化管理和旅游安全事故责任归属机制，进一步完善旅游安全事故处理预案，加强日常旅游安全救援的演练，提高突发事件的应对能力。重点加强对游客运载工具、旅游设施设备、大众娱乐场所、餐馆摊点等设施和场所的安全检查，突出抓好旅游交通安全、旅游饭店安全、旅游景区游乐设施安全和旅游餐饮安全等方面的工作。

（四）完善海洋旅游保险制度

探索建立综合旅游保险，完善旅行社责任险，进一步推动海洋旅游统保示范项目的实施。推进旅游保险业的发展，鼓励保险企业开发适合不同游客群体的海洋旅游保险产品，扩大投保范围，提高理赔效率，推进旅游保险险种和理赔机制不断完善，进一步保障游客权益。

四 构建三沙旅游发展公共服务保障体系

海洋旅游必须依托陆地作为补给基地和客源基地，形成海陆联动的开发格局，一体化服务体系的构建显得尤为重要。要建设立体的公共信息服务体系、省市综合的行政服务体系和海陆一体的旅游市场服务体系，从而构建起三沙市海洋旅游公共服务体系的核心框架。

（一）建立立体的旅游公共信息服务体系

推动建立三沙海洋旅游公共信息数据库。与基础设施和景区建设同步启动，建设三沙旅游公共信息服务平台和公共信息数据库。逐步建立"政府主导、部门配合、企业参与"的海洋旅游信息采集机制，及时、准确、全面地采集旅游及涉旅行业的基础信息，重点采集游客需要的"食、住、行、游、购、娱"等方面的信息，对信息实行动态管理，及时更新，实现各涉旅行业的信息资源共享互通。加快建设多样化、广覆盖的旅游公共信息发布渠道。推动信息技术在三沙市旅游消费、旅游生产经营过程、旅游服务管理过程的应用。重点发展智能终端技术在数字化导览、电子地图、定位认别、移动支付、多点通信等领域的应用，物联网技术在电子票证、旅游区资源管理等领域中的应用，移动通信技术在旅游区客流量分析、客流引导、应急处理等领域的应用。加强旅游公共信息发布，建立健全旅游预报制度、旅游警示信息发布制度和旅游价格信息发布制度，积极利用传统媒体和现代网络媒体加大旅游公共信息发布力度，及时公布海洋灾害、旅游安全、旅游价格、接待能力、重大事件、旅游气象等有关信息。对发生海洋灾害、流行疾病以及可能危及旅游者人身和财产安全情形的，旅游行政主管部门应当及时发布旅游警示信息和目的地安全预警等级。

推进信息基础设施和能力建设。建立统一的旅游基础信息资源标准规范与共享机制。深入推进旅游信息化基础设施和基础能力建设，推动旅游核心区域通信基础设施建设，加强旅游区游客服务中心、游客集散中心的信息化基础设施建设，提升信息服务水平。加强旅游信息化的安全保障，逐步建立以身份认证、授权管理等为主要内容的旅游信息安全保障体系。推动信息技术在旅游消费、旅游生产经营过程、旅游服务管理过程的应用。

(二) 建立省市综合的旅游行政服务体系

立足于建设服务型政府,将各级旅游部门的职能切实转变到为旅游市场主体服务和创造良好发展环境上来。着眼于完善各级旅游管理部门的行政服务功能,健全旅游环境优化,投诉受理,引导游客文明、理性、绿色出游等职责。强化部门协同、区域合作,努力形成大旅游公共服务格局。健全部门间、海陆间的行政合作机制。强化旅游管理部门与外事、驻军、海事、海监、公安、海关、应急搜救、安监、气象等部门间在提供旅游公共服务方面的协作;推进旅游公共服务的海陆协作,加强旅游公共服务的对接,推进无障碍旅游,实现海陆之间在旅游咨询中心、旅游集散中心建设方面的无缝对接。完善各项行政服务功能。优化旅游环境。制定海洋旅游服务标准、加强服务质量监管,建立以游客满意度为核心的海洋旅游服务质量管理体系,形成分层次的旅游服务质量监督管理机制。协同相关部门,加强对旅游餐饮、购物、娱乐等配套要素管理。以维护旅游者和旅游经营者的合法权益为出发点,依法公正处理旅游投诉,建立旅游投诉机制,开发受理投诉的渠道和受理形式,规范受理条件,简化受理流程,缩短受理时间,不断提高投诉受理率、办结率和满意率。

(三) 建立海陆一体化的旅游市场服务体系

海洋旅游最显著的特点之一就是旅游客源地与旅游目的地的陆海空间分离,因此,建立海陆一体化的旅游市场服务体系尤为重要。三沙市旅游应依托海南本岛业已形成的市场服务体系基础,紧扣海洋旅游特点与难点,围绕陆海空交通无缝对接、旅行社与海洋海岛休闲度假企业、海上旅游后勤补给与垃圾处理、海陆通信与网络等,培育一批具有运作规范、管理先进、服务优质的旅游企业,从而建立海陆一体的三沙市旅游市场服务体系,形成完整、统一的三沙市旅游服务品牌。

(四) 建立海洋旅游科技服务体系

推进"数字三沙市"建设,综合协调国家海洋调查活动,加强近海、重点区域和重点研究对象的常态化调查观测和科学考察。开发多源、多尺度、多时空的三沙市旅游数据同化、融合、处理、集成应用和挖掘技术,海量数据快速传输、管理和安全保障技术,基本形成辅助决策信息支撑能力,为促进三沙市经济发展和综合管理提供科学数据和信息支撑。

加强三沙市自然条件特别是海洋灾害的研究,包括风暴潮灾害、海浪灾害、海雾灾害、飓风灾害、地震海啸灾害及赤潮、海水入侵、溢油灾害等突发性的海洋自然灾害。

突破海洋旅游开发关键技术。围绕三沙市旅游发展急需解决的补给、装备、设备保障任务以及海洋生物资源保护、海岛环境修复、海岛旅游资源保护、海水淡化、工程建设等为重点，突破重大核心技术，推进海洋开发技术向现实需求的战略拓展，重点提升邮轮等海洋旅游必需的工程装备制造技术水平和产业化能力，促进海洋资源的高效、持续利用，通过旅游发展促进海洋经济发展方式转变和结构调整。

五 建设三沙旅游人才支撑体系

(一) 加快培养海洋旅游高端管理人才

我国海洋旅游起步晚，人才严重缺乏，特别是涉及海洋旅游的行政、企业、邮轮等高端管理人才尤为稀缺。鉴于三沙市当前形势，高端海洋旅游管理人才必须立足国内，建议采用"走出去"和"请进来"相结合的办法，挑选一批有一定管理经验和能力的相关行业人员，有针对性的赴世界一流海洋旅游地区和企业培训；同时聘请外籍教员来琼，组织专题培训，以加快培养海洋旅游高端管理人才队伍，加快海洋旅游相关企业的成长。

(二) 加快引进海洋旅游高端服务人才

据相关估算，到2020年，我国邮轮、游艇、游船和水上旅游的人才需求量将超过30万。我国目前约有10所学校培养邮轮专业人才，年邮轮人才供应量在1000人左右。到2020年，邮轮人才供应缺口将达到20万以上。2013年5月，三亚实现了我国旅游水上飞机的首飞，预计到2015年，水上飞机机队规模将扩充到20架，三亚将成为我国乃至亚太地区水上飞机国际中心。目前我国水上飞行员数量极少，持有水上飞机单发商照的飞行员只有4人，多发水上飞机飞行员还是空白。该类人才的特点是近几年需求增长迅速，国内已有一定培养能力，但规模有限，缺口较大。随着三沙市旅游开放开发，海南省海洋旅游高端服务人才缺口严重，建议在加快培养的同时，近期研究制定综合政策，引进国内相关人才。

(三) 加快旅游一线管理服务人才的转岗

海南省旅游行政管理、导游、景区、酒店等一线管理服务人员队伍已具一定规模，但大多不具有海洋旅游知识和经验，与海洋旅游管理和服务的要求尚有一定差距。建议三沙市政府制订分类人才培训计划，开展三沙市海情、海洋旅游管理、海洋运动管理、海洋度假、海洋资源、海洋生态、海洋安全与风险等专题培训，近期着重培养海洋导游、邮轮服务、海洋运动教练、安全员等一线人才，帮助现有旅游一线管理与服务人员的顺利转岗。同时，建立海洋人才库，实施海洋旅游人才继续教育制度，适时提高海洋旅游人才的准入门槛，提高三沙市海洋旅游整体服务水平和质量。

第四章

海南国际旅游岛房地产业发展研究

随着中国经济走向新常态，2014年全国房地产业也进入一个各方面数据都趋向平缓的"白银期"。面对全国房地产行业深度调整、经济下行压力加大的"新常态"，海南省对作为的房地产采取主动作为、多措并举，坚持以保增长为中心，确保房地产市场平稳健康发展。2014年，海南省积极应对房地产转型发展，提升品质，实现了"投资保增长，销售基本持平"的目标。

第一节 海南房地产市场新动态

受全国大环境影响，海南房地产业在商品房销售额、投资速度、新开工面积等一改往年高歌猛进态势，改为掉头向下。经历了年初的开门遇冷、中期的萎靡惨淡再到年末的翘尾升温，海南房地产转型发展，调整结构、提升品质，房市回暖趋势进一步明朗。

一 房地产投资稳步增长

面对经济下行压力加大的严峻挑战，海南省及时出台应对措施，积极引导房地产转型发展，提升品质，实现了"投资保持增长"的目标。

就整个海南房地产市场而言，投资水平一直处在高速增长阶段。2014年，全省房地产开发投资额达到1431.65亿元，保持了19.60%的同比增长幅度。虽然投资水平增长速度放缓，但是较全国而言仍保持高位增长。

二 房地产市场销售量跌价涨

（一）2011—2014年海南房地产销售趋势

2014年全省商品房销售面积1003.97万平方米，同比下降15.7%，

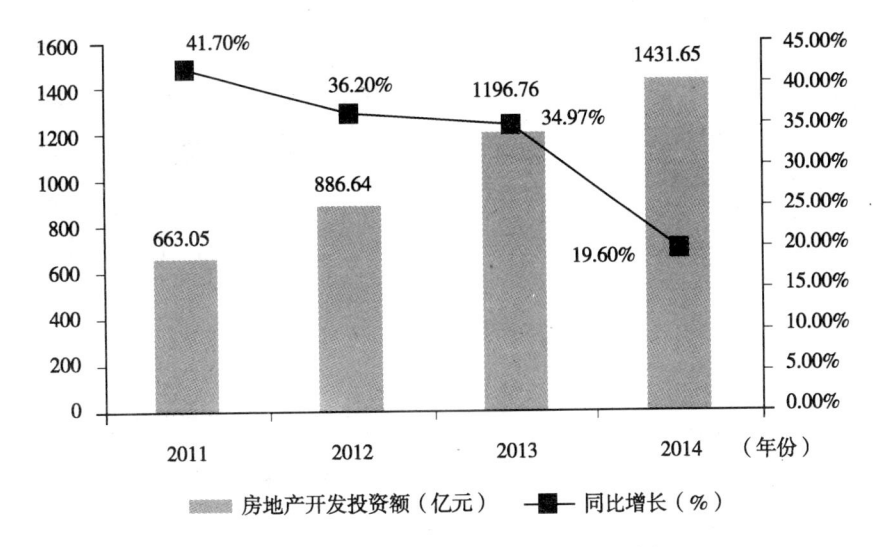

图 4-1　2011—2014 海南房地产开发投资额

资料来源：根据《海南统计年鉴》《海南省统计公报》绘制。

其中，纯商品房销售面积约 910.06 万平方米，同比下降 2.7%；商品房成交套数 64820 套，同比下降 18.31%；商品房销售金额 935.2 亿元，同比下降 9.4%。

从 2011—2014 年海南商品房成交走势来看，2014 年成交量虽然不敌 2013 年，但是较 2011 年和 2012 年，销售面积分别有 13.03%、7.74% 的涨幅，成交量的增幅为 44.46% 和 17.41%。

总体来看，在市场下行压力加大的新常态下，海南房地产基本实现"销售基本持平"的目标。

(二) 2011—2014 年商品房成交价格

2014 年商品房成交量为 1003.97 万平方米，销售金额 935.2 亿元，海南商品房成交均价高达 9315 元/平方米，同比增长 7.5%，创有史以来年度新高。房价走势如图 4-2 所示。

虽然进入 2014 年之后海南房市成交开始萎靡，库存压力持续攀升，但是前期由于长期偏紧的调控方向，使得整体市场需求出现短缺，购买意愿疲软，因此房企降价促销的动力较小；另一方面，2014 年高端项目入市成交的比重有所上升，也直接拉高了整体市场的成交均价。

(三) 2014 年各月商品房成交情况

与 2013 年相比，2014 年海南楼市成交颇为暗淡。全年成交 64820

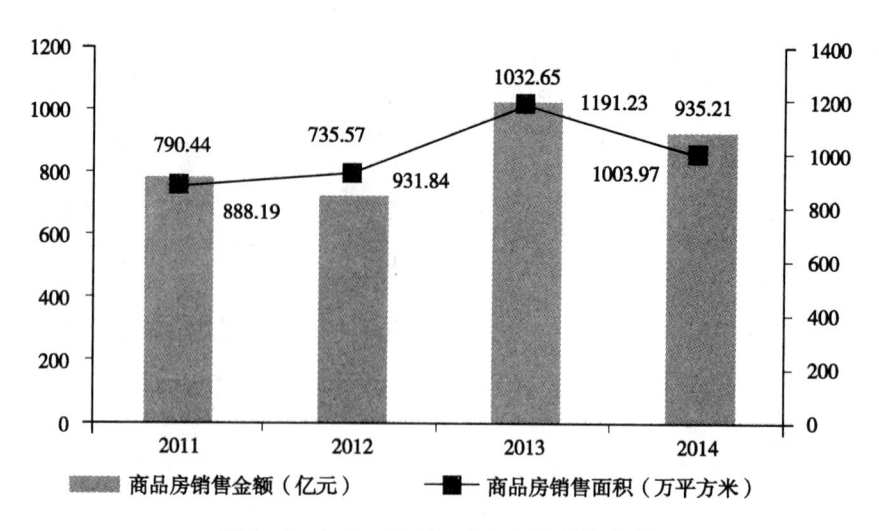

图 4-2 2011—2014 海南商品房销售走势

资料来源：根据《海南统计年鉴》《海南省统计公报》绘制。

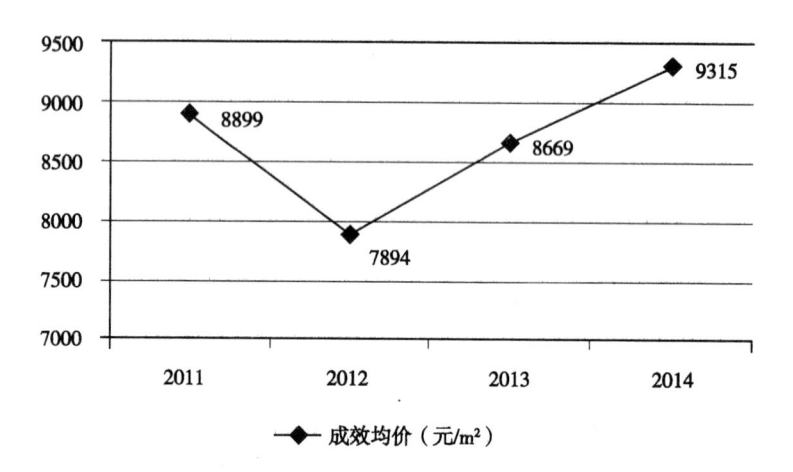

图 4-3 2011—2014 年海南省商品房成交均价走势

资料来源：根据《海南统计年鉴》《海南省统计公报》绘制。

套，同比下降逾两成。分阶段看，上半年受楼市大环境影响，海南房地产客源日渐减少，浓厚的观望氛围使得房屋销售面积与销售额持续下降。签约套数、总成交面积、总成交金额同比2013年上半年均下跌近30%。下半年，海南楼市成交32392套，相较上半年上涨0.64%。虽然7—9月楼市成交一度跌至谷底，但随着购房旺季的来临，购房入户、"9.30"房贷新政及央行降息等政策叠加效应的显现，海南楼市第四季度出现成交放量。10、11 月分别迎来 6665、7189 套成交高峰，12 月成交量持续飙升以 8536 套的突出成绩问鼎海南楼市，同比上涨 23.66%，创下 2014 年最高月度成交纪录，也为 2014 年画上了完美句号。

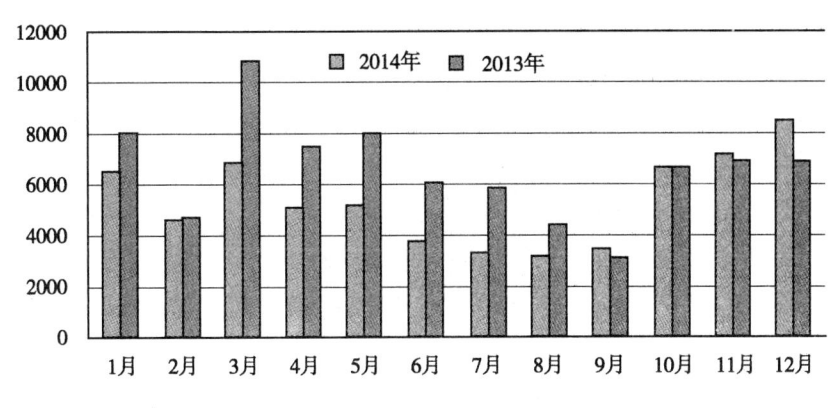

图 4-4　2014 年海南商品房每月成交套数走势

资料来源：根据《海南统计年鉴》《海南省统计公报》绘制。

（四）2014 各县市商品房销售情况

2014 年，全省商品房成交套数 64820 套，海口依然占据全省 17 个成交市县第一，成交 26645 套，占比达到 41.26%，同比下跌 6.44%。传统成交大户三亚仍占据第二的位置，成交 15400 套，同比下跌 5.72%。东线、西线成交量普遍下跌，中线成交数据则"大放异彩"，其中，白沙、五指山成交量同比增长分别达到 291.92%、181.63%。各市县成交比如图 4-5 所示。

从各市县成交均价来看，三亚与陵水均拥有滨海资源项目，因此成交价格较高，分别以 19513.81 元/平方米和 18719.79 元/平方米位居第一和第二。9 个市县成交均价同比上涨，占比达 53%。其中万宁、琼海成交均价涨幅分别高达 51.02%、26.65%。

总的来看，2014 年海南楼市共有 17 个市县商品房有成交，多数市县成交量呈下跌趋势，成交均价微涨。东线、西线市县楼市行情普遍下滑，中线市县的楼市表现可圈可点，在海南各市县的成交数据中"大放异彩"。

三　开发建设亦现降温

（一）房地产施工面积

2014 年，海南省房屋施工面积为 8825.6 万平方米，较上年同期增长

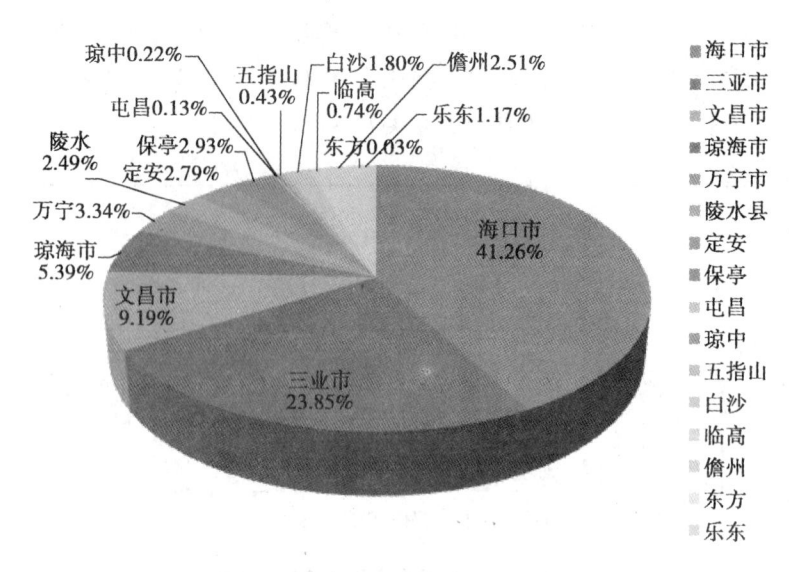

图 4-5　2014 年海南省各市县商品房成交占比

资料来源：根据《海南统计年鉴》《海南省统计公报》绘制。

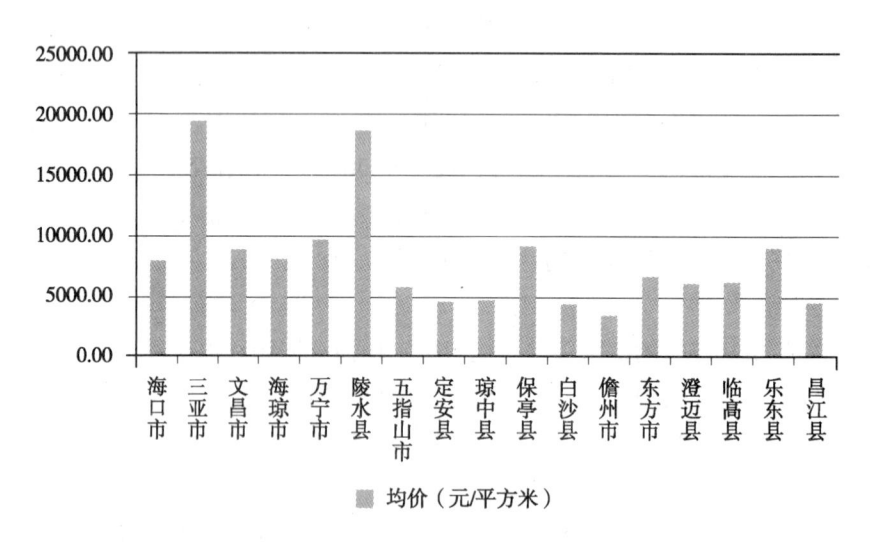

图 4-6　2014 年海南省各市县商品房成交均价

资料来源：《海南房地产市场白皮书》。

19.0%。2014 年房屋施工面积虽然仍表现为上涨的态势，但增幅为海南国际旅游岛政策实施以来历年最低，甚至低于 2008 年 7.5 个百分点。

（二）新开工面积

2014 年，海南省商品房新开工面积为 1583.642 万平方米，同比下降

第四章 海南国际旅游岛房地产业发展研究

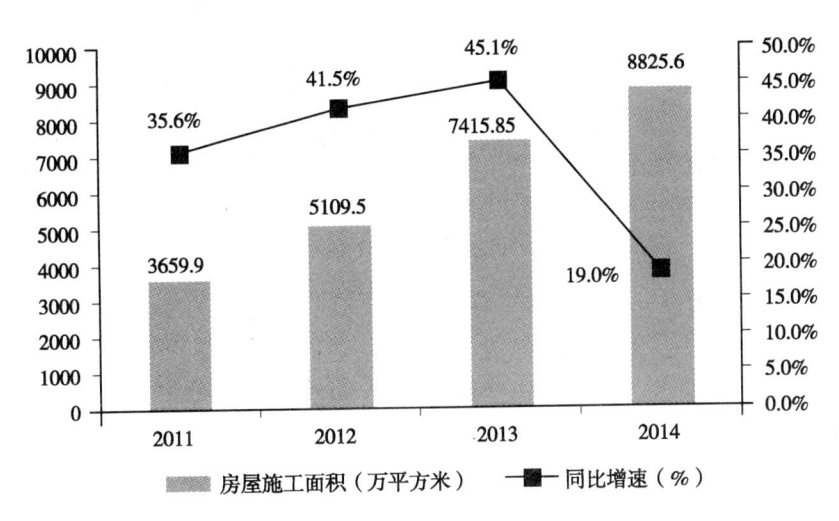

图 4-7 2014 年海南省商品房施工面积及增幅

资料来源：根据《海南统计年鉴》《海南省统计公报》绘制。

8.7%，这是自海南国际旅游岛政策实施以来，商品房新开工面积首次下跌。

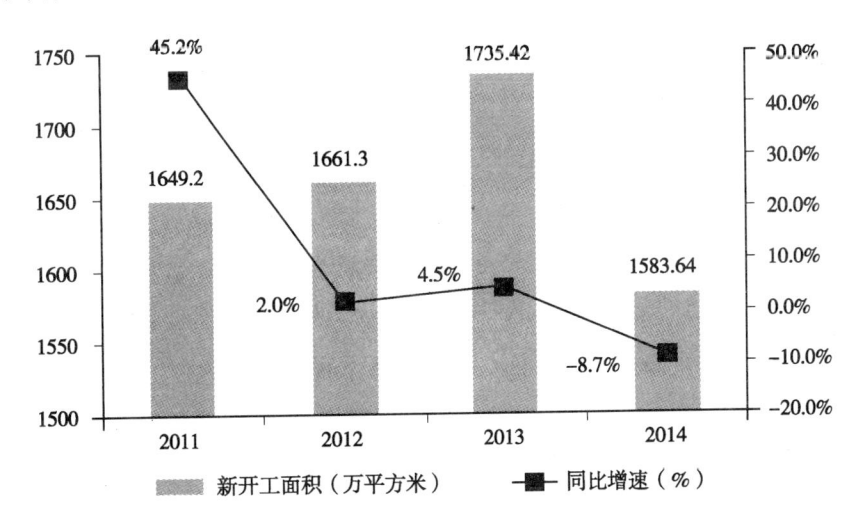

图 4-8 2014 年海南省商品新将开工面积及增幅

资料来源：根据《海南统计年鉴》《海南省统计公报》绘制。

由海南省房地产施工面积增速下滑和商品房新开工面积首次下跌不难看出，同中国房地产市场一样，海南房地产市场亦进入调整期，大幅增长、遍地开花的情况不复存在。

四 全省的土地市场继续降温，长期于底部徘徊

2014年，地方政府出台了一系列的政策引导市场。而事实上，政策落地之后，预估的成交量上涨并没有出现，土地市场仍是持续降温、长期于底部徘徊，年尾出现反弹。

2014年海南全省共成交土地361宗，同比去年下降43.06%；成交面积约1180.3公顷，同比去年下降50.2%；成交金额达215.44亿，同比下降27.32%，其中住宅用地成交194宗，占全年成交量比例约53.74%；工业用地成交51宗，占比约14.13%；商业用地成交61宗，占比约16.90%。

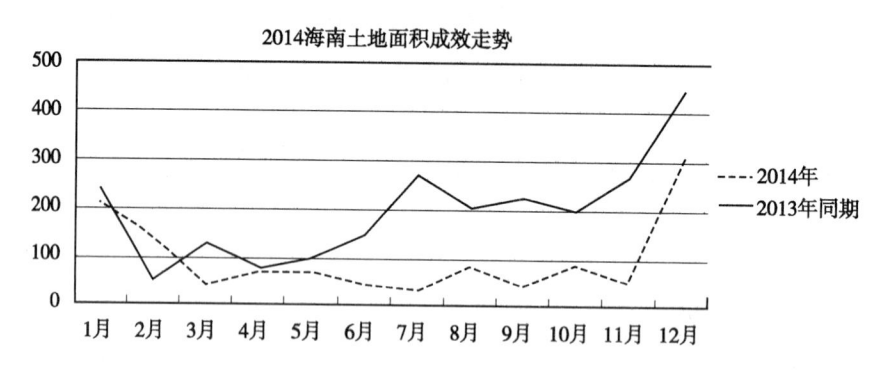

图4-9 2014年海南省土地面积成交走势

资料来源：《海南房地产市场白皮书》。

2014年中，海南的18个市县共成交地块361宗，成交总面积1180.3公顷，其中海口成交82宗，占全省总成交量的22.71%。与往年不同的是，五指山、屯昌等中部市县从今年成交上看十分突出，西部澄迈、白沙等地也十分惊艳。

五 库存量依然高企

中国社会科学院发布的《中国住房发展报告（2014—2015）》指出，2014年住房投资投机全面退潮，大中城市由全线上涨到普遍下跌；商品住宅进入相对过剩阶段，成交量萎缩，库存水平攀升，住房市场进入自发调整阶段。海南省商品住宅市场也进入库存高企、去存化压力加大阶段。

海南省商品房待售面积持续上涨，由2012年的392.19万平方米快速增至2013年的786.24万平方米，同比增长达100.5%。2014年，受中国

2014年全年土地成效情况		
用地性质	成交量	成交面积（公顷）	成交金额（万元）
住宅	194	581.271598	1403132.577
工业	51	120.018093	33958.9303
商业	61	183.724641	397038.5749
其他	55	295.29014	320206.676
总计	361	1180.304472	2154336.758

备注：其他用地为仓储用地、住宿餐饮用地、科教用地、文体娱乐用地、公园与绿地用地等（划拨用地未统计）

全年省内土地总成交面积为1180.304472公顷，成效住宅面积为2154336.758万元

图4-10　2014年海南省土地成交情况

资料来源：《海南房地产市场白皮书》。

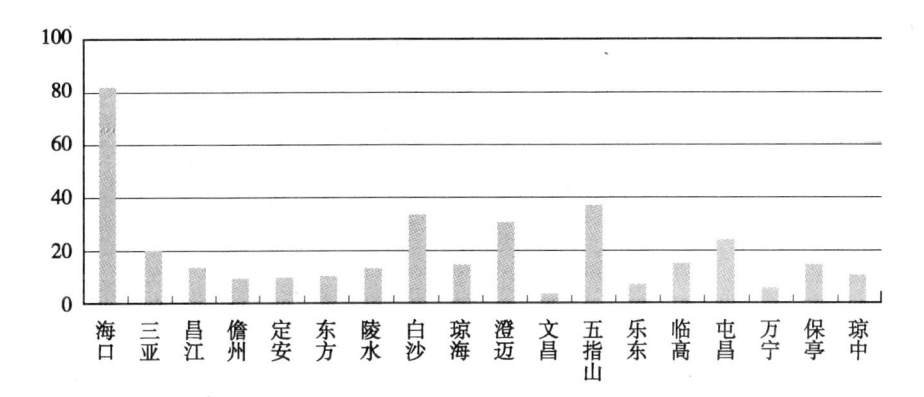

图4-11　2014年海南省各市县土地成交

资料来源：《海南房地产市场白皮书》。

房地产市场大环境影响，商品房待售面积迅猛增长，海南省房地产市场库存压力持续加大。海南省省会城市海口商品房供应量大幅增加，达450万平方米的历史新高，而成交量仅是供应量的一半，供求关系失衡严重加剧。截至2014年9月，三亚商品房市场存量378.35万平方米，去化周期41个月。海口、三亚尚且如此，更不论其他市县。由此可见未来一年内，海南楼市将持续"去库存"特征。

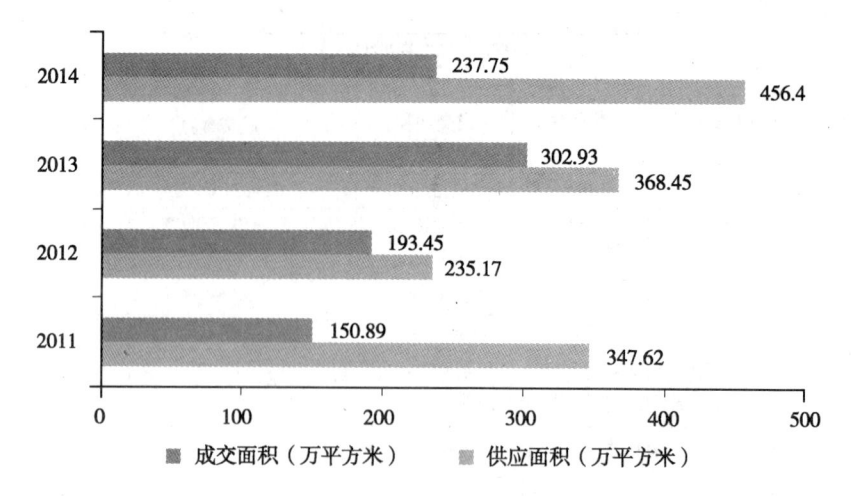

图 4-12　2011—2014 年海口商品房成交面积及供应面积

资料来源：根据《克尔瑞海南 2014 年年报》绘制。

六　稳步推进保障房建设

截至 2014 年 12 月底，海南省开工建设城镇保障性住房 3.58 万套，占计划的 102.4%，其中棚户区改造开工 2.74 万套，占年计划的 100%；基本建成城镇保障性住房 3.02 万套，占年初计划任务的 120.8%；已分配入住 2.94 万套。全省农村危房改造开工 2.88 万套，占年度计划的 125.2%；建成 2.58 万户，占计划的 111.9%。住房公积金各项业务指标稳步增长，全年全省住房公积金累计缴存人数 85.6 万人，累计缴存 399.7 亿元，累计发放个人贷款 190.1 亿元，实现增值收益 3.2 亿元，较好地发挥了支持住房建设和需求的作用。

第二节　海南房地产调控新动向

《国务院关于促进海南国际旅游岛建设发展的若干意见》中提出要保持房地产业平稳健康发展。十八届三中全会和全国"两会"又再次提出，要促进房地产市场持续健康发展。党的十八届三中全会提出，要充分发挥市场在资源配置中的决定性作用，房地产行业也步入了市场化改革的"新政"时期。在此背景下，以稀缺资源为依托、以国际旅游岛建设为支撑的海南房地产业面临着新的发展机遇，将会在房地产市场中绽放出独特的光彩。

为了保证海南房地产业平稳健康发展,海南省出台了一系列的政策,积极引导房地产转型发展,提升品质,实现了"投资保增长,销售基本持平"的目标。

一 限制普通商品住房比例,着力高端经营性地产

(一)三亚限建令——三亚停建80平方米以下户型

三亚城乡规划委员会于2014年第二次会议上通过了《加强三亚市商品房户型管理的决定》,确定三亚市域范围内的居住类项目户型设计建筑面积应达到80平方米(含公摊)以上。

(二)房地产业转型升级

2014年2月9日,海南省五届人大二次会议《政府工作报告》显示,2014年海南将降低普通商品住房比例,优化酒店业结构,发展高端经营性地产,大力整治房地产市场秩序,提升物业服务质量。

(三)严控岸线土地资源用于普通商品房开发

2014年年初,海南省国土环境资源厅负责人表示,2014年全省将加强土地调控,强化规划的刚性约束,凡不符合土地利用总体规划确定用途的,一律不批准用地。岸线土地资源是海南省的宝贵资源,2014年全省将突出抓好土地岸线资源管理,严格控制岸线土地资源用于普通商品房开发。土地利用总体规划确定的旅游建设用地,不得随意改为商品住宅用地。严格控制土地利用总体规划局部调整,除重大基础设施和民生项目外,不得随意修改调整规划。同时,合理有序开发利用滨海土地,加强岸线土地、填海地等重要资源的规范管理,严格填海造地使用审批,加快建立填海造地土地使用权招标拍卖挂牌公开出让制度。

(四)海口新一轮城镇土地基准地价公布实施

海口新一轮城镇土地基准地价公布实施,本轮更新共划分13个土地级别,与2009年基准地价成果相比整体地价水平上涨了164.23%。其中商服用地土地级别划分为5级,更新后平均地价水平上涨了190.18%;住宅用地土地级别划分为5级,更新后平均地价水平上涨了214.79%;工矿仓储用地土地级别划分为3级,更新后平均地价水平上涨了21.48%。此次颁布实施的海口市城镇土地定级及基准地价更新成果,为政府加强城市土地资产管理和调控土地市场管理提供科学依据,有利于合

理调整土地利用结构，优化土地资源配置。

（五）房地产将不受享受重点项目政策倾斜

在2014年海南省重点项目推进会上，海南省政府相关人员表示，今年推进重点项目建设要重视项目建设的质量与结构，初步确定安排重点项目395个，凡纯房地产项目，原则上不列入编制。

二 注重民生建设，加强棚户区改造

（一）调整限价房申购条件

2014年，海口调整限价房申购条件，限价商品房申购条件得到了合理调整。单身居民满25岁可申购：海口市政府常务会5月29日通过的《关于促进房地产市场健康发展的实施意见》中明确提出，满25周岁的单身居民可单独申请限价商品房；从户籍条件上，在本市实际工作并缴纳养老保险满3年，或从事个体经营并在本市实际居住满5年，或属市人才计划引进或具有中级以上职称或者技师以上职业资格、硕士以上学位，且与用人单位签订服务期累计为5年以上的聘用合同；从住房面积条件上，申请人及共同申请的家庭成员无自有住房或自有住房面积（含政策性住房）人均使用面积低于18平方米。

（二）改革住房保障体系，廉租房、公租房并轨运行

海南省于2014年12月底前实现全省廉租住房和公共租赁住房并轨运行，并控制经济适用房和限价商品房建设规模。从2014年起，一律停止批准财政供养单位分散建设经济适用住房和限价商品住房。除此之外，海南不断完善住房保障对象的标准核定和公布办法，健全准入标准、审核程序、动态管理、退出执行和信息公开制度。各市县政府根据保障对象的具体情况，每年度合理调整具体收入标准和住房困难标准等，并及时向社会公布。同时，海南将于2015年6月底前研究建立保障性住房质量标准，严格落实保障性住房建设质量终身责任制。

（三）支持企业发债融资用于棚户区改造

首先，发改委将适当放宽企业债券发行条件。支持国有工矿（含煤矿）、国有林区、国有垦区等国有大中型企业发行企业债券用于所属区域棚户区改造项目建设。支持一般房地产开发企业和民营企业发债融资，用于棚户区改造项目建设。在偿债保障措施较为完善的前提下，对国有大中型企业发债用于工矿区棚户区改造的，适当放宽企业债券发行条件。其

次，推进企业债券品种创新。鼓励各市县加大对项目收益债券的研究，按照"融资—投资建设—回收资金"封闭运行的模式，开展棚户区改造项目收益债券申报试点。最后，扩大"债贷组合"。进一步加强与国家开发银行及其他商业银行的衔接、合作，对棚户区改造项目融资缺口情况进一步研究，支持棚户区改造采用"债贷组合"方式，充分发挥企业债券与开发性金融及商业贷款各自优势，实现多渠道融资，支持一般房地产开发企业和民营企业发债承担棚户区改造项目建设任务。

三 重拳出击清理闲置土地，架起防违控违红线

（一）重拳出击清理闲置土地

2014年，海南省严禁以重点项目名义圈占土地。在全省闲置土地清理处置工作推进会上，省长蒋定之表示将从四个方面出重拳清理闲置土地：一是重点地块。即在城市中心、滨海岸线、风景名胜区和交通主干线两侧等所谓"黄金地段"的地块，出重拳攻坚突破。二是重点企业。海南对一些大企业、大项目实行一揽子供地和成片开发模式。但相当一部分大企业没有兑现开发建设计划，土地圈了不少，项目迟迟不动，一些优质土地因此年久荒芜、开而不发，社会反响强烈。这些土地将依法坚决收回。三是重点园区。海南园区土地闲置的浪费现象不少。海南将对园区土地利用开展一次集中清理，凡名不副实、不务"正业"的，投资强度低于园区准入门槛的，近两年基本没有产出的土地一律收回；四是重点案件。海南要查处并公开曝光一批占地面积大、闲置时间长、整改不配合、社会影响恶劣的重大案件。对那些官商勾结、以权谋私、失职渎职的违法违纪行为，纪检监察机关加大查办的力度，形成震慑效应，回应社会关切。

（二）防违控违

2014年，海口市出台两《办法》架起"防违控违"红线、高压线：3月，《海口市防控和查处违法建筑暂行办法》正式印发，该办法的出台与《海口市防控和查处违法建筑责任追究暂行办法》相辅相成。前者明确各责任单位的防控和查处职责，后者依据职责确定责任追究方式，从而架设起防违控违的红线和高压线，为实现海口市违法建筑综合整治"零增量、减存量"的目标，有效地建立防违控违的长效机制，提供有力的制度支撑。

四 落实分类调控思想，形成"南收北促"新局面

（一）海口购房入户新政

海南本省人购单套房120平方米以上可落户5人。《关于促进房地产市场健康发展的实施意见》提出实施购房入户政策，自6月1日起在海口市行政区域购买单套建筑面积在120平方米以上的新建商品住房，并已合同备案的本省籍购房人，可在该市申请登记本人、配偶及其共同居住生活的父母和符合计划生育的未婚子女的户口，申请登记户口人数总计不能超过5人。按本政策购房入户的购房人入户后不能撤销或解除备案合同；撤销2014年6月1日前的合同备案重新购房的人员不能享受上述入户政策。

（二）海口宣布取消商品房限购政策

2014年7月23日，海口市人民政府办公厅下发"海府办'2014'"148号文件，文件明确指出，从即日起，海口市中止执行商品房限购政策，不再要求购房者提供住房套数证明。

（三）按购房面积实施差别化入户

海口购60平方米新房可落户2人。2014年8月出台的《海口市人民政府关于稳增长促发展的实施意见》，再度放宽本省籍居民购房入户条件，规定海南本省居民最低购买60平方米的新建商品房，即可最多申请2人入户。

（四）去房地产化决心明显

三亚明确宣布不取消限购。2014年10月7日，住建部门明确表示：目前，三亚仍按照国家分类调控的要求，执行住房限购政策，还没有考虑取消房地产限购政策。三亚成为除北京、上海、广州、深圳四大经济发达、人口高度聚集城市外第五个仍在实行限购的城市。

第三节 海南房地产发展热点追踪

2014年，海南房地产业进入"白银期"，海南国际旅游岛政策红利刺激下，房地产业遍地开花、呈井喷式发展的势头已不复存在。但是房地产业是海南的支柱产业，海南的经济平稳发展离不开房地产业的发展。海南房地产业必须立足于新的形势寻求新的突破。

一 旅游地产成为海南房地产发展的转型方向

虽然在房地产"白银期",传统房地产业对经济发展的带动效果明显下降,但是,海南毕竟是世界一流的海岛休闲度假旅游目的地,旅游业快速发展,必然带动对与住相关的一系列派生需求,旅游地产的出现正是反映了这一发展趋势。

(一) 旅游地产概念辨析

旅游地产,是以旅游休闲度假为依托,在旅游地行成的围绕旅游行为展开的土地开发与房地产物业开发,是旅游与房地产两个主流产业融合形成的交叉产业,但又绝不仅限于这两个黄金产业本身。它依托旅游的空间位移基础,借力旅游搬运,服务游客消费,形成地产房产开发和营销,从而构筑一种新型的产业模式。总体来看,旅游地产的出现是依托旅游资源,基于人们对旅游地的需求从一般观光化转为休闲度假,进而转化为居住或生活度假时,出现的一种物业形式,或者是一种财产形式。

旅游地产呈现五大特征:旅游与地产相互交叉;核心价值在于对生活方式的引导;市场定位中高端消费群;具有"投资消费"的双重功能;具有实现"产城一体化"的综合效应。

(二) 海南发展旅游地产的现状

1. 海南旅游地产发展状况

从2005年起,海南将房地产业与旅游业紧密融合在一起,以旅游房地产为主打品牌,揭开了其房地产市场发展的崭新一页。自2006以来,海南旅游地产开始加速发展。2010年,受国际旅游岛利好政策影响,海南旅游业高速发展的同时,房地产业也呈井喷式发展。2014年,海南接待过夜旅客人数为2060.18万,同比增长10.6%,旅游收入增幅达到17%。从2014年月度数据可以看出,海南旅游市场的淡旺季已经开始弱化,旅游人口将成为支撑海南旅游经济、旅游商业、旅游房地产业的相对稳定的重要环节。

(1) 沿海资源高度开发,酒店业迅速发展。近十年随着国内地产业的高速发展,海南岛全岛范围内95%以上的沿海资源已经被规划进行或正在进行开发。随着地产项目的落地,海南的酒店业也进入了又一轮的高速发展阶段。2014年年底,海南省旅游住宿设施共有56家,其中,星级酒店156家,按照5星级酒店标准建设酒店约56家,在建5星级酒店项目约 50 家。三亚是目前国内高星级酒店最密集、品牌管理公司最集中的城市，包括香格里拉、万豪、喜达屋、希尔顿、雅高等世界排名前十内的酒店集团均有在海南项目落地。2015 年，海南总计会有超过 260 家高档酒店以及相当数量的高尔夫俱乐部、游艇会、高级会所。

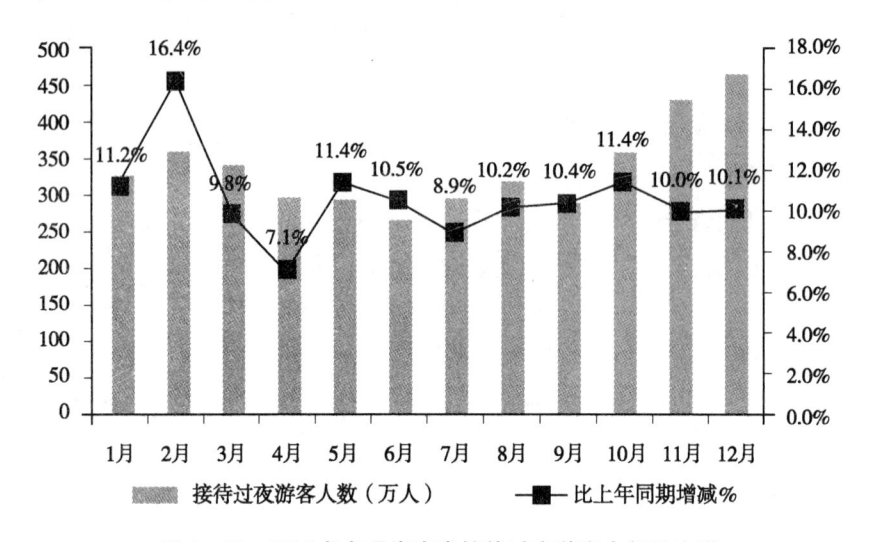

图 4-13 2014 年各月海南省接待过夜游客人数及比增

资料来源：根据《海南统计年鉴》《海南省统计公报》绘制。

（2）旅游地产转型发展，运营成为重中之重。2013—2014 年是海南旅游地产的转型之年，经过了几次大起大落之后，海南旅游地产逐渐找到自己的节奏，整体市场从国际旅游岛过度透支中逐渐走出阴霾。无论是土地交易还是商品房的量价方面，均呈现理性回归的趋势，逐渐成为全国旅游地产购买意向客户重中之重的一个板块。很多企业开发行为和运营行为发生了改变，大家把旅游运营作为旅游地产中非常重要的方面去关注，共 3558 家大中小型企业涉足到了旅游地产的开发领域中。企业在项目开发之初就把产权酒店公寓、特色精品酒店、旅游度假区等众多概念考量放置在了地产设计、开发的最初阶段。

2. 海南发展旅游地产的模式

（1）以旅游接待为目的的自营式酒店模式。海南省的自营式酒店多是以接待休闲度假游客为主，为休闲度假游客提供住宿、餐饮、娱乐与游乐等多种服务功能的酒店。它与一般城市酒店不同的是，多建于滨海、山野、峡谷、乡村、湖泊等自然风景区附近，而且分布很广，市场范围遍及全省各地，向旅游者展示不同区域、不同民族丰富多彩的地域和历史文化。

海南的旅游酒店一直是旅游房地产发展的主力军，主要集中在亚龙湾国家旅游度假区、海棠湾、三亚湾、大东海、石梅湾等，代表性酒店有：喜来登、希尔顿、万豪、香格里拉、凯宾斯基、艾美、红树林、索菲特大酒店等，另外包括高尔夫球场、潜水、水上体育运动和娱乐配套设施。除此之外，文昌的铜鼓岭生态旅游区和航天主题公园，乐东的龙沐湾度假区和龙栖湾度假区，以及位于昌江的棋子湾度假区，均已完成了规划编制和项目前期等主要工作，进入开发建设阶段。度假旅游房地产主要集中分布于几大资源优势最明显的湾区，这些地区凭借优势的自然资源吸引了大量开发资金，已开工的所有项目投资超过了500亿元，正在建的高端酒店和度假村等超过了30个，在建旅游地产的总面积达到了300万平方米；已经在运营的酒店超过了30家，而已售出的旅游地产总面积约有200万平方米。旅游地产变成了海南经济建设的关键支持力量，促进了海南经济的发展。

此类旅游房地产的特点，首先是自然条件优越。如正在开发的海棠湾酒店项目，多数建在风景优美、海景资源丰富的海湾，占据了具有绝对优势的一线海景资源，为度假酒店的滨海观光、海上游乐等项目奠定了基础；其次是品牌特色明显。吸纳国际性品牌酒店入驻海南是建设国际旅游岛的一个重要战略，是促进旅游接待条件在硬件和软件方面首先达到国际化水准，提升海南旅游"国际化"的重要举措；最后是目标客户明确。不论是前期规划还是后期建设，海南的度假酒店项目都是以国际、国内的高端客户为主要目标，随着《海南国际旅游岛建设规划纲要》的获批，对外实行以"免签证、零关税、放航权"为主要特点的旅游开放政策，必将为海南带来大批国际高端消费群体。

（2）以热点城市为主要建设区域的旅游住宅地产模式。海南具有独一无二的热带气候、宜人的风光、清新的空气，这些是其吸引国内外游客将海南作为第二居地的个性化元素。海南将滨海等自然风光极其优美的海景用地用来进行度假模式的开发，这部分土地资源基本消耗殆尽，外城区将成为海南省发展第一居住地居住模式的主要土地资源。三亚、海口等海南发展旅游房地产的主力城市已充分利用其土地资源，进行居住模式的尝试。居住类旅游房地产不断发展，也形成了两个特色，是受到具有资源优势的一线海景资源越来越少的影响，二线海景住宅价值不断提升并将成为主要的竞争地区；二是针对具体的房地产产品，二线的土地资源因为各种竞争而显得尤为珍贵，居住模式的房地产开发愈发重视自身特色的体现和品牌形象的创立。在户型方面，多以 250 平方米及以上的高端别墅和 50—80 平方米的大众化精致小公寓这两种两极分化严重的户型为主。高端别墅的营销定位是国际和国内的高端客户和投资者，而小户型的精致小公寓的营销定位是追求安逸和享受的房地产投资者和居住者。

从目前旅游房地产开发的情况看，三亚、海口、琼海依托强势的旅游资源，结合自身的城市配套优势，已成为海南旅游房地产市场发展的主力城市，并将这种以城市资源为卖点的居住地产、度假地产带入高速发展时期。雅居乐清水湾是旅游住宅地产模式的典型代表。

（3）集度假、居住为一体的综合性旅游房地产模式。建设国际旅游岛是海南一次重大的战略调整，旅游业由"观光旅游"向"度假旅游"转变，同时也促进了旅游房地产市场的转型升级。与观光型旅游不同，休闲度假游往往以某地为据点，将休闲、观光、运动、体验甚至商务等有机结合，是以慢节奏为特征的生活方式，所以休闲度假者在一个地方停留的时间一般较长，对于这种较长时间的度假，仅有景观和酒店远远不够。因此，海南初步形成了独特的集酒店、度假公寓、住宅（第二居所）等为一体的综合性旅游房地产。

此类旅游房地产开发的特点，在自然环境选择方面，与多数度假酒店相同，是以海景、湖景、山景、文化景观等风景资源为依托，同时重视康乐资源（如温泉资源）、旅游配套资源等；在产品构成方面，这是多种类型组合的旅游地产产品，可以满足不同消费者的需求，如传统酒店提供给消费者更多的服务性，度假公寓、度假别墅则具有更大的独立性和自主性，给消费者一个异域家的感觉；在目标客户方面，目标客户范围较广，依然以高端客户为主，兼顾国内外市场的平衡，吸引更多度假和休闲为目的的旅客。这类型旅游地产开发模式，以海口观澜湖度假区为代表，为世界各地的游客提供了一个集高球运动、旅游度假、休闲娱乐、环球美食和温泉水疗于一身的绝佳旅游目的地。

3. 海南旅游地产发展的新动态——产权式（分时度假）酒店

党的十八届三中全会以来，随着全面深化改革的进程不断深入，各种业界也在发生深刻的变化。目前，国家颁布的《国家旅游休闲纲要》，力推带薪休假。2014 年，国务院发文提出要创新旅游发展理念，以及《旅游法》的实施，为旅游业发展提供了广阔的前景。海南作为阳光岛、健康岛、长寿岛，是全国人民与全世界游客向往的地方，交通条件方便，每年冬天来海南康复疗养度假的人在不断增加。伴随着这类市场的需求，新的旅游业态应运出现，主要是以产权式酒店和分时度假的形式出现，这将进一步推动海南旅游产业的快速发展。

（1）产权式酒店的概述。产权式酒店是旅游房地产中的一种，指将酒店的每一单位分别出售给投资人，投资人一次性买断物业产权拥有全部产权。投资者可自主选择不同的使用方式：一是长期自住，只需支付相应的物业管理及物资消耗，就可以得到酒店全套规范的客房服务。二是委托经营，与酒店签订一份委托经营协议，几年续签一次，该类投资者除了每年享有若干天的免费入住权，其余时间则交由酒店代为经营，每年给投资者一定数量的回报。三是较长期自住与委托经营混合，没有固定的入住天数和年终回报，视实际使用情况和经营情况而定。目前理论界基本一致认为，产权式酒店是随着旅游房产的发展而形成的一类特殊的分时度假产品，在投资者买断酒店设施的所有权后，除部分时间自己使用外，统一将其他时间的住宿权委托酒店管理方经营，而自己获取红利或是转让、馈赠、继承等其他收益。因此可用于房产投资是产权式酒店的特殊之处。产权式酒店的经营模式如图4-14所示，涉及管理公司、投资者、担保公司、开发商等主要四个主体。

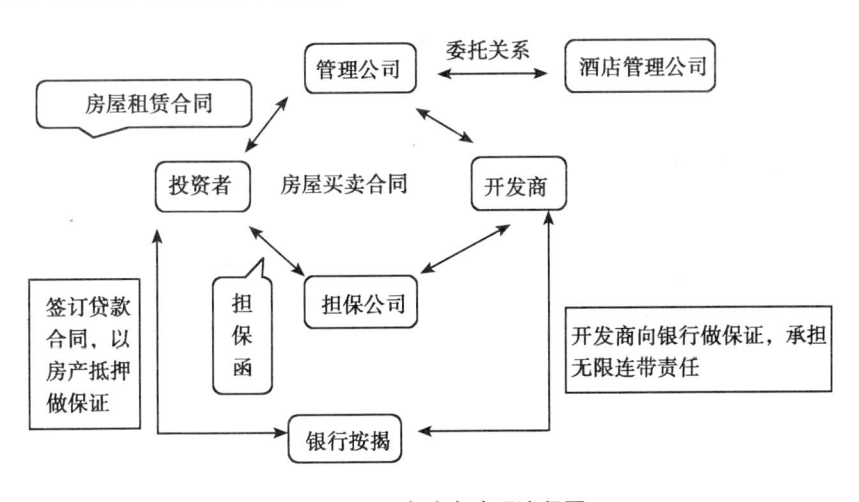

图4-14 房地产购买流程图

（2）海南产权式（分时度假）酒店发展的优势条件

第一，海南是中国产权式酒店发展最早且较成熟的地区。在发展产权式酒店的道路上，海南省可谓是国内的先行者。"南海传说温泉疗养度假中心"是海南第一家产权式酒店，也是中国第一家产权式酒店，随之而来的是中国中信国安集团斥资 30 亿元打造的"天下第一城"。之后便是一个接一个大、中型项目蜂拥而至。至此，海南在该产业上已经创下好几项全国第一：全国最早的产权式酒店诞生在海南；全国最大的滨海式产权式酒店落户海南；全国最大的产权式酒店群将在海南建成。

第二，海南发展产权式（分时度假）酒店拥有广泛的政策支持。海南为产权式酒店最早发展且发展较为成熟的地区，从 2010 年开始，海南省相关文件都对该业态予以了肯定，《海南国际旅游岛建设发展规划纲要（2010—2020）》明确提出"加强对产权式度假酒店开发建设、销售等环节的严格规范管理"；2012 年海口市出台了我国首个《产权式酒店管理暂行办法》。2014 年，海南省住房建设工作报告中明确指出，2015 年继续引导房地产业调整结构。按照省政府"一升一降一优"的要求，增加经营性房地产开发，降低纯商品住房比例，优化房地产空间布局，并抓紧研究出台产权式酒店管理暂行办法。2015 年海南省政府作出《加快产业结构的转型升级，突出发展产权式酒店经济》的提案。

第三，海南产权式酒店发展空间广阔。海南良好的空气，被称作"中华民族的四季花园"。在海南这样的土地资源有限的度假目的地，发展产权式酒店是市场的自然选择。现在北方很多地区被雾霾笼罩，空气污染严重，而海南岛的热带环境和良好的生态为我们发展度假房地产、分时度假、产权式酒店以及各种形式的度假房产提供了条件。目前，海南的游客总体在上升，但是团队在下降，这说明越来越多游客是以散客和家庭游的形式出现，这对于产权式酒店和分时度假来说是个好消息。经过近几年来海南房地产的快速发展，海南在滨海休闲旅游区兴建了具有一定规模的商品住宅、酒店，很多房地产和酒店需要寻求新的市场空间。而我国旅游新趋势是向自助型、家庭型和旅居型度假发展，雾霾天气和生态环境等因素进一步凸显了海南的自然优势。

2009 年年底，国务院发布的《关于推进海南国际旅游岛建设发展若干问题的意见》，把加强产权式度假酒店的开发、建设、销售等环节的规范管理提升到国家层面。海南是产权式酒店发展最早的地区之一，随着海南整个经济社会的发展，特别是房地产业的发展，产权式酒店步入快速发展的轨道。据不完全统计，近三年来，全省动工新建的产权式度假酒店超过20家，施工面积近100万平方米，多数布局和选址在旅游条件比较好的滨海地区、景区。海南发展产权式酒店和分时度假前景广阔，潜力巨大。随着我国经济发展，人民收入水平提高，度假将成为中产阶层的重要生活方式。国家鼓励带薪休假以及现代生活消费观念的转变，为发展产权式酒店和分时度假等旅游房地产业提供了广阔的发展空间。

（三）海南发展旅游地产存在的问题

1. 竞争同质化日趋严重

海南岛全岛范围内，包括三亚及海南岛东西两线沿海物业，海资源高度同一化，拼资源的度假旅游地产物业已经不再具有竞争力。以海景+高尔夫+住宅/酒店的假旅游地产模式泛滥，客户需求单一，未来竞争激烈。旅游地产的集中规模开发，使得配套高端星级酒店集中开业，造成了酒店设计和服务趋于雷同；

2. 以旅游地产名义实际开发住宅房地产现象普遍

旅游地产的长周期开发特点，售后服务支撑着老业主的项目黏性，为项目销售提供持续客源，为商业经营提供稳定的客源是中长期致胜的关键。而旅游地产的客源广泛分布的特点，又决定了售后服务链条要比传统地产长很多。全方位、长期性需求：物流、家配、家政、养老、夏令营、度假旅游等，和传统物业的"保安、保洁、保养"形成巨大差异。

开发资金回收慢，运营要求高，因此对房企的要求更高，面对资金和运营等方面的高要求，很多房企打着旅游地产的旗号实际上做着住宅房地产销售。

3. 缺乏专门政策法规保障

由于缺乏专门的政策法规保障，旅游房地产开发中的种种不规范现象得不到及时、公正的纠正，妨碍了海南旅游房地产市场特别是分时度假型和产权酒店型旅游房地产市场的良性发展。特别是由于国家相关管理部门对分时度假等旅游房地产形态尚未给出明确法规界定，消费者在产生纠纷后得不到法律支持。而开发商在投资时，实际承担了政策、环境、需求等多方面的风险。这导致开发商的前期投入和收回投资的时间都比预期要大。

4. 没有形成规模效应，缺乏专业管理人才

产权式酒店在我国是一个新生事物，还存在着管理人才短缺、管理水平落后等诸多问题。许多项目规模小、缺乏统一的规划和设计，在销售过

程中往往以"某知名酒店管理集团"提供管理服务的形式进行宣传,实际上更多的是由开发商组建酒店管理公司进行管理,缺乏强有力的酒店管理服务。在利润的驱动和炒作下往往是前期盲目运作,实际资金实力不足,配套服务跟不上,造成了产权式酒店经营的一系列问题,影响了市场健康发展。后期又因管理公司经验不足、经营状况欠佳,加上部分开发商纯粹想变相圈钱集融资,对消费者的种种承诺无法兑现,造成市场价值难以实现。而随着产权酒店的不断发展,单个产权酒店在经营规模、管理手段、营销模式等方面的劣势也将逐渐显现出来。

二 养老地产新趋势——全力配合国家养老基地建设

根据1956年联合国报告《人口老龄化及其社会经济后果》中确定的划分标准,中国从2000年起就已经步入老年型人口国家的行列。2010年全国第六次人口普查结果显示,65岁及以上年龄人口占总人口的比例为8.9%,高于同期世界人口的平均水平,老年人口总量约占全世界老年人口的1/5,是世界上老年人口数量最多的国家。根据联合国人口开发署预测,中国老年人口数量将加速增长,到2050年达到约3.34亿,是世界范围内老年人口数量的第一大国。面对如此庞大的老年人族群,如何健康养老已成为中国面临的问题之一。"421"家庭结构日益成为社会主体情况,传统的家庭养老模式已不能适应养老需求,在国内发达大城市经济发展水平提高以及城市服务集中完善背景下,社会化养老及机构养老已成为一种趋势。

与此同时,近年来国家出台的房地产宏观调控政策,对海南房地产行业的发展造成很大的打击,成交量下滑,市场整体行情低迷,但目前房地产仍然是海南经济发展的支柱产业,房地产健康发展也是海南稳定发展的关键因素之一。为减少宏观政策对海南房地产的发展的影响,海南也在积极调整产业结构,重点发展第三产业和第二产业,谋求可持续性的发展方式。

由于养老地产本质是养老服务业与房地产业的交叉产业,符合海南产业发展趋势,因此海南省政府高度重视养老地产的发展,寻求如何利用大自然赋予的资源禀赋,抓住国际旅游岛建设的历史机遇,制定相关政策来激发房地产市场活力,通过扶持养老地产业的发展,打造以养老产业为核心的产业集群,走可持续发展的道路。

（一）海南养老地产发展的政策环境

2010年，《海南国际旅游岛建设发展规划纲要》中明确了要优先发展常住居民需求的房地产，加快保障房建设，积极发展酒店、度假村等经营性房产，适度发展满足避寒、疗养、养老等不同需求的度假旅居型房产，在此基础上提出了一系列的发展纲要，不但要完善休闲疗养服务网络，鼓励现有医疗机构扩大疗养服务范围，鼓励引进国内外高水平医疗机构和康复疗养、养老养生服务机构，大力发展中医康复疗养、温泉康体疗养、森林氧吧康复等疗养服务项目；要在主要旅游城市和大型旅游度假区，扶持建设若干集休闲度假、医疗服务于一体的休闲疗养项目。积极引进境内外知名医疗和保健机构，争取开办中外合资医院，引入国际医疗卫生机构认证，满足境内外游客的休闲疗养服务需求。引进市场机制，提高养老产业的专业化管理水平和服务质量，做大做强养老服务产业。

十八大报告中提出："要积极应对人口老龄化趋势，大力发展老年服务事业和相关产业。"说明从国家制度和政策层面，开始重视人口老龄化问题。我国老年人口多达到近2亿人，老龄化发展迅速。加快发展养老服务业，既能弘扬中华民族敬老优良传统、满足老年人多层次需求、提高生活质量，又能补上服务业发展"短板"、释放有效需求、催生上千万就业岗位。中央要求地方政府锐意改革创新，发挥市场活力，推动社会力量成为发展养老服务业的"主角"，到2020年全面建成以居家为基础、社区为依托、机构为支撑的覆盖城乡的多样化养老服务体系，使之成为调结构、惠民生、促升级的重要力量。为此，一是要加强养老服务能力建设；二是要分层分类提供养老服务；三是要创新养老服务模式；四是要切实加强农村养老服务；五是要推动医养融合发展，探索医疗机构与养老机构合作新模式。

2014年1月6日，民政部、国家发改委下发《关于开展养老服务业综合改革试点工作的通知》，在全国开展养老服务业综合改革试点工作，并提出要拓宽民间资本参与渠道。同时还明确试点地区重点扶持发展养老服务龙头企业。

2014年5月30日，海南省五届人大常委会第八次会议审议通过了《海南省养老机构管理条例》，从规范养老机构管理入手，致力于维护老年人和养老机构的合法权益，促进养老机构健康持续发展，以满足老年人持续增长的养老服务需求。

从国家及海南省针对养老的一系列政策可以看出，养老地产的开发是未来房地产业发展新趋势，更是海南利用自身"天然养老基地"独特资源禀赋优势，做大做强养老地产不可多得的机会。

（二）海南养老地产发展的市场需求分析

1. 家庭收入小康化促生养老地产市场消费需求

随着我国经济的不断发展，居民收入水平也持续上升。根据国统计局的数据显示。2014年，我国城镇居民人均可支配收入28844元，同比增长7.0%（如图4-15所示）。城镇居民收入的不断提高将为养老地产的发展奠定坚实的经济基础。

根据国际标准，当人均可支配收入达到3000美元以上、社会保障体系逐步完善时，老年人将逐渐成为老年住宅的消费主体，市场需求明朗。目前，中国已经有26个省市人均可支配收入达到5000美元以上。另外，城市老人仅退休金一项，2010年就增加到8383亿元，2020年将达到为28145亿元，2030年将达到73219亿元。同时，北京、上海等中国老龄化程度最高的特大型城市中，聚集了有养老高端需求的高收入人群。富裕的年届退休的独生子女父母、现有老年富裕人群、归国和周边地区聚居上海的老年富裕人群以及有富裕子女资助的老年父母将成为养老地产的庞大客户群。

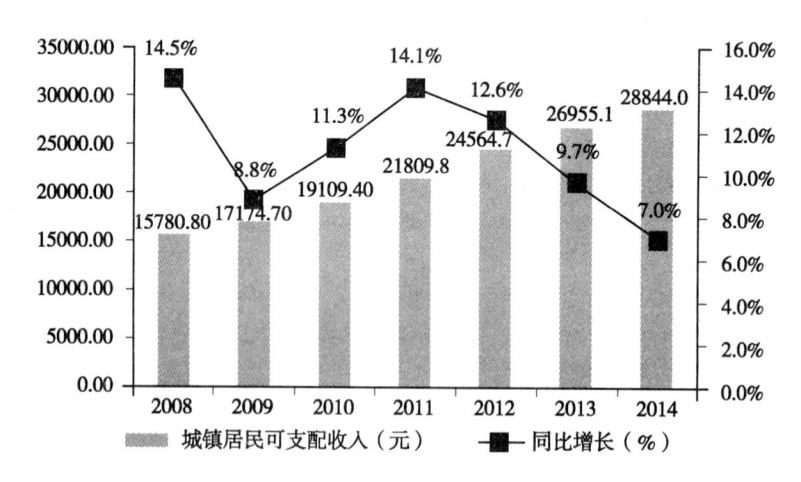

图4-15 2008—2014海南城镇居民可支配收入

资料来源：根据《海南统计年鉴》《海南省统计公报》绘制。

2. 海南独特自然条件奠定养老地产市场的巨大需求

我国地域辽阔，气候差异很大，当其他地方寒风刺骨，萧条颓败时，海南岛依旧是花红柳绿，阳光明媚。严寒酷暑不利于老年人的健康，尤其寒冬对老年人健康的损害更大。所以，老年人大都偏爱气候温暖的阳光地带，选择冬季南下避寒的北方老人也尤其多。海南岛全年平均气温一般保持在22—26℃，人口平均寿命82岁。除了优异的气候条件，海南更是拥有世界一流的生态环境，养就了其极为丰富、优质的旅游资源、自然资源和人文资源，集自然风光、人文风光、民族风情、珍稀动物、海洋资源于一岛。可用于整体开发健康、疗养、养生、医疗、保健、颐养天年的"养生园"的生态自然资源尤为丰富和全国罕见。海南岛是中国唯一具备四季发展和整体开发养老地产的生态环境和天然条件的福地。生态环境质量在全国第一，地缘条件、植被状况与同纬度的夏威夷、巴厘岛等黄金海岸滨海度假区，共同组成一条环绕地球的翡翠链，被称为"上帝后花园"，优异的自然条件非常适合养老。

据有关部门统计，每年从全国各地到"阳光岛"海南过冬的"候鸟"老人约有45万人。根据相关数据显示，海南的房产购买者中有相当比例是外地人，海口6成以上的商品房是卖给了外地人，而三亚商品房的外地人购买比例达到了8成，除了投资、还有相当比例是为老人度假及养老的需要而购房的，他们当然也希望老人既能享受海南的优异环境，又能得到良好的照料。

通过上述趋势分析不难看出，目前国内养老市场需求较大，海南要抓住发展机遇，将养老地产作为支柱产业纳入海南经济社会发展规划，引导和支持企业与金融机构配合发展养老产业，通过制度创新和产品创新满足多种养老需求，形成养老服务可持续发展的投资盈利模式，打造海南特色养老地产模式，提供优质的养老服务，吸引更多的老人来海南养老度假。

（三）海南养老地产发展现状

1. 养老地产发展仍处初级阶段

海南是纯天然的养生基地，素有"天然氧吧""生态岛"之美称。适宜的温度，对中老年人的许多慢性疾病能起到一定的缓解作用，俗称"北病南治"。海南岛长寿老人数量居"全国第一"，是名副其实的"健康岛""长寿岛"。随着生活水平的提高和养老观念的改变，越来越多的老年人慕名而来，在海南居住生活、休闲养老，养老客户资源庞大。许多开发商为了迎合这种需求，推出"养老""养生"等概念的养老地产项目。

海南"候鸟式"养老的发展始于民间自发，以老年人为主以及部分有养老意愿的中年人，消费档次参差不齐，影响扩大后才受到社会广泛关注，地方政府对养老产业的总体规划与政策引导相对滞后。由于服务与管理准备不充分，步调不一致，供求不对等，庞大的"候鸟"人群给海南造成了巨大压力，公共交通、医疗服务、物资供应、社会管理均面临新的挑战。

海南的养老地产项目一般建设在空气新鲜，风景优美，具有独特的环境资源，与市区有一定距离的地方，项目产品以养老住宅为主的产品是社区养老、营利性公寓养老以及少量福利性质的养老机构，以养老养生为主题的项目多偏向于普通商品住宅或酒店式公寓项目，大部分养老住宅项目是通过全部销售的模式一次性获取开发利润，将产权直接变更给业主，资金回笼快，然后利用回笼的收益进行下一轮养老地产的开发。大部分项目的建筑设计与普通住宅无异，仅有部分高端机构养老项目建筑设计考虑到适老化，侧重配套设施建设，有无障碍设计，能就近解决所有个人需要，以方便和安全为主。

可以看出，海南养老地产目前仍处于初级阶段，海南养老地产无论是买方市场还是卖方市场均属于受资源吸引而自发产生的行为。海南政府和开发商对市场规模有多大尚没有准确统计，对于要做什么样的养老地产项目也没有明确规划，地方政府对养老地产的规划和管理滞后。现有养老地产项目大多建设在环境优美、具有独特资源的地方，因为缺乏相应的行业标准和准入制度，养老型产品单一、配套匮乏，大多匆忙开发的养老地产项目最后变成普通的房地产项目，并不能为海南养老产业的可持续发展做出相应的贡献。

2. 海南养老地产主要发展模式

目前，海南主流养老地产项目如果按项目的开发形式划分，可以分为三种模式：专门建设的综合型养老社区、新建大型社区的同时，开发养老组团、在旅游度假区中利用自身独特资源转型开发休闲养老地产等；如果按盈利模式划分，也可以分为三种：全部销售、自主持有经营、出售会员＋持有经营等。以下从项目开发形式的三种模式进行分析。

（1）专门建设的综合型养老社区。综合型养老社区是指为老年人提供的，包含养老住宅、养老公寓、养老设施等多种居住类型的居住社区。社区中除了有为老人提供的居住建筑之外，还会有老年活动中心、康体中心、医疗服务中心、老年大学等各类配套设施。主要是自主持有经营，定位于医疗资源、养护配套和专业服务。代表案例为海口恭和苑项目。

(2) 新建大型社区的同时开发养老组团。海南一些房地产开发企业在开发大型居住区楼盘时，会划分出一部分区域专门建设养老组团，借此招徕一些看中海南优质自然资源而到此买房的客户，或者想与父母同住的客户。这种开发模式有利于带动企业转向新的客户群，走产品差异化路线。养老组团与社区其他组团能够共享配套服务资源，降低配套设施的建设量。以对外销售为主，例如南国威尼斯城项目。

(3) 在旅游风景区中开发养老居住产品将养老地产与旅游、休闲、养生产业相结合的一种模式。开发商在开发旅游地产的同时，加入养老养生、康复保健、长寿文化等理念。一般会选在具有较好的风景资源或特色资源的地区，此类项目的用地规模往往较大，各类居住产品、服务设施较为分散，适合单人、多人入住，或全家度假、老人长期疗养的需求，还可以供老人与多位子女聚会庆祝、老人与多位朋友结伴度假等。同时，养老公寓的居室还可转变为宾馆客房，供公司集体开会、培训使用。产品形式适应性强、灵活可变。例如琼海天来泉项目。

3. 海南养老地产案例研究——琼海天来泉项目分析

(1) 项目概况。该项目位于海南省琼海市官塘温泉旅游度假区，由琼海天来泉旅游不动产投资有限公司投资建设及运营，项目以全功能养生度假、全能养生俱乐部、温泉度假颐养乐园为主打概念，以国际温泉养生社区为基础，内部建设有音乐厅、体育馆、老年大学、疗养院等高端颐养配套，并引入英国爱德华健康管理等顶尖服务，提供温泉 SPA、疗养、娱乐、旅游、美食、酒店结合的一站式假期服务。

(2) 配套设施。娱乐场所：可容纳 400 人的私家音乐厅，多次举办泉家春晚等节庆晚会，为歌舞表演爱好者搭建舞台；多功能室内体育馆，包含篮球场、羽毛球场、瑜伽室、健身房等区域，是老年人挥洒活力的最佳场所；老年大学，内设置各种学习班，如太极拳班、歌舞班、摄影班、电脑班等，满足精神层面的养生需求。组织全年健康娱乐活动，成立多个兴趣社团，每天都有不同主题活动，如露天音乐会、运动比赛、书画作品展等，丰富会员的度假生活，减少空虚感与孤独感，让彼此在共同娱乐中融入知己圈层。

康复疗养院：配备先进设施及专业团队，针对不同人群，提供全方位体检套餐及专家诊疗，并与琼海市人民医院建立绿色就医通道，问诊医疗不需要排队挂号等待，保障度假全程健康无忧。

生活配套：五星级酒店、农贸市场等配套，都建造在社区内，满足更多需求，为度假生活提供便利。

（3）物业管理。运营商：天来泉旅游不动产投资有限公司

酒店管理：天福源酒店管理集团

健康管理：爱德华（海南）健康服务

管理规范：英国源圳投资

护理服务：中英爱德华健康管理学院

医疗康健服务：天来泉康复疗养院

（4）会员体系。通过购买会员卡享受天来泉酒店及养老公寓的养生度假服务，会员卡可继承，也可转让会籍，具有一定的增值潜力，还可以可交易度假时权，调整度假期限。每张会员卡包含2个权益人，依据不同卡片类别，每张会员卡每年可连续享受1—4次全功能养生度假服务（见表4-1）

表4-1　　　　　　　　　天来泉养生度假服务项目

服务类型	服务项目
酒店服务	双人客房入住7—56天，依据会员卡类别而定（免费）； 预订、接待、接送、行李搬运、寄存、商务中心、租车； 客房清洁、物品借用、送餐、叫醒服务、洗衣熨烫； 健康营养三餐、会员餐厅、聚会； 温泉SPA、1800m^3泳池
健康服务	全方位健康体检服务； 采集建立个人完整健康档案库、给予完美健康建议书； 由营养师制定个人健康食谱； 老年心理健康管理（心理健康评估）； 英式健康管家服务（量身设计全方位健康促进计划） 健康咨询服务（专家坐诊与上门咨询服务）； 健康宣传服务（《健康时代》报、每月健康养生知识讲座）； 医疗保健服务（门诊、理疗、牵引、推拿、护理服务）
养乐服务	养乐协会（会员兴趣协会）； 健康文化（健康音乐会、英语沙龙）； 舒心健体（门球、网球、篮球、乒乓球、桌球、室内高尔夫、羽毛球、瑜伽、健身房）； 旅游观光（海南特色景点观光）
会员事务服务	会员卡申请（入会办理）； 会员信息管理（信息更新、查询）； 会员权益事务（会员卡转让、出租、挂失、补办） 网络交流平台（会员论坛交流、在线客服）； 会员预订事务管理

资料来源：琼海天来泉官网。

这种养老模式是把旅游资源和休闲养老相结合，老年人通过购买住宅产权、酒店期权或产权及会员卡的方式入住和享受服务，进行异地旅游和养老，灵活性强。酒店的服务管理形式与养老设施有相通之处，很多经验都能够应用于养老设施的管理服务中，同时，酒店能更好地把闲置的设施资源给充分利用起来。这种养老模式需要开发商有较强的资源整合能力。但这种养老方式只适合身体健康、拥有自理能力的老人，也无法提供深度的医疗和护理服务，只能成为主流养老地产的一种过渡模式。

(四) 海南养老地产发展存在的问题

1. 配套的养老服务业发展缓慢，制约海南养老地产的发展

从海南养老地产的发展现状来看，前来海南养老度假的"候鸟"老人纷至沓来，海南以"养老地产"为名的房地产项目也开发得如火如荼，但与之相匹配的养老服务业却发展缓慢。养老地产不仅仅是房地产开发商一家的事业，而是一个涵盖交通、住宅、医疗、护理、养生、娱乐、休闲、运动、购物的产业链条。目前，海南相关产业配套还存在较严重的问题，养老产业包括的老年医疗保健、老年用品、家政护理、老年保险、老年教育、老年休闲旅游等相关产业还相当薄弱甚至空白。现有的一些养老服务业多是散兵游勇，小打小闹，没有形成规模化、完整配套、多产业交叉融合的养老综合体系，产业结构不合理，产业效益不明显。

2. 对"银发经济"认识有限，束缚海南养老地产业发展

海南养老相关产业发展缓慢，很大程度是因为认识与态度问题。由于对人口老龄化问题及养老产业发展前景缺乏全面、正确的认识，不少百姓、企业乃至政府部门把老龄人口当成社会经济发展的包袱，把外来"候鸟"老人视为海南资源的挤占者，把养老产业理解成福利事业，所以对海南"候鸟"老人问题没有积极应对的心态，对投资发展养老产业态度不积极、不乐观、不支持，本地居民与"候鸟"老人之间甚至矛盾频发。这些都严重束缚了海南养老产业的发展壮大。

3. 医疗水平较低，影响海南养老地产发展

目前，岛内的养老机构很少，专门的养老机构不到20家，且条件和设施都十分简陋，入住率很低。造成这种现象的原因是海南公费医疗体系的不衔接，海南医疗卫生水平总体比较低下。尽管近年在国际旅游岛建设的推动下，海南医疗卫生事业受到重视并得到加速发展，但相对于其他省份依然落后。根据2013年统计数据，海南有490家医院，1656家门诊

部、所，急救中心3家，32100张病床，48186名医疗从业人员，执业医师16766人，注册护士20918人，药师2539人，技师2602人，却需应对895万常住人口和3672万旅游人口，还有每年几十万的"候鸟"人群。从数据来看，海南现有医疗设施技术条件连常住人口和中心城市地带的基本医疗卫生服务都无法保障，更别说"候鸟"老人及远郊的养老楼盘。海南省老年病医院（海南省干部疗养院）是海南唯一的老年病专科医院，老年病医疗资源根本无法满足100多万本地户籍老人与几十万"候鸟"老人的医疗保健需求。目前，海南无论是以照顾生活不能自理的老人为主的护理型老年公寓，还是以吸引外地老人来琼过冬的"候鸟型"老年休养公寓，都面临专业护理人员难请、专业服务水平不高等问题。

尽管海南有优美的生态环境，如未能建立休闲养老的专门管理机构及其运行机制，将会严重制约海南休闲养老产业的规模化发展空间。有服务到位的专业养老机构，是发展休闲养老产业的前提条件，如果没有这些作基础，那么就会妨碍其产业的发展。

第四节 发展建议

在以上分析的基础上，本节主要提出如下发展建议。

一 着力把海南岛建设成为海南人民的幸福家园

海南省要着力抓好以棚户区改造为重点的保障性安居工程建设，首先把海南岛建设成为海南人民的幸福家园。为此，一是要加快推进棚户区改造。政府相关部门要抓紧做好项目前期准备工作，尽早落实土地、配套资金等，对具备条件的项目集中力量予以推进；相关部门要研究明确货币补偿安置标准和比例的办法，积极推行货币补偿安置。鼓励有条件的市县回购商品房作为棚户区改造安置房房源。二是加强分配和后续管理。对已竣工的保障房项目，要加快完善基础设施配套和公共服务设施建设，尽快配租配售，加快分配入住。三是按时间节点要求，圆满完成1.3万户农村危房改造任务。农村危房改造要考虑规划和抗震要求，提高农房质量。四是全力推进公积金归集扩面，做好儋州保障房试点项目资金管理工作，在风险可控的前提下，进一步简化提取手续，支持中低收入家庭解决住房问题。

二 宏观调控规范市场，谋求海南旅游地产、养老地产健康发展

旅游地产和养老地产作为海南房地产业发展的新趋势，在发展过程中仍面临着法律界定不清、行业发展不规范等问题，海南省作为相关政策的制定者以及维护者，必须做好保障者的角色。制定旅游地产、养老地产准入制度、出台相关优惠政策以及监督约束机制。

首先，旅游地产、养老地产具有资金链较长、投资回收期长的特性，要制定相应的市场准入政策，筛选资质较好的开发企业，避免恶性竞争。在产权式酒店和养老地产的权属、责任及义务等明细环节上，做出严格明确的申明，让开发商明白其前期、中期、后期责任使其责任连带持续。使各环节所涉及的利益相关者都相互配合、互相监督、良好互动，在政策允许支持的范围内良好运行。

其次，政府应加强市场秩序的规范建设。在政府监管机构做好制度层面的建设的基础之上，在市场环境方面下苦功夫。加快针对旅游地产特别是产权式酒店和养老地产，这一新型房地产业制定符合中国市场特点的有法可依、规范经营、有关各方责权相统一的法律政策及制度方案。

再次，建立监督约束机制，养老地产项目和旅游地产项目对住宅的硬件及软件要求都有更高的标准。对于这些都应该设置相应的完整的评估体系，在评估的基础上进行相应的激励或惩罚措施，完善相应的进入退出机制，使地产开发商有动力也有压力，这种监督约束机制的完善是养老地产作为产业能够持续发展的动力。还应建立养老地产业、产权式酒店的行业组织，整合行业资源、加强行业自律，定期发布养老地产业和产权式酒店的相关信息，加强对其投资经营监督，提高社会的了解程度，培育市场。

最后，促进旅游产业联动化。伴随着旅游消费者消费观念的成熟，度假旅游热潮，逐渐取代传统的旅游需求形式。而旅游地产只是旅游六要素中的一个要素，必须与食、行、游、购、娱等五要素实现联动开发和营销，才能大大增加它的购买力。因此，政府部门应不断完善旅游产品体系，打造良好的度假旅游环境，营造旅游地产的良好环境。

三 创新宣传和促销方式，做精做强房地产业

互联网思维已经成为对商业和地产业发展影响最大的理念之一。承载着物质和空间具体结构的房地产更应有效地把互联网关系结合进来，有效

地把人们依托于互联网而实现的智能化生活方式、智能化购物模式、智能化体验模式、智能化社区交往和智能化生活方式融合到房地产项目中。房地产与互联网的结合主要包括三个方面：一是与产业业态相结合；二是要用互联网思维去整合；三是合作发展。

　　旅游地产和养老地产也应该充分地运用移动互联时代互联网思维的结构价值，用智能化的、互动的、社交化的手段去整合土地资源、建筑资源、空间结构关系和产业业态，形成一种发展结构。只有这样，才能真正实现从土地开发、建筑开发到空间发展的价值，这不仅仅是转型的问题，而实际上是整个社会发展和产业发展的趋势。

第五章

海南国际旅游岛休闲农业发展研究

新常态背景下，加快推进农业现代化、转变农业发展方式、调整农业产业结构是我国当下及今后农业发展的总任务和大趋势。"第六产业"①呼唤农业发展的新形态，休闲农业与乡村旅游将成为"农业产业链"上的"新业态"。在新型城镇化和新农村建设过程中，美丽乡村与宜居乡村建设、传统村落保护、民族民俗文化的传承与保护，亦将成为我国三农"新常态"下的重要课题。

第一节 导 论

休闲农业在投资驱动和消费驱动的背景下，伴随游客的需求变化呈现出多样化的趋势。从"吃、玩、钓"的传统方式向科普、教育、文化、艺术、体育、养生等内容拓展。新常态背景下休闲农业对接的是大趋势、大农业、大旅游、大文化、大生态、大教育、大创意、大休闲、大都市，也必然将发展为一个大产业。

一 休闲农业及其发展历程

理解休闲农业之前，要先理解休闲。休闲研究之父 Dumazdier 提出，休闲必须包含以下条件：感知的自由；内在动机驱使；令人愉快的，必须满足休息、娱乐和自我超越的需要。在此基础上，国外学者认为观光休闲农业是一项参观农业活动与农业经营的活动，其目的是娱乐、教育或亲自

---

① 此概念由日本农业专家提出。通过鼓励农户多种经营，即不仅种植农作物（第一产业），而且从事农产品加工（第二产业）与销售农产品及其加工产品（第三产业），以获得更多的增值价值。

体验农业劳动。另外有国外学者提出，观光休闲农业必须与农业活动相联系，农业经营者和他们的家人是接待活动的主要提供者。

在国内，"休闲农业"一词最早在我国台湾使用。台湾《休闲农业辅导管理办法》明确给出了休闲农业定义，即利用农村地理环境及资源环境，结合农林渔牧生产、农业经营活动、农村文化及农家生活，提供国民休闲，增进国民对农业及农村之体验为目的的农业经营。

虽然国内外学者对于休闲农业的定义千差万别，但仍有一些相同的要素。如休闲农业必须以农业活动为基础，常常与旅游业相结合，将农业生产、科技应用、艺术加工和游客参加农事活动等融为一体，使游客在领略农业旅游活动时，增强休闲放松的感受。

在上述概念的基础上，本报告将"休闲农业"定义为：休闲农业是旅游与农业的结合形式，它以农业为主要载体，具有满足游客观光、度假、体验、推广、娱乐等多项休闲需要的功能。

休闲农业在国外历史悠久。在19世纪30年代欧洲就已开始农业旅游。不过，那时并未提出休闲农业概念，休闲农业从属于旅游观光业。

1865年，意大利成立"农业与旅游全国协会"，专门介绍城市居民去乡村度假，标志着休闲农业的形成。到20世纪初，专司观光功能的观光农园产生，进而出现了经营观光农园的经济组织，从而观光农园得到迅速发展，经营多样化诉求得到满足。20世纪80年代，观光农业园由单一观光性质向教育、社会、休闲娱乐等多功能扩展，出现了类似"三生一体"的休闲农场、教育农园、市民农园等。目前，少数经济发达国家出现了观光农园经营的高级模式，即农场主将农园分片租赁给个人家庭或小团体，平日代替承租者打理，假日交给承租者享用。

我国休闲农业兴起于改革开放，开始是以观光为主的农业旅游。少数农村地区根据当地旅游资源，自发地开展了形式多样的农业观光旅游。如深圳市开展的荔枝节。20世纪90年代以后，开始发展观光与休闲相结合的休闲农业，开展了包括采摘、钓鱼、种菜等多种形式的旅游活动。进入21世纪，休闲农业有了较快的发展，开始走向了规范化、品牌化经营阶段，年接待游客100万人次。该阶段处于我国人民生活从温饱型转型为小康型的阶段。这段时期的特征是人们休闲旅游需求强烈并呈现多样化态势。休闲农业园区建设开始迈入发展的"快车道"，获得了国家旅游局的大力支持，评选出了全国多个农业旅游示范点。

二 休闲观光农业园区及其客源分析

（一）什么是休闲观光农业园区

休闲观光农业园区是指利用农、林、渔业等农业生产基地，展示农业生产特色和现代农业科技水平，为游客提供与农业生产相关的观光、休闲、体验等旅游服务的场所。

1. 休闲观光农业园区的内涵

目前，学界关于休闲观光农业园区的概念和内涵还有认识不到位的情况，比如，有观点认为一块基地就是一个园区。实际上，科学界定休闲观光农业园区的概念内涵是要考虑诸多因素的。

第一，要有一定的规模，具备吃、住、行、游、购、娱等旅游的六大功能。

第二，要有丰富的产品。要突出农业项目，既要有农业生产基地等常规农业项目，也要有农业科技园区等高科技农业项目。尤其要具备水果采摘体验条件，"季季有水果，四季皆可采"。

第三，要有其他旅游项目。比如儿童乐园、小猪跳水、拓展训练等不受季节限制的，可供小孩、人人参与的游乐、体验性项目，以吸引不同层次游客，延长游园时间，做到"淡季不淡，四季宜游"。

第四，在布局上，需要围绕乡村旅游重点线路来布置休闲观光农业园区，丰富乡村旅游线路产品。利用非沿线地区用地条件好、资源特色明显的优势，突出文化和景观资源，运用景区建设手法来建设高品位园区。

第五，观光休闲农业园区一定要以乡土文化为核心。突出"农"字特色，强调闲情野趣。乡土文化项目、农事体验项目、畜牧观赏狩猎项目、水上垂钓项目、特色餐饮项目都是可参考建设项目。

2. 休闲农业发展的选址条件

选址要基于周边的农村生态景观特点，匹配所规划的观光休闲农业项目。地理区位上，需要接近交通路网，或旅游交通主干道。最好能依托城市郊区和景点景区。

3. 休闲农业空间结构要素

进入21世纪，伴随着人类生产、生活方式的变化及乡村城市化和城乡一体化的深入，农业已从传统的生产形式逐步转向景观、生态、健康、医疗、教育、观光、休闲、度假等方向。休闲农业的出现，扩大了人类的生存空间，为人类生存和需求创造了更好的、更易适应的环境。

4. 休闲农业的主要类型

根据自然特色、区位优势、文化底蕴、生态环境、经济发展水平和消费习惯，休闲农业以城市郊区、景区周边、山水牧区、民族地区和传统农区为重点，在农家乐、民俗村、休闲农园、休闲农庄等形式基础上，不断创新发展，形成了形式多样、功能多元、特色各异的类型。海南省在发展中，逐渐形成了休闲度假、观光体验、观光采摘、休闲垂钓、科普教育、田园风光六种类型。

（二）休闲农业旅游客源市场细分

1. 传统观光旅游市场

传统的观光旅游市场是休闲农业发展的重点。采用农场的形式，引种蔬菜、瓜果、花卉、苗木以及养殖各种动物的传统观光市场，集田园风光和高科技农业于一体，使游客可以参观，也可以品尝或购买新鲜的农副产品。这类市场目前处于主导地位，占 28.8%。

2. 城市白领度假旅游市场

利用周末及假期去郊区度假，以放松紧绷的神经，是现代都市白领阶层休闲放松的新方式。乡村良好的自然环境和独特的农耕文化，能满足白领贴近自然，体验农事的需求。同时，体验农园、度假农场及旅游度假村，对白领阶层也有巨大的吸引力。

3. 游览、体验农家生活的都市学生市场

青少年修学旅游已成为旅游业发展的趋势和潮流。旅游是青少年增长见识，开阔视野，提高综合能力的有效途径之一，引起了学校和学生家长的高度重视。开发青少年旅游市场潜力巨大。青年大学生骑行、露营节假游已成为海南旅游市场常态。

4. 怀旧市场

中国许多市民都有农村生活经验。迁居到城市后，面对着"水泥"城市，他们常常会怀念原生态的乡村生活，有回到农村寻根的诉求。在我国这类旅游者的数量非常大。

5. 农民市场

把目标锁定城市居民市场的开发，忽视农村市场是观光农园经营策略上的通病。事实上，观光农园因其高科技性和典型性对广大的农民来说也具有相当大的吸引力。

三 国内休闲农业发展现状与趋势

(一) 国内休闲农业发展现状

根据农业部 2014 年 10 月的统计数据显示,目前,全国有 8.5 万个村开展休闲农业与乡村旅游活动。休闲农业与乡村旅游经营单位达 170 万家。其中农家乐 150 万家,规模以上休闲农业园区超过 3 万家。年接待游客 7.2 亿人次,年营业收入达到 2160 亿元。从业人员 2600 万。

休闲农业是农业基本功能的恢复和拓展,兼具经济、社会、教育、环保、游憩保健和文化传承等多种功能,成为国内外农业发展一个新的趋势。休闲农业是贯穿一、二、三产业,融合生产、生态、生活及生命等多种功能,是目前我国发展速度最快、发展潜力最大的新型业态。

从目前的发展情况来看,传统的商业模式将与休闲农业结合发展。乡村养生公寓、特色民宿、仓储式超市、生态美容院、乡村文化酒吧、国际青年旅舍、企事业单位后勤基地、企业培训基地、高端幼儿园、非物质文化传承保护中心、高端社区业主庄园、乡村婚纱摄影基地、影视文化拍摄基地、市民假日乡村大学、大学生乡村创业实践基地、农民创业园、格子农庄、宠物训导中心、民间收藏展示中心、国防教育训练基地、亲子游娱开心农场公益社团活动基地等,都是农业与其他行业结合发展的表现。这些新的业态加快了休闲农业与乡村旅游资源的整合力度。

(二) 休闲农业的发展趋势

1. 农业资源和旅游产业联动发展

休闲农业与乡村旅游体现了农业资源和旅游产业的联动发展。农民脚下的土地不仅能生产农产品,还能结合田园风光、农事文化、农家情趣等升级为旅游产品,实现"种庄稼"与"种风景"的完美结合。

休闲农业在发展农业生产的基础上,有机地附加了生态旅游观光功能及现代服务业功能,展现出巨大的市场潜力和广阔的发展前景。在海南国际旅游岛建设背景下,"从农业生产中挖掘旅游资源、从旅游产业中拓展农业发展"[1],推进农业和旅游业的产业联动发展成为热带农业发展的新途径。海南旅游景点遍及各市县,它们的存在和发展为休闲农业的发展吸

---

[1] 海南省委、海南省政府:《海南国际旅游岛建设发展规划纲要 (2010—2020)》,2012 年 5 月 10 日。

引了游客，也可以与休闲农业景点互为补充，在农业生产基础上进行深度开发，打造具有浓厚地方特色的乡村自然风光、民俗风情、人文景观、农业特色产业等休闲农业旅游点，将海南休闲农业建设成以农业生产、科普教育、农活体验、民俗风情、观光旅游、餐饮娱乐、休闲度假为主体的现代热带特色农业的新模式。从而，打造出海南"绿色旅游、生态休闲"新品牌、构筑国际旅游岛新亮点，进而推动传统农业转型升级、开创农民增收新渠道。

2. 满足游客乡村体验需求

城市居民长期生活在大都市中，缺乏与自然、绿色的接触，感受和体验淳朴、恬静、悠闲的乡村生活，让精神得到完全放松，成为新的需要。休闲农业可以满足远离自然的城里人回归自然的需要。特别是对从未经历和体验农业生产过程的人群而言，农业的休闲与体验功能越来越有市场潜力。城市居民需要去感受休闲观光农业，包括寻求新鲜、安全的农产品，观赏自然、体验农事活动，在农村自然环境中休养及学习以及接触农村传统文化及生活。

第二节 海南休闲农业发展环境、目标与原则

一 海南休闲农业的发展环境

海南发展休闲农业已具备了客观条件。一是回归生态、回归乡村思潮的兴起，避寒长宿型人口和休闲人群群体的增加，以及体验经济的产生，海南岛内城镇居民和岛外游客对休闲农业具有现实的需求。二是海南旅游景点众多，旅游业的发展同时带动休闲农业景点发展。三是交通运输日趋发达，东环轻轨、环岛高速、中线高速等交通网络为休闲度假提供了方便。四是私人汽车的普及扩大延伸了居民的出行半径，自驾游成为新的休闲消费方式。最后，海南具有发展休闲农业的物质基础。得天独厚的热带气候优势、独特的自然生态环境资源、独特的热带农业生产、农村文化及农村生活，都为海南休闲农业的发展创造了条件。

（一）市场环境

旅游人数方面。海南省人口不足千万，其中城市人口 300 万人左右。岛内缺乏大中城市支撑。但每年来琼游客约 5000 万。随着国际旅游岛的

建设，大陆污染日趋严重，这一数字还会进一步增长。

旅游资源方面。海南旅游业已经初具规模，在全国已建立了品牌形象和知名度。但开发的旅游资源单一，基本停留在对热带海洋资源的开发上，主打"大海、阳光、沙滩"品牌。丰富而独特的"绿色旅游"资源有待系统的开发利用。

1. 全省旅游产业规模和个性化休闲旅游需求的持续扩大

近几年，海南省加快推进海南国际旅游岛建设，把旅游业作为重点产业发展，大力开发和整合旅游资源，积极开展旅游宣传促销活动，不断夯实旅游发展基础，海南旅游市场呈现良好发展势头，来琼游客日益增多。2013 年，全省接待过夜游客累计达 3672.51 万人次，同比增长 10.6%；全年旅游收入 428.56 亿元，同比增长 13.0%。2014 年，全省接待国内外游客总人数 4789.08 万人次，比上年增长 10.6%，其中接待旅游过夜人数 4060.18 万人次，增长 10.6%；旅游总收入 506.53 亿元，比上年增长 13.2%。自全省全面推进国际旅游岛建设以来，海南接待过夜游客中自助游游客比重逐年增长。个性化休闲旅游需求持续扩大。国民旅游已经进入"私人定制"[①] 时代，旅游产品的选择要"私人定制"，出行方式游客也喜欢"私人定制"。国民自主消费和个性化消费的意识也不断提高，在旅游方面就表现出一种个性化、体验化、休闲化、散客化的趋势，半自助游、订制自由行这种休闲旅游新业态逐渐成为海南旅游的一种潮流。目前中国人均 GDP 已突破 7000 美元，蓬勃发展的中国旅游业将迎来休闲度假旅游的兴盛。海南旅游正在实现从以观光旅游为主向、以休闲度假旅游为主的结构升级。

2. 全省城市化进程不断加快，都市居民收入的逐年增加

21 世纪以来，海南的社会发展进入了平稳快速增长时期。城镇化发展也步入持续加速时期。2009 年，国际旅游岛建设上升为国家战略后，海南的城镇化步入了新的发展阶段。据公布的"六普"数据显示：2010 年海南省城镇人口为 430.89 万人，城镇化率达到 49.69%，2011 年海南城镇化人口达到了 432 万人，城镇化率达到 50.5%，2012 年城镇化率为 52.6%。全省常住居民人均可支配收入 17476 元，比上年增长 11.1%，

---

① 私人定制最先盛行于国外。根据旅游者的需求，以旅游者为主导进行旅游行动流程的设计。

扣除价格因素，实际增长8.5%。其中，城镇常住居民人均可支配收入24487元，名义增长9.3%，扣除价格因素，实际增长6.9%。农村常住居民人均可支配收入9913元，名义增长12.6%，扣除价格因素，实际增长9.6%。2014年，海南城镇、农村居民人均可支配收入名义增速分别为9.3%和12.6%，比海南8.5%的GDP增速分别快0.8个和4.1个百分点。2014年，海南居民人均可支配收入名义和实际增速分别比全国快1.0个和0.5百分点，居民收入增速在全国31个省区市中排名第3位，其中城镇排第7位，农村排第3位。[①]

3. 全国休闲农业产业发展速度和总体规模均在提升

改革开放以来，中国休闲农业经历了萌芽、起步和全面发布的历史阶段，特别是进入21世纪以来，全国休闲农业蓬勃发展，呈现出了产业规模日渐扩大，发展内涵不断提升，发展方式不断转变的情况。

休闲农业发展势头良好，发展需求强劲。到2013年年底全国农家乐的数量已经超过150万家，年接待游客9亿人次，经营收入保持年均15%以上的增速，带动了2900多万农村的经济发展。全国城镇人口7.3亿，城市化率达到53.73，人均收入超过4万元，城乡居民可支配收入接近3万元。这为休闲农业发展带来了难得的机遇，和巨大的市场发展潜力。以低价、简便为特点的休闲农业，必将成为人们休闲的首选。

4. 农村亟须转型产业结构以及传承和塑造乡村文明

农耕文化是中华文明立足传承之根基。休闲农业的发展，系统整合了农业生产过程、农民劳动生活、农村风情风貌中的文化元素，历史古村、特色民居、特色民俗等一批有厚重历史文化的村落，都成为休闲农业可以依托的历史、文化和景观资源。

"小桥、流水、人家"的乡村游，已经成为现代都市人群感悟生态之美和人文魅力的假日驿站。同时，美丽乡村建设对于改造空心村，盘活和重组土地资源，提升农业产业，缩小城乡差距，推进城乡发展一体化具有十分重要的意义。只有保护好独特的村居风貌、传统的风土人情和田园风光，尊重农耕文明，推进传统村落保护发展，农村才不会成为荒芜的农村、留守的农村、记忆中的故园。近年来，农业部组织开展的中国重要农业文化遗产发掘工作，已在社会上产生了强烈影响，初步走出了一条

---

① 国家统计局：《第六次人口普查报告》，2011年4月28日。

"在发掘中保护、在利用中传承"①的发展道路。发展休闲农业已经成为宣传、展示、传承农耕文化的一种重要而有效的形式。

(二)资源环境

1. 农业资源得天独厚

作为全国唯一热带岛屿省份,素有"天然大温室"美誉的海南地处我国最南端,属热带海洋季风气候,气候条件优越,光、热、水等资源充足,乡村自然景观优美,人文资源丰富而独特,生态环境优良,具有丰富的热带休闲农业资源。海南正是以其优越的热带气候条件和丰富的热带农业资源成为国内外闻名遐迩的旅游胜地,成为国内热带休闲农业发展的主要区域。

2. 乡村景观资源丰富

与休闲农业有密切关联的主要是乡村农耕文化景观资源。海南乡村生态环境优美,自然景观优美,阳光、海水、沙滩、空气世界一流。优美的热带田园风光和丰富的山野温泉与原始森林,乡村自然景观和生态环境都在全国独树一帜。

3. 农业产业形式多样

海南拥有丰富而独特的农业产业体系。其产业体系涵盖农业、渔业、药业(南药)、种植业、养殖业、晒盐业等多种行业,并呈现出许多亮点,很多方面在全国都是独树一帜。这为丰富海南休闲农业发展形式,加强农业与旅游业的对接提供了良好的产业基础。

4. 民族风情特色鲜明

海南拥有丰富而独特的民族风情、民俗文化和历史文化。海南居民分属汉、黎、苗、回等30多个民族。千百年来,古朴独特的民族风情使本岛社会风貌显得更加丰富多彩,其中最具有特色的当属黎、苗生活习俗。另外,遍布海南各地乡村积习已久的民间风俗也多姿多彩。这些都为丰富海南休闲农业产品内涵提供了文化基础。

5. 客源市场基础厚实

随着国际旅游岛建设的逐步推进,海南的客源市场得以稳步拓展,凭借独特的资源优势和良好的政策优势,来琼游客数量有了较为明显的增

---

① 农业部办公厅:《中国重要农业文化遗产管理办法(试行)的通知》,2014年5月21日。

长。随着海南经济社会的持续发展,城镇居民经济收入迅速增加,本土需求将构成海南休闲农业的主要近程客源市场。

6. 交通网络日臻完善

经过这么多年的苦心经营,海南业已形成海、陆、空完善的立体交通网络。海南县乡公路改造使得海南乡村公路建设突飞猛进,形成了四通八达的乡村公路网,这为休闲农业的发展提供了交通便利。完善的立体交通网络,基本能满足海南休闲农业发展"进得来,出得去"的交通运输需要。

总之,海南发展热带休闲农业得天独厚。良好的生态环境、独特的热带气候、优越的热带农业资源、政府的大力扶持、社会的广泛参与和文明生态村的蓬勃建设,都为海南热带休闲农业的发展提供了良好的基础与条件。

(三)政策法规环境

国际旅游岛建设战略为发展休闲农业带来了良好的机遇,将为海南休闲农业发展在政策、制度、投资、基础设施、技术等方面提供有利政策法规环境。海南热带休闲农业的发展受到社会各界的广泛认可与政府部门的大力支持。海南省委、省政府早在20世纪90年代中后期制定的"一省两地"发展战略中,就明确要求把发展热带高效农业和休闲业作为海南的重点产业。

2009年,海南省农业厅提出要用3年时间,创建100个具有浓厚地方特色的休闲农业示范基地。在全国,海南第一个成立了省级休闲农业管理机构——海南休闲农业发展局。这为海南休闲农业建设和管理提供了组织保障。

2010年,中央1号文件指出:"积极发展休闲农业、乡村旅游、森林旅游和农村服务业,拓展农村非农就业空间。"[①] 国务院出台的《国务院关于推进海南国际旅游岛建设发展的若干意见》,提出海南"六大战略定位",其中之一就是将海南建设成为"国家热带现代农业基地",提出要积极推动热带特色农业与旅游相结合,制订实施观光农业、休闲农业支持计划,建设示范基地,拓展农业发展和农民增收空间。

2013年,海南省制定休闲农业发展规划及配套支持政策,力争到

---

① 中共中央国务院:《2010年中央一号文件》,2010年1月31日。

2016年，海南有营业收入超500万元的休闲农业企业30家，休闲农业营业收入年均增长10%以上，并通过制定《海南休闲农业发展规划》以及《关于扶持海南休闲农业发展的若干意见》，规范休闲农业发展，实施"双百工程"，计划建设100个休闲农业示范点和100个休闲农业观光果园。

2014年11月4日，海南省正式出台《海南省休闲农业发展项目规划》，提出以农业资源为依托，以农业为根本，以农民为主体，推进农旅相融，做大休闲农业产业规模，力争到2020年，休闲农业产值超过150亿元。根据《规划》目标，到2020年，海南力争建设规模化、集约化休闲农业基地达1000家以上，创建"全国休闲农业与乡村旅游示范点"20个，省级休闲农业示范点达到200个。实现年接待游客2500万人次以上，带动就业10万人，人均年收入3.5万元以上。2015年完成100家休闲农业示范点创建任务；启动30家休闲农业观光果园创建活动；创建休闲农业与乡村旅游星级企业10家以上，其中五星级企业2家；打造营业规模500万元以上的休闲农业企业50家，加快农村劳动力转移就业，力争休闲农业从业人员突破2万人，带动吸纳各类就业7万人，从业人员年均收入突破1.8万元。

此外，2014年，海南省休闲农业协会在海口正式成立，这将对促进海南农业、旅游生产生态环境保护产生积极影响。

二　海南休闲农业的发展目标

（一）实现园区旅游价值链的延伸

根据世界旅游组织预测，中国将会在12大旅游产品方面形成新的消费热点，其中之一就是休闲农业园区旅游。休闲农业园区旅游是旅游业与农业之间的交叉型新兴产业，它体现着一种新型的农业经营形态，是第一产业向第三产业的拓展。休闲农业园区旅游产业链在充分利用现有农业资源的基础上，把农业建设、科学管理、高效农业、农艺展示、农产品加工等同旅游者的广泛参与融为一体，实现"农业"与"旅游"双赢。休闲农业园区旅游产业价值链的拓展延伸将链接三次产业、沟通城乡两个地域，一方面可以较好地整合城乡经济资源，打破城乡两套封闭体系独自运行局面，另一方面可以整合三次产业的经济活动，打通其内在经济联系。休闲农业园区旅游产业价值链的拓展延伸将带来一系列的经济效益、社会效益、环境效益，显示其强大生命力，对推进建设社会主义新农村建设有着重要的现实意义。

目前，海南省部分休闲农业园区的价值链的成功延伸已充分显现促进全省旅游经济均衡化发展的巨大作用，例如呀诺达的大区（大景区）小镇（带动发展周边村镇）成功形成海南旅游经济的山海互动的均衡化发展。

（二）促进农村旅游服务业升级和村民增收

休闲农业的发展加快了农业转型升级，开拓了农业功能，改变了农业就是第一产业的旧观念。在发展农业生产时，进一步开拓了农业的服务、生态功能，使农业从第一产业向第三产业延伸，建立起了农业与旅游业结合，第一产业和第三产业相结合的新型现代大农业产业体系，促进了农村旅游服务业升级和村民增收，成为农村经济增长新动力。

（三）体验和传承农村文化

在休闲农业区，游客不仅可以观光、采摘、收获农产品、体验农事、了解农民生活、享受乡土情趣，而且可以住宿、度假、游乐，亲自参与农耕。通过寓教于乐的形式，参与者将更加珍惜农村的自然文化资源，激起人们热爱劳动、热爱生活、热爱自然的兴趣，进一步增强人们保护自然、保护文化遗产、保护环境的意识，促进生态环境和人文景观的可持续发展。

三 海南休闲农业的发展原则

（一）以农为本、科学规划

要以农业为基础，农民为主体，农村为载体，鼓励利用荒山、荒坡、荒滩、废弃矿山和农村空闲地发展休闲农业，不得滥占耕地。

（二）因地制宜、突出特色

要结合资源禀赋、人文历史、交通区位和产业特色，在大中城市郊区、名胜景区周边等适宜区域，因地制宜、突出特色、适度发展。

（三）规范管理、强化服务

要加大教育培训、宣传推介力度，制定规范标准，引导行业自律，实现管理规范化和服务标准化。

（四）政府引导、多方参与

要发挥市场在配置资源的决定性作用，更好发挥政府在宏观指导、规范管理等方面的作用，调动各方积极性。

（五）保护环境、持续发展

要遵循开发与保护并举、生产与生态并重的理念，统筹考虑资源和环境承载能力，加大生态环境保护力度，实现经济、生态、社会效益全面可持续发展。

第三节 海南休闲农业发展现状

目前，海南休闲农业得到了一定的发展。但是，对比台湾和大陆许多发达省市地区，海南休闲农业发展还处于起步阶段，存在不少问题。主要表现在：现有的一些观光休闲农业旅游项目是在原有农业基础上自发形成的，缺乏科学的规划设计；投资者简单地按自己的理解单纯模仿，许多项目缺少可行性研究，大多数园区尚处于投资者自行开发的状态，内容与形式大同小异，缺乏特色，精品工程少；受短期利益的影响，开发者们只重数量、不讲质量，只追求利益、忽视游客的需求和满意度，缺乏有效的经营管理；资金投入不足，保障体系缺失；休闲农业是农业和旅游业的"副产品"，产业地位不突出；旅游产品与国际化水平还有很大的差距，难以适应新的市场需求。尽管如此，海南休闲农业发展在促进农村劳动力转移、调整农业产业结构、促进农民增效增收、净化乡村文化气息等方面确实发挥了积极作用。目前海南全省休闲农业已发展到200家，其中休闲农业示范点68家，投资总额累计达到50.4亿元，营业收入达8.92亿元，年接待游客突破1000万人次，从业人员1.72万人，带动农户2.7万户。

一 海南休闲农业发展新业态

休闲农业是农业和旅游业共同作用下产生的一种生态、低碳的旅游消费方式，能够提高旅游观光者的消费质量，提升海南旅游经济贡献度。高水准的休闲农业发展是海南国际旅游岛建设的特色和亮点所在。按照国际旅游岛建设的总体要求，海南休闲农业能依托丰富而独特的热带农业资源与条件，紧密迎合生态旅游的趋势，促进农业与旅游业的完美融合。植根于乡村性的休闲农业，能充分挖掘海南原生的生态和资源、黎苗风情、海岛文化、流放文化及农耕文化，设计以视觉体验、听觉体验、味觉体验、行为体验和文化体验为基础的地方性、体验性和文化性休闲农业旅游产品。在大中城市的郊区、特色农业基地、著名旅游景区的附近或是度假区周围，休闲农业能着力挖掘特色和优势的休闲农业旅游产品，与旅游景点形成差别，开发出具有特色的现代农业、田园观光、农业生产体验、瓜菜采摘、农家旅馆、特色餐饮、垂钓捕捞等休闲农业和乡村旅游产品，打造成海南生态休闲旅游的新品牌。从而增加海南旅游产品构成及其魅力，使海南休闲农业成为促进海南旅游业发展的新亮点。

(一) 类型分布较集中

海南省休闲农业发展的总体发展布局可以归纳为："二点三线五区"[1]。"二点"即海口、三亚两市为重点，"三线"即沿环岛高速公路线、环岛高铁线、海口至琼中高速公路线。"五区"为琼北都市休闲农业区、琼南以旅游景点为依托的乡村旅游区、琼东滨海休闲旅游农业区、琼西特色休闲旅游农业区、琼中部原生态休闲旅游农业区。

(二) 休闲农业经济圈建设速度加快

目前，以海口、三亚、琼海、保亭为中心的4个休闲农业与乡村旅游经济聚集圈已显现。海南省休闲农业近中期（2014—2020年）重点开发建设项目115项，其中北部休闲农业区32项，东部休闲农业区20项，南部休闲农业区28项，中部休闲农业区20项，西部休闲农业区15项。

(三) 特色文化突出项目正在焕发活力

以海口火山文化为代表的火山口农耕文化，以槟榔谷民族风情为代表的保亭黎族文化，以琼海龙寿洋国家农业公园，北仍村、博鳌乡村公园为代表的热带田园风光自然文化，以呀诺达热带雨林为代表的热带雨林文化，以亚龙湾国际玫瑰谷、兰花世界等为代表的三亚热带浪漫文化等一大批知名品牌项目正在焕发活力。

(四) 休闲农业成为地区发展关键驱动力

发展休闲农业，可以充分开发农业资源，调整和优化产业结构，延长农业产业链，可带动农村运输、餐饮、住宿、商业及其他服务业的发展，促进农村劳动力转移就业，增加农民收入，致富农民，还可促进城乡人员、信息、科技、观念的交流，增强城里人对农村、农业的认识和了解，加强城市对农村、农业的支持，实现城乡协调发展。成为新农村建设、美丽乡村建设的一个环节。

---

[1] 《海南省休闲农业发展项目规划》(2014—2020)，2014年12月19日。

（五）国民旅游休闲计划推动休闲农业的快速发展

国民旅游休闲制度促使公休日的延长，长假的实施，带薪休假的兴起，为城市居民近郊游提供了方便。两天的公休日可以满足百里左右的乡下游。每年的国庆长假，对中低收入者来讲，远途旅游力不从心，于是近郊农村休闲游成为最佳选择。同时，休闲农业与乡村旅游为国民休闲提供了广阔空间。

二 海南休闲农业发展的经典案例

（一）海南兴隆热带植物园

海南兴隆热带植物园是海南休闲农业产业链成功案例，其成功之处就在于：仅仅围绕香辛饮料等海南特色热带作物，做足旅游要素中的吃、游、购；并且通过游、吃，促进购。在兴隆热带植物园内，游客可以见识很多从未见过的热带香料和饮料，比如可可、香草兰、糯米香等。离开植物园前，游客可以在园区商场购买香料产品带回家。在这个42公顷的热带植物园，每年吸引150多万游客，销售农产品30多吨，游客满意度达96%。特色农产品既是旅游内容，也是休闲农业创收来源之一。休闲农业，需要完善产业链，来承载旅游链条。在植物园内，有种植、科研、加工、品尝展示和购物，这是产业链，也是旅游链，做到了 $1+1>2$ 的效果。兴隆热带植物园已成为全国休闲农业与乡村旅游示范点、全国休闲农业与乡村旅游五星级单位、海南省休闲农业示范点。

（二）亚龙湾国际玫瑰谷

亚龙湾国际玫瑰谷是海南休闲农业主题园区的成功案例。亚龙湾国际玫瑰谷占地面积2755亩，园区以美丽·浪漫·爱为主题，以农田、水库、山林的原生态为主体，以五彩缤纷的玫瑰花为载体，是集玫瑰种植、玫瑰文化展示、旅游休闲度假于一体的亚洲规模最大的玫瑰谷。其成功的主题定位：玫瑰之约——浪漫三亚，以玫瑰文化、黎族文化、创意文化为底蕴，以玫瑰产业为核心，以"浪漫、欢乐"为主题，依托周边山水资源，展现一个集乡村田园风情、花海休闲娱乐于一体的休闲旅游目的地。以玫瑰花海、浪漫婚庆、七彩游乐、精油养生、休闲餐饮、国际风情等为主题内容，在城市近郊、度假胜地集中打造一个浪漫之都，品读浪漫休闲、感悟美丽人生。以此增强三亚休闲度假吸引力，提升海南国际旅游岛新形象，突出海南"浪漫"色彩。其成功的功能定位：种植生产、旅游体验、浪漫婚庆、商务会展、休闲度假。其成功的目标定位：一是突出玫瑰文化，打造国际浪漫风情休闲度假地，助推海南走向"世界蜜月岛"，让玫瑰成为未来海南走向世界顶级度假胜地的一张新名片；二是完善玫瑰产业链，打造产业集群，通过举办"第五届中国月季花展暨三亚首届国际玫瑰节"让中国玫瑰走向世界，打造亚洲最大的玫瑰产业示范基地；三是通过改变农民收入模式、产业、生活方式三大转型，打造了海南休闲农业成功典范。

三 行业协会助推休闲农业提质增效

2014年10月22日，海南省休闲农业协会在海口成立。至此，海南结束了各休闲农业企业独自打拼的局面。海南省休闲农业协会积极发挥行业社团组织的平台作用，已成为广大从事休闲农业工作者的桥梁和纽带，政府与企业沟通的重要渠道，并积极协助政府当好发展休闲农业的参谋和助手。协会适时组织开展许多有影响力和带动作用的活动。比如，2014年11月1日，协会组织全省19家休闲农业企业参加武汉第11届中国武汉农业博览会；主办"2014中国休闲农业与乡村旅游年度峰会"；在年度峰会上，倡导发起成立了中国休闲农业与乡村旅游联盟；在成立仪式上，来自全国20个省区和台湾地区的休闲农业与乡村旅游精英会聚一堂助推中国休闲农业与乡村旅游发展联盟的成立。成立联盟的宗旨意在为促进中国休闲农业与乡村旅游跨越式发展努力探索。联盟的目标旨在建立长效的交流交友、互学互助、互动互利、合力合作、共创共赢的大平台，由此提高中国休闲农业创意发展水平，提升中国乡村旅游创新发展潜质，让海南休闲农业融入全国交流发展的大平台，加速促进海南休闲农业跨越式发展。2014年12月12日，协会牵头组织20多家休闲企业在2014年中国（海南）国际热带农产品冬季交易会休闲农业展馆布展参展；12月13日，在海口成功主办了首届中国国际休闲农业高峰论坛，来自全国各地的400余位业界同人出席了峰会。论坛主题为"休闲农业与休闲海南"，其宗旨是探讨国际合作新途径，探索休闲农业新方向，助推休闲海南大跨越。

四 海南休闲农业发展存在的问题

国际旅游岛建设对于海南的休闲农业发展既是机遇，也是挑战。挑战在于，海南休闲农业处于起步阶段，自身问题很多，主要表现在：海南休闲农业产业尚未与其他农村相关产业的扶持措施相配套，扶持力度与水平有待加强；现有的一些休闲农业旅游项目是在原有农业基础上自发形成的，缺乏科学的规划设计；对休闲农业的发展关注不够，对休闲农业发展缺乏科学的规划和技术性指导，休闲农业只是农业和旅游业的"副产品"，休闲农业产业地位不突出；休闲农业发展资金投入不足，休闲农业保障体系的缺失，政策法规不健全，软件环境滞后；适合休闲农业的发展模式、标准化与规范化管理正处于探索阶段；休闲农业发展经济基础薄弱，市场知名度较低；跟风模仿，许多项目缺少可行性研究，内容与形式大同小异，风格雷同，低水平重复建设现象严重，产品缺乏特色，精品工程少；受短期利益的影响，部分开发者只重数量、不讲质量；只追求利益、忽视游客的需求和满意度，缺乏有效的经营管理，生态环境破坏现象较为严重；休闲农业旅游产品档次不高，与国际化水平还有很大的差距，难以适应新的市场需求等。

（一）观念滞后，产业地位不明

休闲农业是现代农业的重要实现形态，但在海南发展休闲农业的实际操作过程中，一些地方和部门缺乏长远发展的战略眼光，部分领导干部和农民观念陈旧，认识不足，参与意识不强，参与热情不高，对发展休闲农业不重视、不参与、不支持，没有把休闲农业作为建设新农村、转变发展方式和增加农民收入的一项重要工作来抓，以致休闲农业还未建立其应有的产业地位。

（二）整体规划缺乏，项目建设雷同

一些地方的领导或经营者对休闲农业缺乏科学的规划。目前，海南休闲农业普遍采取景点观光和农家乐的形式，在产品开发方面主要存在以下问题：一是产品体系不全，餐饮型和观光型的多，度假休闲型的少，缺少现代农业展示、教育、示范型旅游活动；自然生态类的多，农事体验类民俗文化类的少；二是休闲农业产品档次不高，特色不鲜明，品牌形象不突出，产品的文化内涵不够丰富，地方文化挖掘不够深入；三是特色板块不够明显，粗放式、盲目性和同质化现象比较严重，其内容与形式基本雷同，没有突出热带特色农业的特色。

1. 规模方面

项目规模普遍偏小，产业链条残缺。目前，由于重视不够和投入不足，海南发展休闲农业步履维艰。海南农业休闲产品单一，缺乏精品，尚未深入挖掘乡村农业资源和民俗文化内涵，休闲活动主要停留在观光、采摘、垂钓等项目上，没有形成完整的产业链和产业体系，难以与现代生活方式和社会发展相协调。

2. 配套方面

基础设施落后，经营管理失范。目前，海南休闲农业现有基础设施难以适应急速增长的游客接待的需要。停车场、道路、洗手间、指示牌、电话亭等公共设施简陋或者不足，水电供应、安全条件、卫生状况和设施条件难以达标。此外，休闲农业经营管理欠规范，专业的技术与管理人才匮乏，相应的规章制度不完善，多头管理，政出多门的现象还很突出。由于缺乏宏观控制和协调指导，投资决策的随意和开发的盲目现象较为普遍。一些休闲农业经营者急功近利，大兴土木，导致原有的宝贵自然农业资源、特色和生态环境的破坏。

3. 政策方面

建设用地不明，审批程序不够清晰。休闲农业项目需要接待设施、经营管理用房、游步道等旅游基础设施，这些不仅需要临时用地，也需要永久性用地。而临时用地两年审批一次，带有不稳定性，给投资者带来不踏实感。由于土地资源紧张，且受到国家政策的制约，休闲农业项目永久性用地和临时用地优惠政策不明。用地已成为休闲农业发展的"瓶颈"。休闲农业是一项新生事物，其发展需要农业、农办、旅游、林业、土地、发改、水利、环保等多个部门的配合与扶持。由于没有明确的审批主体，休闲农业园区建设没有一套完整的审批程序，致使休闲观光农业园区在项目选址、规划评审、设计施工、工程监督、竣工验收等环节监管缺位或缺失，造成园区建设随意性大，无法形成品牌和档次。

4. 资金方面

海南农村、农业发展比较滞后，相比之下，农民发展休闲农业的资金更为缺乏。

5. 市场方面

岛内市场需求有限，而岛外市场距离较远。海南人口较少，其中城市人口仅250万人左右，岛内缺乏大中城市支撑。同时，由于海南休闲农业项目主要是餐饮、钓鱼和采摘等，与外省基本雷同，难以拓展岛外市场。

6. 人员方面

人员素质较低，管理人员缺乏。这是制约海南休闲农业发展的又一个重要因素。

第四节 海南休闲农业发展的对策

总体来看，海南省休闲农业发展的前景是机遇与挑战并存。充分利用现有的内部优势，抓住外部机遇，迎接挑战，规避威胁，弱化劣势带来的不良影响，是实现海南省休闲农业快速发展的路径选择。

（一）转变观念，提高认识

海南休闲农业发展必须尽快转变旧观念，即认为休闲农业与乡村旅游仅是小打小闹、成不了大器、档次太低的旅游项目，只是其他旅游类型的点缀和补充。应充分认识到休闲农业是优化资源配置、调整产业结构、推动农业转型、发展特色农业、提高农业科技水平、增加农民收入、推动农业产业化建设，建设新农村的有效途径，是实现农业经济效益、社会效益协调发展的重要措施，在许多国家和地区已经成为重要的旅游项目和旅游发展的新亮点。海南休闲农业与乡村旅游蕴藏着巨大的市场潜力和广阔的发展前景。海南休闲农业发展限制因素众多，要想得到快速发展，就必须充分发挥各级政府的职能，利用好市场和政策的双重引导作用，才能取得明显成效。

（二）科学规划，合理布局

海南休闲农业发展要强化规划意识，重视科学规划，合理布局。制定全省和各市县休闲农业发展规划，整合资源，规范发展。为此，需要认真调查和分析海南的区位条件、地理特点、资源优势、市场状况、客源分布及周围环境条件，明确各区域功能定位，制定发展方向和发展目标，构建主导产业，树立旅游品牌。在此过程中，坚持"因地制宜，科学规划，合理布局，突出特色"的原则，做到开发与保护相结合，近期与远期相结合，生态效益和经济效益相结合。要密切结合当前海南国际旅游岛和社会主义新农村建设的要求，将休闲农业发展规划与农业发展、城市旅游、城镇发展、新农村建设等规划有机结合起来，使休闲农业有机融入当地经济社会发展的总体规划之中，充分发挥休闲农业作为促进"生产发展、生活宽裕、乡风文明、村容整洁"的载体作用。对于休闲农业的相关企业，要重视项目设计，设计主题鲜明，功能区分明确，科学规划景观搭配和基础设施建设。

(三) 优化环境，规范管理

各级政府应把休闲农业列入发展规划，各级主管理部门要为休闲农业发展营造一个良好的环境，争取更多的政策支持。在此基础上，合理制定新农村规划，注重农村自然生态、田园景观保护工作，强化生态环境保护意识，重视乡村自然资源和人文资源的挖掘和保护，提升乡村环境质量，杜绝"开发性"破坏和"掠夺性"经营，坚持走可持续发展道路。

海南休闲农业的发展需加强规范管理。为此，要结合本地实际情况，尽快制定和出台休闲农业发展的相关法规条例，以保证休闲农业发展的正确方向和休闲农业资源的可持续利用。要建立和完善领导体制，充分发挥农业、旅游、国土、文化、交通、乡镇企业局等各部门的作用，分工负责，协调管理。在条件允许的情况下成立相关专业合作社，充分发挥海南休闲农业协会在加强行业自律、信息服务、协调服务、规范服务质量工作等方面的行业主管作用。

(四) 拓宽渠道，夯实基础

海南发展休闲农业离不开充足的金融投入。为此，需要拓宽融资渠道，实现投资主体多元化，投资渠道多样化，投资效果显著化。政府要加大投资力度，商业银行和农村信用社也应把支持休闲农业发展作为信贷支农重点。同时鼓励和吸引国内和国外企业或公司的资金以股份制或合资经营等方式开发休闲农业。加大民间资本的吸纳力度，鼓励有一定经济实力的农民投资休闲农业开发。引进大型旅游企业、农业产业化龙头企业，通过独资、参股、品牌连锁等多种形式，让更多的境内外、省内外资金进入海南休闲农业行业，有效拓宽农业投入渠道。

另外，要进一步加强基础设施建设，完善交通、通信、供水、排水、供电、环境治理、安全保障等便民设施，并规范住宿设施、饮食设施、卫生设施、安全设施等建设标准要求，做到设施齐全，标准规范，使休闲服务体系和基础设施建设不断完善。

(五) 借鉴经验，加强合作

早在20世纪60年代，我国台湾地区就开始发展休闲农业。经过几十年的发展，台湾的休闲农业已经进入比较成熟的阶段，具备相当的规模，产生了良好的社会、经济和生态效益，代表着台湾农业转型的新走向。借鉴台湾发展休闲农业积累的成功经验和经营理念，将是还处于起步阶段的海南休闲农业取得发展的最便捷、有效的途径。

琼、台两岛文化传统大体相同，自然资源相近，农业形态相似，经济互补性强，休闲农业合作潜力巨大。把台湾地区的发展理念、资源、技术、人才、管理、经验、特色方面的优势，同海南的劳动力、土地、市场、自然资源等优势结合起来，可推动两岸休闲农业优势互补，合作共赢，实现海南休闲农业跨越式的发展。

（六）推进海南休闲农业与现代服务产业融合

休闲农业把农业与观光、休闲、养生、旅游、度假、养老、文化、体育等现代服务业有机结合起来，形成了集休闲、观光、教育、生态、养生、旅游为一体的新型农业产业形态和现代消费业态，有利于深度开发农业资源潜力、调整农业结构、改善农业环境、增加农民收入。

（七）健全农村社会保障和土地流转市场运作体系

党的十八大报告提出，需"加快发展现代农业，增强农业综合生产能力"，"构建集约化、专业化、组织化、社会化相结合的新型农业经营体系"。土地流转和适度规模经营是发展休闲农业的基础。土地流转服务体系是新型农业经营体系的重要组成部分，是农村土地流转规范、有序、高效进行的基本保障。

（八）进一步发挥行业协会桥梁纽带和资源整合作用

进一步发挥行业协会作用，通过海南省休闲农业协会，为众多的休闲农业企业搭建信息交流平台、品牌营销平台、融合资源、发展互助平台，加快推动海南全省休闲农业转型升级、实现提质增效和健康有序发展。

专题篇

第六章

海南国际旅游岛生态文明建设研究

2014年海南省秉承发挥绿色优势，生态保护优先的发展思路，在促进经济增长的同时，强调各产业的节能减排及环境保护问题。本专题将重点依据海南省2013年及部分2014年生态环境数据，通过与前期数据进行对比，分析现阶段海南省生态环境动态变化。并通过当前海南省及各市县政府的相关生态保护政策，分析海南省在生态环境保护及生态文明发展的重点及落实情况。通过政策重点方向与实际生态环境状况进行比较，为海南省未来几年生态政策制定与实施角度提供依据和建议。

十八大报告对生态文明的定义是："人类为保护和建设美好生态环境而取得的物质成果、精神成果和制度成果的总和，是贯穿于经济建设、政治建设、文化建设、社会建设全过程和各方面的系统工程，反映了一个社会的文明进步状态。"其含义在于生态文明包含各方面建设成果，但其主要目标是为保护和构建美好的生态环境。本章将主要以生态文明的生态环境保护与建设成果为主要切入点，讨论分析当前海南省生态环境保护方面的成就与存在问题。

第一节 海南省生态文明发展新措施与成就

本节将从两个方面对海南省生态文明建设新动态进行阐述，一是介绍在2013—2014年海南省应对主要环境问题出台的新措施，二是近两年海南省在生态文明发展中取得的新进展和成就。

一 海南省应对环境问题新举措

（一）保持空气质量优良需强调综合治理

海南省一贯非常重视环境保护问题，2013年以来，更将空气质量作为环境保护工作的重要焦点。在全国空气质量堪忧的今天，海南的优良空气质量显得越发珍贵，是海南居民和各地来琼旅游者幸福度和满意度的重要影响因素。针对近年来海南空气质量也有小幅下降的问题，2014年，海南省政府制定了《海南省大气污染防治行动计划实施细则》，并于2015年1月1日起正式实施，要求不断加强和治理，到2017年年底可吸入颗粒物浓度比2013年下降5%以上，环境空气质量持续保持优良。

虽然海南省空气质量从全国水平来看保持前列，但纵向比较来看，全省空气质量有小幅下降趋势。对此，海南省政府高度重视，并出台《海南省2014年度大气污染防治实施计划》，强调空气环境的综合治理，空气环境治理从点到面，从静止源到移动源全方位进行。

主要体现在以下几个方面：一是加大工业企业治理力度，减少污染物排放，全面整顿燃煤小锅炉。加快重点行业脱硫、脱硝和除尘改造，推进挥发性有机物污染治理；加强垃圾焚烧发电厂的环境监管；加快淘汰落后产能，推动产业转型升级；严控"两高"行业新增产能，加快淘汰落后产能；加强小型企业环境综合整治，压缩过剩产能。

二是深化面源污染治理，严格控制扬尘污染。主要措施有：强化施工和道路扬尘环境监管；扩大城市建成区绿地规模，到2015年年底，基本消除建成区裸地；严厉整治矿山和水泥厂扬尘；严格治理餐饮业排污；加强农业面源污染治理。

三是强化移动源污染防治，减少机动车污染排放量，主要措施是：加强城市交通管理；优化城市功能和布局规划，推广城市智能交通管理，缓解城市交通拥堵；提升燃油品质；加快淘汰黄标车；大力推广使用新能源汽车。

四是加快调整能源结构，强化清洁能源供应。目前海南省清洁能源使用比重还需要进一步提升，截至2014年年底，海南省新能源发电总装机容量54.8万千瓦，占全省发电总装机的10.5%。其中，风电装机30.9万千瓦，占全省发电总装机5.9%；光伏发电装机18.8万千瓦，占全省发电总装机3.6%；生物质能发电装机5.1万千瓦，占全省发电总装机1%。2014年，海南省新能源发电量8.2亿千瓦时，占全社会用电量的3.3%，其中风电5亿千瓦时，光伏发电1.5亿千瓦时，生物质发电1.7亿千瓦时。

（二）海岸线生态恢复及景观保护工作

海南海岸线长约1822.8公里，其中自然海岸线长度约1226.5公里。

据2013年统计数据，在785.7公里可开发利用的自然砂质海岸线中，已经开发利用达320公里以上。这些开发利用的海岸带，大多用于房地产、酒店、旅游景点、游艇码头、高尔夫球场、开发区等项目建设。随着海岸线的过度开发和利用，旅游度假酒店和高档小区在海边大规模兴建，原有的沿海防护林不断遭到破坏，导致海岸线遭侵蚀现象日趋严重。

对此问题，需要严格规范海岸线开发秩序，加强海岸线开发利用管理，不断加大海岸带资源的整合力度，在发展中坚决走生态化可持续发展之路。2013年海南省政府制定印发了《海南省国土、海域岸线、森林和水资源等重点领域突出问题专项治理工作方案》规定。其中有关海域岸线领域突出问题提出专项治理规定，一方面要规范海域岸线开发秩序，加强海域岸线资源使用的指导和监督，防止资源低效浪费。另一方面健全海域岸线资源市场化配置制度，构建公开透明、公平竞争的资源市场化配置环境和有序配置机制。

（三）招商选资体现绿色 GDP

海南生态省建设联席会议办公室印发的《2013年度海南生态省建设工作要点》中提出，建立更加注重资源消耗和环境效益、符合生态文明建设要求的经济社会发展评价体系。同时进一步推进绿色 GDP 核算研究工作，将生态保护与建设成效、资源损耗和环境污染损失等纳入考核范围，建立绿色 GDP 考核制度。并且为了能强化中部山区的生态服务功能，免去中部地区四县的经济生产总值考核任务，种种举措使海南省在生态文明方面又一次走到全国前列。

自从提出绿色 GDP 体系两年来，海南积极建立考核机制，加大绿色产业培育，通过得天独厚的环境资源优势会聚人才，大力发展包括电子信息、金融、物流等在内的绿色低碳、高附加值的多元产业，提高综合实力和防御市场风险的能力。

1. 利用生态环境优势吸引高新技术产业

海南生态环境方面优势明显，适合发展信息网络等高新技术产业。近两年，国内外一批信息网络等高新技术产业领域的企业陆续进驻海南。同时，旅游业的快速发展，带动了商贸物流、金融保险、交通通信、文化娱乐等产业的发展。

2. 重点发展以旅游业为龙头的现代服务业

重点发展现代服务业，针对发展短板，加快发展生产性服务业和生活性服务业。海南可以大力发展医疗、教育、文化、金融、物流等服务业。一方面满足本岛需求，另一方面吸引岛外消费。

海南的比较优势在于资源丰富，包括能源、矿产、旅游资源以及区位优势等。应着重发展生态农业、规模化清洁能源工业、旅游业等优势产业，并利用区位优势把扩大对外开放和结构调整更好地结合起来。如果未来5—10年，海南能够把自身潜在的资源环境优势充分发挥出来，在相当程度上将实现跨越式发展。

3. 提高污染产业准入门槛不以环境换经济

海南一些传统制造业应逐步退出，大力发展环保产业。同时，普通商品房开发也要"退"，逐步降低普通商品房开发比例。要实行严格的产业准入制度，严格的建设项目环境准入制度，同时要实行环保审批与总量控制指标、减排任务挂钩。在加快发展、引进项目的同时，坚持"四个决不"，即决不把降低环保和安全门槛作为招商引资的优惠条件，决不在接受产业转移过程中接受污染转移，决不让传统工业集中区成为新的污染源，决不以牺牲环境为代价换取一时的经济发展。

绿色GDP占比70%的澄迈经济腾飞

据中国之声《新闻和报纸摘要》报道，海南省澄迈县以生态现代化引领经济社会发展，绿色GDP占比超过70%，GDP增速连续四年全省第一。走进澄迈县沙土村，一排排小楼被成片的地瓜地围绕着，通过生态农业理念的引领，近几年来"桥头地瓜"已成为当地的特色农业品牌，帮助村民致富。村党支部书记王文克说："它又香又粉，又很面，微量元素特别丰富，在市场上很受消费者欢迎，我们在超市的销售价都在16块左右，其他的品种可能就在3块钱左右。"

不仅是桥头地瓜，澄迈的福橙、苦丁茶等特色农业品种也是直供中国港澳、远销中亚五国。澄迈县委书记杨思涛介绍说，澄迈的生态农业从刚开始就制定出了一系列严格标准。

在工业方面，澄迈坚持一方面抓好企业节能减排，另一方面大力发展新型工业。海南生态软件园投资发展有限公司副总经理张东风说："我们在省里、市里的支持下出台了一系列发展高新技术产业政策，包括我们企业的税收，吸引一些高新技术产业。"

澄迈县自从2008年提出"生态现代化"发展构想以来，提出了生态农业、生态工业、生态家园等8个方面的发展目标，经过6年的发展建设，目前已取得很好成效。高新技术产业园区成为全县新的经济增长点，并吸引大批高技术人才，为产业升级转型提供了良好的基础条件。

二 海南省生态文明发展取得的新成就

根据近两年海南省环境质量公报及政府工作报告，海南省一直高度重视且持续加强生态文明建设，并取得了一定成效。

(一) 空气质量保持优良居全国之首

2014年，海南省全省空气质量总体水平优良，优良天数比例为98.92%，比2013年下滑0.18个百分点。其中优级天数76.77%，良级天数22.15%，轻度污染天数1.06%，中度污染天数0.02%。与前两年相比，全省空气质量略有下降，空气中颗粒物浓度有所增加。全省二氧化硫、二氧化氮、可吸入颗粒物年均浓度符合国家一级标准，各市县空气质量均达到或优于国家二级标准。[①] 空气污染原因主要是由于受大陆污染物远距离输送带来的污染，以及本地污染源排放和静稳无风等不利气象条件共同影响所致。

省会海口市2014年优级天数比例为76.7%，与全省空气质量水平一致，基本达到了预期目标，空气质量在全国主要城市排名中居首。

(二) 积极推动"绿化宝岛"行动

2014年，海南省生态环境基本保持稳定状态，强调生态立省，通过积极推进"绿化宝岛"行动，造林绿化达45.3万亩，森林覆盖率为61.9%，较2013年提高0.4个百分点。为了保护中部山区的生态服务功能，取消了中部4个市县生产总值考核任务，同时生态补偿资金增长11.9%。儋州被纳入国家重点生态功能区转移支付范围，鹦哥岭晋升为国家级自然保护区，万宁、琼海被列入国家生态文明先行示范区，红树林湿地保护面积进一步扩大。大力推动生态文明乡村建设，全年新建4个省级生态文明乡镇、36个省级小康环保示范村和988个文明生态村。

(三) 强化利用新能源和节能减排工作力度

新增光伏集中发电项目8个，推广节能灯100万只，实施节能技术改

---

① 2014年海南省环境状况公报。

造和资源综合利用项目 26 个，淘汰造纸生产线 5 条。在产业环境评估方面，强化建设项目环境评价，停止审批高能耗、高污染项目 22 个，对 6 个市县和 5 家企业进行节能减排责任追究。

2014 年，海南省在减排污染工作方面，加强了对森林、水体、大气、海洋的环境保护。开展松涛水库流域环境整治和生态保护工程 15 项，建成污水处理厂 43 座。合理有序进行垃圾处理，全年海南建成垃圾处理设施 22 个垃圾转运站 154 座。还开展工业尾气及废水污染治理，累计完成国家和省责任书减排项目 501 个。燃煤电厂和水泥厂脱硫、脱硝改造顺利实施，淘汰黄标车和老旧机动车 3.67 万辆、燃煤小锅炉 47 台。规范企业用能，强化公共机构节能，单位生产总值能耗和工业增加值能耗实现了双下降，环境质量继续保持全国一流。加强大气污染治理，加速淘汰黄标车、老旧车和小型燃煤锅炉，全面完成脱硫、脱硝改造任务。

（四）加快产业升级转型

2014 年，海南继续大力推动产业升级与转型，推进洋浦循环化改造示范试点、老城低碳产业园和东方创建新能源示范城市建设。为实现产业跳跃式升级，打造新的经济增长点提供源源不断的活力。通过发展新型环境友好型产业达到提高经济实力的同时，保护自然生态环境。

2009 年投资建设的海南生态软件园成为近两年科技园区新亮点，自 2011 年以来，至今入园企业数达到 362 家，中科院云计算中心、印度 NI-IT、中软、长城信息、久其软件、展创光电等知名企业落户园区。入驻工作人员超过 4000 人，园区建设初具规模，2013 年园区实现产值 93.3 亿元。2014 年，国家工信部将海南生态软件园列入第五批国家新型工业化产业示范基地名单，生态软件园成为全省首家国家级工业化产业示范基地，成为国家培育软件研发、IT 培训等高新技术产业领先地位和国际先进水平的重要产业基地。

第二节　海南省生态文明发展存在问题分析

本节主要分析当前海南省在生态环境保护过程中尚存在的问题，以及产业及城镇化发展给环境带来的生态压力。

一　空气质量污染轻微上升

虽然 2014 海南省空气质量水平基本保持稳定，但值得注意的是，在

2013年（含2013）之前的空气质量数据都未包含细颗粒物（PM2.5）监测，执行的是较早期的空气污染指数（API）标准。在2013年全省仅海口市首次开展含细颗粒物（PM2.5）在内的6项指标监测，即以空气质量指数（AQI）作为监测标准。到2014年，海南省有海口市和三亚市两个城市进行了空气质量指数（AQI）监测。下表为海口市及三亚市近3年空气质量水平对比（见表6-1）。

从表6-1不难看出，近三年海口市及三亚市的空气质量水平虽然在全国城市横向比较而言是稳居第一，但从纵向历史数据来看并不容过于乐观，由于2013年以来加入了PM2.5的数据监测，因此，在监测指标从API向AQI过渡过程中，海口和三亚市的空气质量都有所下降。还有一个需要注意的情况是，2014年两市的轻度污染天数都首次出现，说明虽然污染的总体情况（优良天数比例）变化不大，但污染幅度有所上升。

表6-1　　　　　　海口及三亚近3年空气质量水平表　　　　　（单位：天）

	海口			三亚		
	优	良	轻度污染	优	良	轻度污染
2012（API）	315	51	0	366	0	0
2013*	235	105	0	321	42	1
2014（AQI）	280	78	7	308	52	4

说明：* 2013年海口市指标为AQI，三亚市指标为API。

数据来源：根据全国PM2.5查询与空气质量指数监测数据整理得出。

另外，从两市13个月（2014年1月—2015年1月）月度空气质量指标数据来看，主要的污染天气集中在10月到次年2月，93%的空气质量非优天都集中在这一阶段。从污染物来源看，外来大气污染物输送、机动车尾气、建筑工地施工和道路扬尘、城市油烟、土法烤槟榔及垃圾秸秆露天焚烧等局部污染源排放均对海南省空气质量造成一定影响。

二　海洋及海滩生态环境有所恶化

（一）近海岸一类海水比例逐年下降值得关注

2014年全省近岸海域水质总体为优，近岸海域一、二类海水占94.6%，比2013年提高2个百分点，也是近6年来比例最高的，这说明对三、四类海水污染治理取得了一定的成效。97.1%的功能区水质达到水环境功能区管理目标要求，比2013年提高了3个百分点。目前，三、四类海水主要出现在三亚港、三亚河入海口和海口秀英港附近海域，主要受城市生活污水和港口废水影响，主要污染指标为石油类、无机氮和化学需氧量。而陆源污染物排海仍是导致我省近岸海域环境污染和生态损害的主要原因。

虽然一、二类海水占比在逐年提高，表面来看海水的整体环境质量的确有所改善，但不容乐观的是，如果仔细查阅一、二类海水各自的比例变化，可以发现海南省近岸海域一类海水比例在逐年减少，而二类海水比例有逐年上升的趋势（见表6-2）。二类海水比例升高来源有二：一是由三、四类海水治理达标转变成二类，二是由一类海水环境恶化转为二类海水。而很明显一类海水比例下滑的幅度大于一、二类海水占比提高的幅度，说明二类海水比例上升主要来自于一类海水的海域面积减小。这种情况在2014年有所减缓，一类海水占比首次增加了1.6个百分点，二类海水增加了1个百分点，说明整体海水质量在缓慢恢复。

表6-2　　　2010—2014年海南省近岸海域一、二类海水比例　　　（单位：%）

	2010	2011	2012	2013	2014
近岸海域一、二类海水占比	88.9	88.9	91.1	92.7	94.6
近岸海域一类海水占比	80.9	88	78	73	74.6
近岸海域二类海水占比	8	2.9	13.1	19	20

资料来源：根据历年海南省海洋环境状况公报整理。

（二）珊瑚礁生态系统处于亚健康状态

2009—2013年海南东海岸珊瑚覆盖度总体下降，西沙群岛海域的珊瑚覆盖度在近三年从较低水平呈现缓慢提升的趋势（见表6-3）。如果与2005—2007年的状态比较，则下降的幅度更大[1]。2006—2013年生态监控海域珊瑚补充量变化呈起伏状态，2010—2013年东部近岸与西沙群岛均保持在较低水平，但有逐年小幅回升的趋势。但尽管如此，珊瑚的补充速度仍比消失速度慢，从而导致绝对值减少。一般来说，导致珊瑚礁退化的主要原因是温室效应、人为破坏、敌害生物数量增加和珊瑚礁病害。我省珊瑚礁退化除了考虑温室效应和敌害生物的原因外，与近海污染也有一定关系。

---

[1] 2005—2007年，东海岸珊瑚覆盖度最高水平为44%（2007年），西沙群岛海域珊瑚覆盖度最高水平为68%（2006年）。

表6-3 近五年海南省海域珊瑚礁状况

		活造礁石珊瑚覆盖度（%）	活造礁石珊瑚补充量（个/m²）
2009	东部近岸海域	31	1.05
	西沙群岛海域	7.5	0.07
2010	东部近岸海域	21	0.25
	西沙群岛海域	10	0.07
2011	东部近岸海域	23	0.3
	西沙群岛海域	2	0.09
2012	东部近岸海域	17.9	0.41
	西沙群岛海域	2.4	0.15
2013	东部近岸海域	15.8	0.55
	西沙群岛海域	5.4	0.4

资料来源：根据历年海南省海洋环境状况公报整理。

案例：城门失火，殃及池鱼——捕捞砗磲导致珊瑚礁被大面积破坏

开发砗磲工艺品导致的砗磲大范围被捕捞。据统计，海南潭门镇销售砗磲的贝壳工艺店铺有200多间，从业人员2000多人，每年产值已达两三亿元。2012年，琼海市政协专门赴潭门镇考察砗磲贝产业发展情况，提出其"市场发展潜力巨大"，应当"进一步做大做强"。当年11月在海口举行的"中国国际时尚博览会"还将"黄岩岛砗磲玉"评为海南十大旅游商品。

有业内人士表示，一个1米左右的砗磲大贝壳的价格，已经从前几年的2000到3000元上升到现在的7、8万元。销售价格也如此，在今年2月琼海潭门的一场拍卖会上，首次亮相的砗磲工艺品拍出了70万元高价。

然而，被寄予致富厚望的砗磲却是非常需要保护的物种。1983年国际上将砗磲贝列为世界稀有海洋生物予以保护，近年由于大量捕捞，天然的砗磲贝资源枯竭，因此华盛顿公约（CITES）规定天然砗磲贝禁止出口。在我国的《国家重点保护水生野生动物名录》中，库氏砗磲属国家一级保护水生野生动物。被称为是海底"平安卫士"的活体珊瑚礁也是珍稀的海洋保护资源，对保持海洋生态平衡有重要作用，私采偷运活体珊瑚属于违法行为。

虽然随着砗磲贝售价越来越高，有的地方已开始利用鲍鱼养殖场所进行砗磲人工养殖，但如何区分天然与养殖的砗磲贝，技术上存在相当大的困难。此外，由于库氏砗磲生长缓慢，所以大的库氏砗磲贝一般是从远海捕捞后宰杀而得，砗磲的保护亟待加强。

同样，记者在潭门调查也发现，砗磲的保护与生产还存有灰色地带。尽管库氏砗磲属于国家一级保护动物，当地渔民对外比较一致的说法是，捕捞砗磲时，砗磲已不是活体了，已经死掉了，是他们从海里"捡"回来的。对于砗磲是捕捞还是捡到很难定论，这也俨然加剧了砗磲保护的难度。有业内人士表示，砗磲活体属于国家一级保护动物。由于被捕捉的砗磲在运回到岸上前，已经被宰杀，只剩下贝壳，这给砗磲保护带来难度。一些人员也正是利用这一点，大肆捕杀大砗磲。

而为了捡到大型砗磲，捕捞者又打起珊瑚礁的主意。成千上万年来，死亡砗磲的壳堆积在珊瑚礁里，一些非法捕捞者就用螺旋桨吹开礁盘的珊瑚砂，甚至用炸药炸开珊瑚礁，开采砗磲贝壳，大量的珊瑚礁被破坏，只剩下断肢残骸，甚至连军队驻守的礁盘也被挖得惨不忍睹。从生物多样性角度来看，砗磲贝的族群数量，可以作为珊瑚礁总体检的指标性生物，因此海南省要保护海洋生物的多样性，不但应该对野生砗磲实施严格保护，并需要研究利用人工方式，如何进行砗磲保育和复育工作。

——摘自《南海贝壳之王还能捕捞几年？》，《广州日报》2012年12月6日

(三) 沙滩泥化现象治理收效甚微

一个值得关注的问题是，多年来海南的沙滩泥化现象仍未得到解决。其中，三亚湾沙滩泥化问题最早在2004年左右就已经提出来，一直在积极治理，推进城市污水配套管网及三亚湾雨污分流改造工程，以使陆源污染物得到有效的控制。相关部门曾出台多项相关政策和措施尝试解决泥化问题。在2010年和2014年三亚市相关部门曾两次人工补沙，但这并不是长久之计，补沙一段时间过后仍会缺沙。

沙滩泥化的主要原因有三：海水侵蚀、过量排污和容纳人数远超出沙

滩合理容量。三亚湾是紧邻市区的一个海湾,在台风多发季节,三亚湾要承受海水巨大的冲击力,面临巨大挑战,导致有些岸段遭到严重侵蚀,甚至被破坏。同时,整个三亚湾面积约 80 万平方米,按照人均绿地面积 60 平方米符合规定的要求,三亚湾可容纳的市民和游客为 13350 人。然而,随着游客量与日俱增,三亚湾均超出合理人数两三倍。此外,城市污水排放造成对三亚湾的污染、恶化并改变了沙滩的物质结构,超过了沙滩在波浪、海流作用下的自然净化能力。这些都是造成三亚湾海水变脏变黑的重要原因。每次台风过后,三亚湾岸上堆满了塑料袋、瓶子等各种生活垃圾。

(四)海岸线不断被侵蚀

随着海岸线的过度开发和利用,旅游度假酒店和高档小区在海边大规模兴建,破坏原有的沿海防护林,这些海防林被称为"第一道绿色天然屏障",其屡遭破坏导致海岸线遭侵蚀现象日趋严重,多处海岸线出现了大面积后退,部分海岸段以每年被侵蚀近 10 米的速度向后退缩,对海南生态环境带来了非常严重的影响。

侵蚀的海岸线又反过来导致许多沿海建设的酒店设施离大海越来越近,海南一些星级酒店刚修建时挡水墙离潮位线还较远,如今海水已紧逼墙下。一些酒店设施距离大海不足 15 米,位于海口西海岸的贵族游艇会临海一侧距离最高潮位线仅 10 米远,以前许多宽阔的沙滩如今仅剩不到两三米。这样就形成了一个海岸线过度开发导致生态破坏,海岸线侵蚀又破坏沿海建筑相互作用的恶性循环。

三 生活污水与农业面源污染是主要水污染源

根据 2014 年海南省环境状况公报统计,2014 年海南全省废水排放总量为 39351 万吨,比上年增加 8.8%,其中工业源、生活源、集中式治理设施废水排放量分别为 7955.8 万吨、31360.8 万吨、34.4 万吨,所占比例分别为 20.2%、79.7%、0.1%。城市(镇)污水处理率为 78%。废水污染物化学需氧量排放量为 19.6 万吨,比上年增加 1.2%,其中,工业源、农业源、生活源、集中式治理设施化学需氧量排放量分别为 1.1 万吨、10.0 万吨、8.4 万吨、0.1 万吨;氨氮排放量为 2.3 万吨,比上年增加 1.3%,其中,工业源、农业源、生活源氨氮排放量分别为 0.1 万吨、0.9 万吨、1.3 万吨。由此可见,生活污水和农业源污染是废水排放的主要来源。生活污水的直接排放对城镇内河水质造成污染，而农业源污染则是畜禽养殖和化肥流失对水体影响最大。

污染水体的直接排放降低河流水质，进而使近陆海域水质受到影响。海口和三亚在这一点上表现更为明显。2014年，从近海水质分布情况看，海南省三、四类海水主要出现在三亚港、三亚河入海口和海口秀英港附近海域，其主要原因就是受城市生活污水和港口废水影响，主要污染指标为石油类、无机氮和活性磷酸盐。

而再来看全省城市河段流经14个县城以上城镇的13条河流15个监测河段中，Ⅱ类水质河段占59.8%，Ⅲ类标准的河段占33.3%，Ⅳ类标准的河段占5.8%，Ⅴ类标准的河段占1.1%。与2013年相比，Ⅳ、Ⅴ类标准的河段占比下降很快，污染治理取得较好成效。劣于Ⅲ类水质的河段主要分布在部分中小河流、南渡江个别支流的局部河段，主要受农业及农村面源废水、城市（镇）生活污水影响，主要污染指标为高锰酸盐指数、化学需氧量和氨氮。

因此，一方面，城市河流污染治理应该成为环境保护工作的重要项目，这将不仅有利于周边海域生态环境的恢复，也有利于美化城市，让河流成为美丽的城市景观，而不是人人避之的臭水沟。另一方面，有效治理农业源对水体污染也十分迫切。要积极推进农业垃圾和生活污水，以及畜禽养殖污染治理，实现养殖粪便综合利用，减少污染物排放，合理使用化肥和农药，大力推广配方施肥技术，有效减少化肥流失，降低环境影响。

四 产业发展带来的环境压力不容忽视

（一）工业污染废气排放量增长较快

海南省走的是重点发展第三产业的经济发展路径。2014年三次产业增加值占地区生产总值的比重分别为23.1∶25.0∶51.9。与上一年的24.0∶27.7∶48.3相比，第一、二产业所占比重分别下降0.9和2.7个百分点，第三产业提高3.6个百分点。虽然第二产业在结构比重上有所下降，但产值还是绝对增长的，2014年海南省第二产业增加值874.4亿元，增长11.0%，仍属于高速增长状态。在这种发展态势下，我们来看一下近5年海南省工业主要污染排放指标（见表6-4）特征，也就不难观察到下一阶段海南省工业污染需要重点治理的方向。

表6-4　　2010—2014年海南全省工业主要污染物排放表

主要指标		2010年	2011年	2012年	2013年	2014
废气	全省工业废气排放量（亿立方米）	1359.69	1692.49	3246.4	4720.99	2638.2
	工业二氧化硫（吨）	28166.78	31052.86	33000	31000	33000
	工业烟尘（吨）	6520.12	10522.88	15000	14000	23000
	工业粉尘（吨）	6519.61	6519.61			
废水	废水排放（万吨）	5782.2	6665.64	7141.7	6794.5	7955.8
	集中式治理设施化学需氧量排放量（万吨）	0.923	1.22	1.2	1.2	1.1
	氨氮排放量（万吨）	—	0.09	0.1	0.1	0.1
废物	一般工业固体废物产生量（万吨）	212.14	393.17	359.50	413.8	515.4
	综合利用量（万吨）	178.39	204.44	242.50	270.2	273.9
	综合利用率	84%	51.9%	67.3%	65.3%	53.1%
	丢弃量（万吨）	—		0.05	0.003	0

资料来源：2010—2014年海南省环境状况公报。

1. 废气排放需重点关注烟粉尘排放问题

从2011年起，近三年海南省工业废气排放量逐年以较大幅度递增，2012年比2011年增长91.8%，2013年比2012年增长45%。而2014年全省工业废气排放总量为2638.2亿立方米，比上年减少44.1%，基本回到2012年前的状态。但是，这种变化虽然总体上并没有影响海南省空气质量的年度优良率，可能由于二氧化硫及烟粉尘排放仍在增长所导致的。尤其是烟粉尘排放增长速度很快，比上一年增长64%，非常值得关注。工业废气及其他指标的此消彼长。说明海南省的大气污染正渐渐进入临界状态，而工业对大气的污染是一个重要因素，如不实施有效措施进行控制，将会导致空气质量的进一步恶化。

2. 废水和废物排放基本持平

工业废水排放从总量上看，近五年没有较大起伏，基本保持在2010年的水平附近。而废物排放有逐年升高的趋势，而且增速加快（可能受台风影响所致），2014年比2013年废物排放量增长24.3%。而从综合利用率来看，近三年的比重明显低于2010年。这意味着，废物排放绝对值大幅上升的同时，废料回收利用处理水平虽然有所增长但跟不上废物排放速度，这必然会导致更多的废料得不到合理利用，说明下一阶段仍须加强工业废料综合利用能力。

3. 工业发展导致本地生物多样性遭到破坏

海南省城市化与工业化步伐的加快，导致部分区域的环境质量有所下降，由此带来的后果之一，是一些物种不适应生境的变化，种群数量日益减少。尤其是湿地遭到污染，对各类型水生动植物的影响很大，成为海南省生物多样性丧失的主要原因。

根据相关调查资料显示，海南省目前记录到的野生及栽培的维管植物共计5860种，其中海南特有植物有476种。而与这些多样化物种数据相对应的是一个个濒危物种数字：仅以植物物种为例，受威胁植物共有432种，其中极危植物56种、濒危植物114种、易危植物192种、近危植物70种。受人为因素和生物生存环境遭受破坏的双重影响，在过去50多年里，海南省共有200多个物种濒临灭绝，少数物种已经绝迹。

(二) 旅游交通与住宿环节碳排放较高

旅游产业通过旅游业开发及从业者、游客和当地居民的行为活动对生态环境造成直接或间接的影响。不同的影响主体对环境造成的影响有着不同的类型和特点。一方面，旅游开发过程通过对旅游区的置景和设施建设改变原区域的土地利用类型，将自然景观改变为人工景观，在一定程度上会影响当地的生态平衡和生物多样性；另一方面，旅游业不可避免地需要利用能源，游客的旅游过程中也会消耗能源产生 CO_2 等温室气体排放，进而对环境造成影响。

国际旅游岛战略的实施，进一步强化了旅游业在海南经济发展的支柱地位。旅游业对全省的经济贡献较大，也是第三产业中重点发展的龙头产业。

一般来说，随着旅游产业规模的不断扩大，其能耗与排放无论是存量还是增量都会呈明显的增势。因此，海南省旅游业能源消耗及 CO_2 排放对海南省作为生态省，以及绿色崛起战略十分重要。

表6-5　　　　　　海南省旅游业能耗与二氧化碳排放测算

	旅游交通	住宿	旅游活动	旅游业合计
能源消耗（PJ）	8.96	5.40	0.41	14.77
二氧化碳排放（万吨）	65.70	85.50	2.21	153.41

资料来源：摘自何彪、马勇等《海南省旅游业碳排放的测算分析》，《旅游研究》2014年第3期。

由于对旅游产业碳排放目前测算缺乏官方统计，只能根据学者在相关领域的学术测算得出估计结果。海南大学旅游学院何彪等（2014）对海南省旅游业的能源消耗和二氧化碳排放进行了初步测算，得出2012年海南省旅游业能源消耗总量为14.77PJ（折算成标准煤50.4万吨），二氧化碳排放量为153.41万吨（见表6-5）。根据《海南统计年鉴（2013）》，2012年海南省能源消耗总量为1687.98万吨标准煤。因此，根据测算，2012年海南省旅游业能源消耗量占海南省能源消耗总量的比例约为2.98%。

从测算结果中不难得出以下结论：旅游业碳排放与其产值相比，属于低碳产业，可以成为海南省低碳经济发展支柱产业；从能源消费构成结构看，旅游交通和住宿是海南省旅游业能源消耗和二氧化碳排放的主要领域，而旅游活动本身产生碳排放较少，因此交通与住宿也是未来节能减排的主要方向。而值得关注的是，住宿二氧化碳排放占比是比较高的，这与海南省住宿电力使用较多，而电力又以火力发电为主有关。这也从侧面说明海南省需要大力发展清洁能源，降低火电比重，对减少碳排放也会起到十分积极的作用。

虽然相对于住和行而言，旅游活动本身属于低碳排放环节，但需要关注的是旅游景区游客垃圾收集和处理问题，海南游客接待总量从2009年的2250.33万人次快速增加到2014年的4789.1万人次，年均增长13.84%，2014年旅游业增加值完成258.1亿元，比上一年度增长9.1%。一些著名景点接待游客量不断增加的同时，也为景区管理工作带来挑战。

一般来说，旅客数量的激增给自然景区带来的生态负外部性主要体现在以下两个方面。一是践踏影响，游客对自然生态景区非道路区域进行踩踏，频率过多导致地表植被遭到破坏，地面硬化植被难以恢复。二是垃圾丢弃及处理方式，虽然海南各景区都设置了许多垃圾箱供游人使用，但游客过多难免有随手乱扔垃圾的情况发生。在游客数量较多的山区景点和海滩景点，都存在着垃圾随处可见的现象。在2013年和2014年各大节日期间，一晚上丢弃的垃圾铺满整个海滩的现象频频发生。一些食品包装塑料制品难以在野外分解，会一直存在影响环境美观，而一些废电池等有害垃圾丢弃在自然环境里发生泄露，更会对周边生态环境造成难以恢复的破坏。需要加强对游客旅游生态文明意识的宣传，在景区的垃圾不要随手丢弃，而要打包带走放在指定回收点，减小景区的环境压力。

五 海南城镇化对生态承载力的影响

海南省城镇化速度加快，城镇人口比重不断提升。2014年全省城镇人口比重为53.76%。其中主要城市的城镇化比例更高，海口市为76.1%（2013年），三亚市达到70.97%（2014年）。根据发达国家的城镇化经验，城镇化率在30%—70%是加速城镇化的时期，而海南省正处于这个阶段。城镇加速扩张，城市人口聚集，是对城市及城市周边区域生态承载力的严峻考验，也对区域资源环境造成了巨大压力。资源环境保障能力建设与城镇化发展不协调的矛盾愈演愈烈，主要体现在以下几个方面。

（一）城镇化快速发展造成资源能源的过度使用和浪费

我国城镇发展的主要载体是城市，经济增长方式依靠大量的资源消耗。据测算，中国城镇化每上升一个百分点，增加能源消耗4940万吨标煤，增加城镇居民生活用水量约11.6亿立方米，增加钢材消耗645万吨，水泥2190万吨，增加城镇生活污水排放量11亿吨，生活CO_2排放量3万吨，生活氨氮排放量1万吨，生活氮氧化物排放量19.5万吨，生活CO_2排放量2525万吨，生活垃圾产生量527万吨。

海南的城镇化发展也不例外，虽然近年来一直努力进行节能减排，降低单位能耗，但资源消费总体水平仍在上升。汽车数量增长对能源消费需求巨大，居民生活对水资源、生活用电需求也在不断增长（见表6-6）。除了和全国其他地区同样的城市建设与居民消费等因素外，海南省还有自己的城镇人口特点——新移民和季节性移民，也可以对资源消耗增长进行解释。以海口市为例，2005—2015年10年间户籍人口只增长了18万人左右，但常住非户籍人口增长较快，2015年海口市常住人口为220万人，其中非户籍人口比重约为25%。三亚市也存在同样现象，2014年三亚市户籍人口只有58万人，常住人口达74万人，非户籍人口比重为21%。有意思的是，海南省季节性人口变化特点也比较突出，秋冬季节往往是海南省外来人口较多的时期，这在给当地带来商业繁荣的同时，也会带来交通和能源消费上的压力。比如，在刚刚过去2014年冬季，适逢海南西线高铁工程施工，海口市用电出现紧张，出现分区限电的问题，就说明电量供应仍存在缺口。而能源和资源的使用量和需求量增长必然会对城镇地区环境造成压力。

表 6-6 近年海口市城市用水、电量表

年份	用水总量（亿吨）	生活用水量（亿吨）	用电总量（亿千瓦小时）	生活用电量（亿千瓦小时）
2009	1.62	0.8	35.17	—
2010	1.77	0.81	—	—
2011	1.68	0.92	39.53	6.93
2012	1.91	0.92	52.67	8.34
2013	—	—	—	—
2014	2.12	1.01	60.34	10.83

资料来源：根据历年海口市国民经济和社会发展统计公报整理。

（二）汽车急增给城市交通和空气污染造成较大压力

城镇化带来居民生活质量和水平的提高，体现在消费需求上就是汽车数量的快速增长。以海口市为例，其机动车保有量从 2006 年的 20.8 万辆增加到 2014 年 11 月的 54.5 万辆，年均增长约 4.5 万辆，汽车数量从 10 万辆增加到 46.1 万量，增长 4.5 倍（表 6-7）。按照常住人口来算，平均约 5 人即拥有汽车一辆。仅从汽车保有量而言，海口已远远超过全国平均水平。按照国际通行的汽车社会最低门槛——每百户家庭 20 辆车的标准，海口已进入"汽车社会"。

表 6-7 海口市近 10 年汽车数量呈跳跃式增长

年份	机动车数量（万辆）	汽车数量（万辆）
2006	24.8	10
2009	31	18.5
2014	54.5	46.1

但是，城市交通建设并没有同时跟上汽车数量的快速增长。自 2009 年开始，海口市交通压力巨大，每天的高峰时期和节假日期间拥堵十分严重。虽然海口市近年来不断新建规划城市道路，但仍不能很好地解决汽车增长带来的道路拥堵问题。

汽车数量增长数倍带来的另一个问题就是地区环境压力。虽然绝大多数小汽车尾气排放均达到国Ⅲ标准，但仍然有黄标车、渣土车、泥头车等高排放机动车在市内运营。虽然政府对黄标车进行逐年回收停运，对渣土车有时进行限行等措施，但还有部分无牌泥头车无法监管。2013 年海南省烟粉尘排放量为1.79万吨，比2012年上升7.9%，其中，工业源、城镇生活源、机动车烟粉尘排放量分别为1.40、0.04、0.35万吨，机动车烟粉尘排放量占总量的20%，主要就由这类车辆产生的。因此，这些车辆对地区大气污染和环境污染有着重要影响，需要引起持续关注。

第三节 海南省生态问题影响因素研究

一 空气环境质量影响因素分析

如前所述，海南空气质量近年来有轻微下降，污染幅度略有上升。对此现象我们应给予关注，分析其原因，及时采取措施，防微杜渐，在达到轻微污染的阀值前，将空气质量保持并逐渐提升，保护好国际旅游岛最宝贵的环境条件。影响海南空气环境质量的因素主要有以下几个方面。

（一）工业发展中的大气污染问题

根据2014年海南省环境公报统计，全省工业废气排放总量为2638.2亿立方米，比上年减少44.1%。全省二氧化硫排放量为3.3万吨，比上年增加0.5%，其中工业源、城镇生活源二氧化硫排放量分别为3.2万吨、0.1万吨；氮氧化物排放量为9.5万吨，比上年减少4.9%，其中，工业源、机动车氮氧化物排放量分别为6.5万吨、3.0万吨；烟粉尘排放量为2.3万吨，比上年增加27.8%，其中，工业源、城镇生活源、机动车烟粉尘排放量分别为1.9万吨、0.1万吨、0.3万吨。

以上数据反映出2014年海南省工业废气排放总量虽然大幅减少了，但烟粉尘排放量却大幅提高了。而工业源仍是烟粉尘排放的主要来源。因此，要保持和提高海南大气质量，最为重要的工作应体现在两个方面，一是继续保持工业废气的下降水平，二是要重点关注烟粉尘排放问题。

（二）城镇化快速推进加大空气环境生态压力

一方面，城镇化的快速发展也对海南大气环境产生一定生态压力，外来人口的增长、居民生活水平的提高使得近10年海南城市机动车数量增长迅速，已基本达到城市饱和状态。城市加速建设导致工地数量增长，工程数目众多会导致扬尘现象。同时，工程伴随着大型货车的频繁运输也会对大气质量产生较大影响。而海南的旅游资源吸引观光人群数量呈明显的季节性波动，旅游者吃住行及旅游活动也会对空气环境产生不小的负外部性。

另一方面，城镇化的推进还会导致用电量增长较快，这是由于居民生活用电和工程建设增多共同导致的。虽然海南省近年来加快可再生能源及新能源电力建设，但从发电总量来看，所有可再生能源发电只占全部电量的20%以下（以2013年数据统计），火力发电仍占主导位置，也成为大气污染源头之一。

（三）大气季节性逆温现象及区域间污染转移

在前面的海南空气质量环境描述中，我们发现海南空气环境质量高低具有明显的季节性特点，即绝大多数质量为良和轻污染天气存在于冬季，夏季空气质量则相对较好。这种现象一方面是由于"逆温"[①]现象导致的，另一方面也与冬季冷空气经常南下导致区域间污染转移有一定关系。

海南在第一和第四季度的时候，容易出现"逆温"现象，城市上空就像被一层厚厚的被子罩着，上下层空气减少了流动，导致近地面层产生的各种大气污染物"无路可走"，而海南由于前述各种原因，近年空气污染呈加剧趋势，污染物越积越多，又飘散不到其他区域，从而导致空气污染势必加重，甚至形成雾霾。

在海南的居民会明显感觉到，海南在第四季度的时候，空气干燥、降雨少，建筑、道路、施工等各种扬尘增多，加之气团会把内陆的污染物带过来，不利的气象条件又使污染进一步加重，空气质量也会受到一定影响。

二 海洋及海滩生态环境影响因素分析

（一）城市内河污染影响近海海域水质

2014年，海南省近岸海域水质总体为优，近岸海域一、二类海水占94.0%，三、四类海水主要出现在三亚港、三亚河入海口和海口秀英港附近海域。陆源污染物排海仍是导致近岸海域环境污染和生态损害的主要原因，说明城市污水入海问题一直没有得到妥善的解决。这引发出另一个问题，即城市污水处理还存在着很大治理空间。以海口市为例，由于排污管

[①] 一般情况下，大气温度随着高度增加而下降，即是说在数千米以下，总是低层大气温度高，高层大气温度低，显得"头重脚轻"。这种大气层结容易发生上下翻滚，即"对流"运动，可将近地面层的污染物向高空乃至远方疏散，从而使城市空气污染程度减轻。对人体健康影响不大。可是在某些天气条件下，地面上空的大气结构会出现气温随高度增加而升高的反常现象，"头轻脚重"从而导致大气层结稳定，气象学家称之为"逆温"。

网的建设滞后于城市发展,海口内河污染10年以来仍未解决。直至今日,海口市内河仍然污染严重,雨污合流的老式排水系统导致生活污水和雨水都从一个管网直排入市内沟渠。在汛期时,当流量超过了水处理设施的处理能力,部分溢流废水就被排放到天然水体,由此造成污染。由于合流溢流含有未经处理的生活污水,商业污水和工业污水及雨水径流,各种污染物,如病原体,耗氧污染物,有毒物质的浓度较大,对受纳水体造成严重污染。沟渠再直流入海,必然会导致附近海水污染问题。随着海口城区面积的扩大、人口密度的增加、工业居民生活用水以及排水量也在不断加大,这些都对排水管网设施系统的承载能力提出了更高的要求。然而,海口的排污管网建设明显滞后,改造工作力度不高,监管又相对松懈,采取的一些方法治标不治本,如龙昆沟对海水的污染问题仅仅是建造了截流闸来控制污水排放量,导致该问题长期存在。

(二)近岸生态环境破坏严重导致沙滩泥化与侵蚀

十几年来,三亚湾沙滩泥化现象一直受到关注。从2004年开始,由于海岸侵蚀加剧、近海海域水质受到影响等原因,三亚湾出现沙滩严重泥化、沙滩含泥量增加、沙滩变黑、近岸土地大量流失等问题。为了解决该问题,三亚市在2008年和2011年两次对三亚湾进行较大规模改造,但人工补沙的办法并不能解决沙滩泥化问题,沙滩仍进一步被侵蚀破坏。而20世纪90年代以前,三亚湾并不存在沙滩被侵蚀和泥化问题。究其原因,与三亚湾的经济开发,大量建筑和人工布景建设以及容纳过多旅游者导致原始海滩植被遭到破坏,生物多样性减少有对应关系。近期,三亚市再次组织专家对三亚湾原生植被保护及生态恢复进行研究。经过科学研究论证,三亚决定投入4209万元,分步骤、分片、分块,通过5次种植对三亚湾进行原生植被群落的生态恢复。三亚市将在三亚湾滨海绿地和三亚湾海湾沙坝上种植刺桐等原生植被,采用封闭的方式进行养护管理,构建完整的植被群落体系。希望通过该种方式能够缓解沙滩侵蚀,恢复海滩原貌。

三 村镇生态保护政策实施存在缺陷

海南在推进城乡一体化发展过程中,需要把全岛作为一个整体进行统一规划。因此,在加快建设区域性中心城市的同时,还应促进区域合作协调发展,既不能忽视周边村镇环境来保证中心城市建设,也不应该只强调整体景观而忽视生态保护细节。根据笔者在海南部分小城镇和城市周边小镇观察，发现目前在村镇（包括城市郊区）存在的环境问题体现在以下两个方面：

第一，垃圾处理方式比较随意，虽然垃圾箱在主要镇街道都有放置，起到了垃圾有序存放作用，道路也比较整洁，但露天焚烧垃圾的现象十分普遍，无论在城郊工业区还是居民区都可见到。焚烧的垃圾既包括工业材料也包括树枝树叶和生活垃圾，产生大量浓烟和有毒有害气体，并没有引起重视和治理。而焚烧垃圾人员不仅是当地居民也包括道路清洁人员，很显然这已经成为垃圾处理常态方式，足以说明生态保护政策没有得到很好宣传与落实。

第二，风情小镇建设雷同与空置现象突出。许多村镇都提出了风情小镇的设想和建设规划，而在小镇本地也会看到相关的宣传和主题建筑物。但笔者发现部分小镇并没有实现"风情"特色，建设了相关的建筑也并没有得到很好利用，而是长期空置。盲目上马大量建筑工程本身就会对村镇生态环境造成不良影响，建筑建成后又没有实现招商目标而空置，更是与当地居民生活改善脱节甚远。因此，风情小镇的理念需要进一步深化理解，真正理解"风情"的意义在于山水之间，在于人与自然和谐之间。在生态特色之上建立的"风情"才真正能够吸引旅客，造福于村镇居民。

四 民众与企业的生态意识较薄弱

（一）垃圾分类推广有难度

海南省目前已建成4座垃圾焚烧发电厂，分别坐落在海口、三亚、琼海和文昌，其中规模最大的是海口垃圾焚烧发电厂，年处理垃圾达40万吨—54万吨。垃圾焚烧是垃圾无害化处理的主要手段之一，也是解决垃圾围城问题的办法。目前，很多国家都以垃圾焚烧作为垃圾处理的主要方式，但并不是所有的垃圾都能够燃烧，比如说厨余垃圾。一般来说，厨余垃圾占家庭垃圾比重的50%—75%。因此，要进行垃圾无害化处理的首要条件是真正推行垃圾分类。

真正推行垃圾分类是十分有难度的，因为这涉及城市中的每一个人的行动与配合。当前许多城市都在尝试各种推行垃圾分类的办法，海南省也应尽快做出努力。首先是制定分类体系，为了方便推广和操作分类，垃圾分类的体系必须简单易懂，可以先将垃圾只分为厨余垃圾和非厨余垃圾两大类，厨余垃圾可以用来做肥料等无害化处理，非厨余垃圾则可以送去垃圾焚烧发电厂。

其次是推广行动，可以借鉴其他国家地区的垃圾分类推广方式。仅仅摆放分类垃圾箱往往无人响应，应从儿童教育做起，并通过各种媒体渠道加大宣传力度，不仅提倡垃圾分类还需要详细讲解垃圾分类的方法，以及具体常见的垃圾分类。只有实现全民动员才能真正做好垃圾分类工作，从而实现无害化处理。

最后是要严格监督垃圾露天焚烧的行为。市区内这种情况较少见，但城市周边这种现象十分普遍，无论露天焚烧点在哪里，数量众多都会影响到空气质量，对周边环境也会产生较大危害。

（二）低碳意识水平存在局限性

公民生态意识是公民从人与生态环境整体优化的角度来理解社会存在与发展的基本观念，是尊重自然的伦理意识，是人与自然共存共生的价值意识。客观上讲，目前由于受生态省、旅游岛发展理念的影响，海南省公民的生态意识水平是比较积极的。大家都十分珍惜自己居住地区的优美环境和空气质量，有较强生态忧患意识。但具体到每一个人时，又体现出生态责任意识欠缺的问题。一些公民将生态环境的保护视为政府的事而与己无关，在指责他人污染环境和政府不作为的同时，自己也没有要参与保护环境的自觉性（比如垃圾分类）。同时，大众的生态消费意识尚不成熟。相互攀比消费的风气使人们消费过度，也导致资源消耗加剧、生态环境破坏。

因此，需要大力培养公民的生态消费意识。生态化的生活方式是公民生态意识养成的实践教育过程。一方面要宣传资源节约意识，杜绝野蛮开发、滥用和浪费自然资源；另一方面要使每一个人都树立"从我做起"的环保意识，使现实需求与自然环境的承受力保持在均衡的状态。

第四节　生态文明发展重点方向建议

当前海南省在建设国际旅游岛过程中十分重视生态环境的保护，对新出现的生态问题，如沙滩泥化、空气质量下降等现象都给予高度关注，并及时出台相关政策与措施着手解决和恢复。未来海南产业结构也会向低能耗低污染的高新产业、第三产业进行升级转型。为了能够有效实现上述目标，提出以下建议。

一 进一步优化产业结构，留住高素质人才

自20世纪90年代至今，海南一直十分重视产业升级与转型，先后成立了多个高新技术开发区以期培育高新技术产业，实现产业跳跃式升级，从而达到提高经济实力的同时保护自然生态环境。

2009年投资建设的海南生态软件园是海南产业发展的新亮点。自2011年以来，入园企业数达到362家，中科院云计算中心、印度NIIT、中软、长城信息、久其软件、展创光电等知名企业落户园区。入驻工作人员超4000人，园区建设初具规模，2013年园区实现产值93.3亿元。2014年，国家工信部将海南生态软件园列入第五批国家新型工业化产业示范基地名单，生态软件园成为全省首家国家级工业化产业示范基地，成为国家培育软件研发、IT培训等高新技术产业领先地位和国际先进水平的重要产业基地。

高新技术产业不仅仅是环境友好型产业，同时也属于人才密集型产业，成功的关键在于人才数量与质量，而不在于企业数量。如果缺少相关技术人才，高新产业园区也只能是无源之水，难以充分发挥产业升级和拉动经济的带动作用。为此，海南省高新技术产业园区也出台了不少吸引人才的优惠政策，但从总体效果来看，高新技术人才仍然稀缺。比如海南软件园区虽然入驻企业数较多（362家），但工作人员仅有4000多人。与北京中关村软件园相比，其入驻IT企业有281家，仅软件工程师就达到3.52万人（2014年统计数据）。这说明海南软件园区在人才培育和招募规模上还有着不小的差距。

因此，要真正实现高新技术产业的快速发展，当务之急是如何吸引和留住人才。以IT产业为例，真正人才聚集地还是在大型IT企业云集的区域，如北京、上海、广州、深圳等，这些城市有很强的人才聚集效应，IT专业相关人才也会主动到上述城市寻找发展机会，而很少会考虑到海南寻求发展。故海南高新产业发展人才需要与知名大型高新技术或软件企业合作，通过优惠条件吸引大企业到海南开办分公司或合作项目，利用这些大企业调动高新技术人才来海南安家落户。例如2014年由海南生态软件园与腾讯共同携手打造的海南省首家以互联网游戏、动漫产业为主导方向的开放式创业平台"腾讯创业基地（海南）"正式启动，全国各地百余家企

业集体与海南生态软件园签约入驻园区及腾讯创业基地（海南），就是一个很好的尝试。通过知名企业的宣传与辐射效应，拉动技术人才快速入琼，当人才数量形成规模后，高新企业创造活力就会显现，逐渐产生行业竞争优势并体现聚集效应。

二 提高清洁能源比重，落实垃圾分类与回收流程

从前面分析而知，海南清洁能源比重还有很大提升空间，而且随着海南国际旅游岛建设的进行，用电量会逐年升高，近两年已经出现电荒的情况，对居民生活和工业生产都产生了一定影响。而如果提高火电发电量必然会影响空气质量水平，因此，要进一步加大清洁能源发电比重，提高相应投资。

城郊及村镇的垃圾处理流程需要加强监督与管理，也应是环境保护工作的关注点之一。目前海口、三亚等城市都建立了垃圾焚烧发电厂，市内已实现了垃圾的有序处理与回收。但在城郊和村镇，垃圾处理仍然比较随意。垃圾桶边直接露天焚烧的情况随处可见，工业开发区的垃圾焚烧不仅对周边空气造成污染，更会释放大量有毒有害物质，危害周边居民身体健康。建议对全海南省都应实现垃圾处理回收监控，垃圾统一回收无害焚烧发电规模仍须增加。

另外，需要落实垃圾分类回收的教育与推广工作。垃圾分类是当前发达国家许多城市的标准作法，体现了生态文明的推广程度。要加强对民众的生态文明教育，不仅宣传和提倡垃圾分类意识，更要细化强调垃圾分类方法与详细流程。要在小学教育中增加垃圾分类学习的生态主题教育，从小形成良好的垃圾分类意识并学习相关分类知识。逐渐在民众中将垃圾分类进行推广实践，不能总停留在口号阶段。

三 小镇定位"风情"，实现人文与生态和谐发展

2015年，海南省财政准备安排小城镇建设资金1.4个亿元，重点投向特色风情小镇建设，可见海南省对促进城镇化建设，打造"风情"小镇政策十分重视。但与以往投资不同的是，如今的小镇建设投资将逐渐改变过去"撒胡椒面"式的分散投入方式，每年集中资金扶持2—3个省级特色风情小镇，各市县也集中打造1—2个。

近3年来，省、市（县）两级财政累计投入特色风情小镇建设资金

20多亿元，累计投入美丽乡村建设资金15多亿元，吸引社会资金近100亿元。目前已初步建成了海口市云龙镇等21个特色风情小镇，基本建成保亭什进村等60多个美丽乡村，取得了较好的阶段性成果。

纷纷建立的风情小镇应有效定位"风情"特色，与本地的生态环境和特色农业产业相结合，强调人文与生态的和谐发展。在一定程度上实现了推进市政基础设施建设，推进市政基础设施建设的目标。但我们也要看到，近几年纷纷成立的"风情"小镇也存在着一些不足。特色景区的旅游人才比较缺乏，相关管理人员旅游素质和领域专业度不高，也缺乏人才培育和引进机制，影响了风情小镇未来发展持续性和增长性。

另外，海南省在旅游风情小镇的建设方面普遍存在着较为严重的建筑相似，布局不合理等共性问题，这将成为海南风情小镇未来快速发展的一个瓶颈问题。一方面，海南省在整个风情小镇的建设和规划上没有能够有效体现海南各市县的民俗文化以及民族特色，没有将海南的传统文化结合于风情小镇建设规划中。各市县建设风情小镇都比较侧重于打生态牌和休闲牌，缺乏地域人文情怀与生态和谐统一。另一方面，建筑类型大众化现象比较突出，小镇景区建筑相互效仿，缺少本地的个性与魅力。比如我们传统中部地区的黎族村寨富有民族特色的船型屋建筑，具有闽南建筑风格的民房以及近代出现的南洋风格的建筑等越来越少，建设的西式尖顶小楼则比较多。或者有些小镇巨资打造与本地文化关联不大的人文景观，引发不良评价。

因此，需要重点培育有特色的"风情"小镇，集中力量投资，加强监管，科学规划。而不应以风情小镇的名义盲目进行施工，上马建设大量建筑物，不仅会对区域生态造成破坏，也会因盲目建设导致建成后项目的空置闲置，没有实现相应的建筑功能。结果风情小镇不仅没有很好的体现区域"风情"，反而出现一些新建筑破坏原来的自然风景，既造成浪费也没有推动地方经济和旅游业发展。

四 治理城市内河污染，恢复海滩及近海域生态环境

海口与三亚市内河污染应着力进行治理，该问题存在十几年一直迟迟未决，而污染问题越发严重，不仅污染周边海域，也影响城市景观。需要克服困难完成老城区管网改造，实现雨水与生活污水分流，对生活污水进行净化处理后再入海，净化城市内河，恢复水质，减小对城市周边海域污

染压力。

恢复重点城市近岸海水水质，需要从治理城市内河污染为主，加强海口和三亚市管网建设，排除阻力改造老式下水管网体系，尽快实现雨水与生活污水分离排放，对生活污水进行收集统一净化处理后再排放入河进海。这样不仅可以恢复近海海水质量，也可以改善城市内河污染，美化城区。

同时，要应对沙滩泥化现象，一方面要控制海滩接待旅游者数量，另一方面要大力进行绿色旅游宣传，提高旅行者自身素质，保持海滩干净整洁，减少海滩旅游垃圾丢弃量，同时对于泥化严重的海岸段，需要进行休养生息式恢复，补充海滩原始植被，还原生态平衡。

五　强化生态环境保护法律法规的实施力度

十八大以来，包括林地、国土、自然保护区在内，共有9部立法为海南生态"保驾护航"。如省人大审议通过的《海南省饮用水水源保护条例》，从强化政府责任、健全生态补偿角度破解水源保护与社会发展之间的矛盾；表决通过的《海南省古树名木保护管理规定》，加大对砍伐和擅自移植古树名木违法行为的处罚力度；通过的《关于确定椰子树、黄花梨为"省树"，三角梅为"省花"的决定》，增强了人们的绿色生态意识。这一时期以来，省人大提前介入《海口市公园管理条例》的修改阶段的论证工作；修订了《海南省矿产资源管理条例》，有效遏制开矿破坏植被环境的现象。

但生态保护过程中仍存在许多现实问题需要有法可依，加强监管。比如毁林现象时有发生，中部山区农户为获取更多土地种植槟榔等经济林木，采取扒树皮的方式使天然林木慢慢死亡；海南红树林面积也由于养殖、餐饮等排污而导致红树林枯萎一度缩小。需要不断提升环境管理法治化水平，建立起完善的生态文明法治体系。

另一个问题是，大量中部地区农民并未从国家生态补偿资金中获得补助金，而生态转移支付资金真正投入用于生态保护的比例很低，加剧了生态保护与群众生产生活的矛盾。需要出台《海南省生态补偿条例》，落实和完善生态补偿机制，加大直接补偿的力度，简化补偿流程，把生态效益补偿真正落实到农民身上，才能提高农民保护林地的积极性和自觉性。

再者，部分地区盲目利用著名自然保护区开发房地产、酒店等旅游建设项目，注重短期利益，造成了环境、生态上的极大压力。2014年9月，《海南省自然保护区条例》在五届人大常委会第十次会议上表决通过，提出"对涉及生态保护区范围内的重大工程项目必须要征求公众意见，写进立法，才能遏制不良项目随意侵占破坏脆弱的环境"。因此，让法律专家参与到立法与远期规划制定过程中来，避免盲目建设，提高规划的科学性和可持续性，提高民众的法律意识，敢于利用法律法规维护自身的生态权益也是下一步生态法规工作的重点方向。

第七章

海南国际旅游岛基本公共服务均等化问题研究

加快推进海南基本公共服务均等化进程,建设基本公共服务均等化先行区,是海南国际旅游岛建设的目标之一,也是争创中国特色社会主义实践范例的应有之义,是"打造海南人民幸福家园",促进社会公平正义的重要载体。基于此,立足于海南省情,在对海南基本公共服务均等化建设现状准确把握基础上,提出有针对性的政策建议,对于海南国际旅游岛建设目标的实现、争创中国特色社会主义实践范例、促进社会公平正义具有十分重要的价值和意义。[①]

第一节 海南基本公共服务均等化建设主要成就

公共服务是政府基于公共利益的考量,为了促进公共目标的实现和公共价值的达成,通过动用公共权力或公共资源来提供各种所需的物品(有形物品和无形物品)的活动。[②] 在公共资源有限的情况下,需要综合考虑不同类型公共服务的性质、受益范围的大小以及迫切程度等来确定供给次序。[③] 而基本公共服务,指建立在一定社会共识基础上,由政府主导提供的,与经济社会发展水平和阶段相适应,旨在保障全体公民生存和发

[①] 本研究系国家社科基金项目"基本公共服务均等化视角下的城乡社会保障统筹发展研究"(项目编号:13CHS092)和海南省自然科学基金项目"海南省城镇居民养老保险制度财务可持续性研究:基于精算模型的分析"(项目编号:712138)的阶段性研究成果。本研究也是在荷兰蒂尔堡大访学期间的研究成果,感谢国家留学基金(编号:201407565001)的资助。

[②] 刘德浩:《社会保障公共服务体系构建:社会保障公共服务体系构建:基于服务型政府的分析视角》,中国经济出版社2012年版。

[③] 王海龙:《公共服务的分类框架:反思与重构》,《东南学术》2008年第6期。

展基本需求的公共服务。① 理论上，基本公共服务包括三个基本点：一是保障人类的基本生存权（或生存的基本需要），为了实现这个目标，需要政府及社会为每个人都提供基本就业保障、基本养老保障、基本生活保障等；二是满足基本尊严（或体面）和基本能力的需要，需要政府及社会为每个人都提供基本的教育和文化服务；三是满足基本健康的需要，需要政府及社会为每个人提供基本的健康保障。从上述标准判断，基础教育、公共卫生和基本医疗、基本社会保障、公共文化体育、公共基础设施等，是广大城乡居民最关心、最迫切的公共服务，是建立社会安全网、保障全体社会成员基本生存权和发展权必须提供的公共服务，成为现阶段我国基本公共服务的主要内容。

海南省高度重视基本公共服务均等化建设，在积极争创基本公共服务均等化先行实验区方面进行了卓有成效的探索和努力，均等化水平显著提升。

一 海南基础教育发展水平显著提高

基础教育在提高公民素质方面发挥着极为重要的基础性作用，较之于高等教育、职业教育而言，具有非常强的外溢性。世界各国高度重视基础教育建设，通过举办公立学校、政府购买基础教育等方式，为公民提供全面普及的基础教育产品和服务。为了推进基础教育均衡发展，海南省多措并举，取得了积极成就：

第一，将基础教育均衡发展纳入海南经济和社会发展总体规划，从根本上保证了基础教育事业发展与经济社会发展同步规划、同步实施、同步部署、同步发展。"十一五"期间，海南在全国率先实现城乡义务教育阶段"两免一补"，实现了义务教育阶段教师平均工资不低于当地公务员平均工资的目标，义务教育、高中和中职教师绩效工资全覆盖，实现农村中小学现代远程教育工程全覆盖。在"十二五"发展规划中又提出：进一步加大教育投入，全面提升海南的教育质量与水平。到 2015 年，教育支出占财政支出的比重达到中央核定的比例。并提出要"高质量推进九年义务教育均衡发展"。为此，海南省在 2013 年 2 月专门制定了《海南省人民政府关于深入推进义务教育均衡发展的实施意见》，提出了推进义务教育均衡发展的步骤和具体措施。

---

① 详见国务院于 2012 年月 11 日发布的《国务院关于印发国家基本公共服务体系"十二五"规划的通知》。

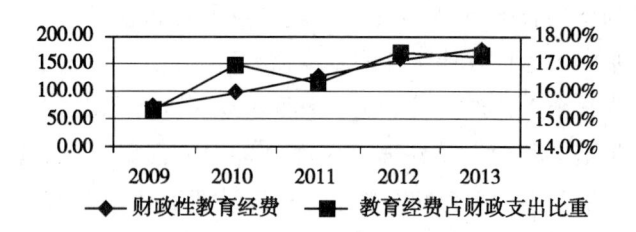

图 7-1 海南省财政性教育经费规模及其变动情况（2009—2013 年）

第二，不断加大财政性教育经费投入比重。为了优化办学条件，海南省不断提高小学、初中生均公用经费，从 2010 年的 400 元和 600 元，分别提高至 2011 年以来的 500 元和 700 元，2014 年，又将义务教育生均公用经费标准提高到小学每生每年 600 元，初中每生每年 800 元。总体而言，2009 年以来，海南省财政性教育经费投入翻了一番还要多，由 2009 年的 74.5 亿，增加到 2013 年的 174.57 亿元，增长了 134%，年均增长 33.58%；财政性教育经费占财政支出的比重由 2009 年的 15.33%，增加到 2013 年的 17.26%（图 7-1）。为了顺利实现《海南省人民政府关于深入推进义务教育均衡发展的实施意见》确定的目标，从 2014 年至 2018 年，海南将投入 88.34 亿元用于推进全省义务教育均衡发展。[1]

第三，优化师资队伍，确保基础教育均衡发展。实现基础教育均衡发展的最核心环节是教师队伍的均衡配置。为了统筹基础教育均衡发展，解决城乡之间、区域之间、校际之间师资队伍配置不均衡问题，2010 年 4 月，海南省政府专门印发了《关于加强农村中小学教师队伍建设的意见》，就教师队伍的资格准入制度、绩效考核等做了详细的规定，并出台了《关于进一步做好我省城镇教师赴农村、薄弱学校支教工作的通知》，着力提高落后地区和学校的教学质量和水平。海南省为保障教师待遇，从 2007 年起，在全国率先实施义务教育阶段教师绩效津贴，率先统一全省城乡教师工资标准；从 2009 年起，实施义务教育教师绩效工资并执行农村学校教师津贴；从 2013 年 9 月起，省教育厅承诺对少数民族和贫困市县教师办发放"艰苦边远地区学校教师生活补助"[2]。教师待遇水平的提

---

[1] 数据来源：《海南：将投入 88 亿元推进全省义务教育均衡发展》，中国教育新闻网，http://www.jyb.cn/basc/xw/201412/t20141226_608470.html。

[2] 资料来源：《共享同一片蓝天 海南推进义务教育均衡发展纪实》，南海网，http://www.hinews.cn/news/system/2013/11/06/016199352.shtml。

高，在一定程度上起到了稳定教师队伍的作用，海南省中小学生师比不断降低（图7-2），海南小学生师比由 2009 年的 15.93 下降到 2013 年的 14.47，低于全国平均水平；初中生师比虽然高于全国平均水平，但有大幅度降低，由 2009 年的 18.01 降低到 2013 年的 13.73，与全国平均水平的差距迅速缩小。

海南省基础教育均衡发展各项政策的出台、财政资金的有力支持和教师队伍的不断优化，实现了海南基础教育可及性水平的不断提升，学龄儿童净入学率和小学升学率维持在较高水平，初中升学率显著提高，由 2009 年的 73.17% 提高到 2013 年的 85.79%，提高了近 10 个百分点，更多的学生有机会进入高中学习（表7-1）。

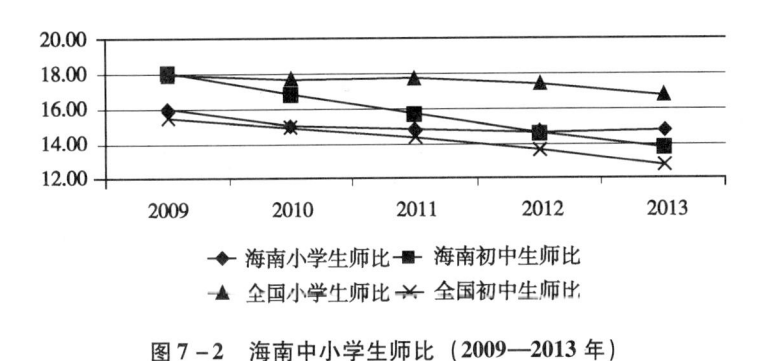

图7-2　海南中小学生师比（2009—2013 年）

表7-1　海南省各层次教育入学、升学率（2009—2013 年）　　（单位：%）

	学龄前儿童净入学率	小学升学率	初中升学率
2009	99.76	98.95	73.17
2010	98.76	96.60	75.80
2011	99.53	97.60	80.27
2012	99.69	97.98	85.60
2013	99.39	97.81	85.79

二　海南医疗卫生公共服务事业取得积极进展

医疗卫生体制改革是国际旅游岛建设的重要组成部分，而且二者是同步推进。2009 年 12 月发布的《国务院关于推进海南国际旅游岛建设发展的若干意见》中明确提出：完善城乡医疗卫生服务体系。健全农村三级卫生服务网络和城市社区卫生服务体系，推进建立国家基本药物制度，提高城乡医疗卫生服务质量和水平。加快基本医疗保障制度建设。基于医疗卫生服务的可及性目标考量，近五年来，海南医疗卫生事业取得了积极进展。

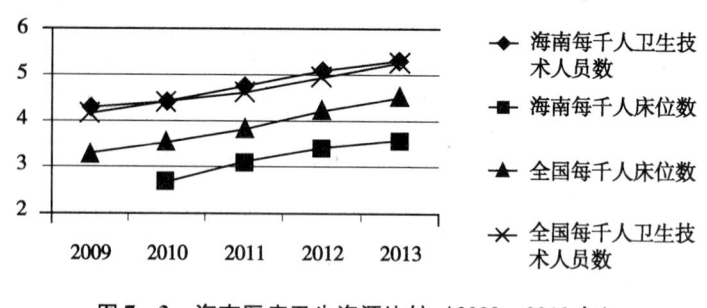

图7-3 海南医疗卫生资源比较（2009—2013年）

第一，从医疗卫生资源的规模来看，海南省人均医疗卫生技术人员数量和床位数均有一定程度的增长，每千人卫生技术人员数由2009年的4.3人增加到2013年的5.3人，高于全国平均水平；每千人床位数也有所增加，由2010年的2.72增加到2013年的3.59，但仍低于全国平均水平。

第二，覆盖全民的医疗保障体系基本建立。海南已经建立城镇职工医疗保险、城镇居民医疗保险和新型农村合作医疗保险制度，参保率大幅度提高。其中，城镇医疗保险参保率（含城镇居民医保）由2009年的66.92%提高到2013年的86.1%；新农合的参保人数也从2009年的460.9万人增加到2013年的490万人，人均筹资水平由2009年的124元，增加到2013年的348元。此外，2014年8月，《海南省人民政府关于开展城乡居民大病保险工作的实施意见》正式发布，建立了城乡居民大病医疗保险制度，医疗保障水平和保障能力不断提高。

第三，不断加大医疗卫生领域的财政投入。人均医疗卫生财政资金支出由2009年的350元，增加到2013年的777元，翻了一番，远高于同期GDP增速。而同期全国地方财政医疗卫生支出人均规模分别为294元和603元（图7-4），海南省高于全国平均水平。

三 海南社会保障事业稳步推进

海南国际旅游岛建设上升为国家战略，是海南经济社会全面发展的重

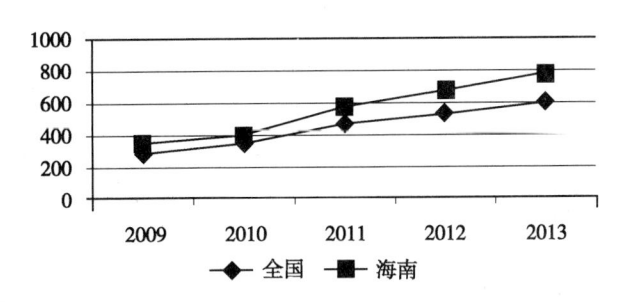

图 7-4　地方财政医疗卫生人均支出规模比较（2009—2013 年）

大机遇，而发展的最终出发点和落脚点在于改善国民福祉，使广大居民共享经济社会发展成果。海南省委、省政府在推进国际旅游岛建设中，将民生问题摆在了突出位置，而社会保障作为最大的民生，更居于重要的地位。《海南国际旅游岛建设发展规划纲要》中明确提出：需加快完善覆盖城乡惠及全民的社会保障网络，2020 年初步建成城乡一体的社会保障体系。总体而言，海南在统筹城乡社会保障制度建设方面进行了积极探索，取得了显著成效。

第一，覆盖城乡的社会保障制度已基本建立，实现了制度意义上的全覆盖。在城镇，建立了城镇从业人员养老、医疗保险制度、工伤保险制度、失业保险制度和生育保险制度，针对城镇未就业者建立了城镇居民养老和医疗保险制度；在农村建立了农村养老和医疗保险制度；此外，建立了城乡最低生活保障制度，基本建立了覆盖城乡惠及全民的社会保障网络（表 7-2）。此外，积极推进统筹城乡的社会保障制度的建设，于 2014 年建立了城乡统一的居民养老保险制度，并积极探索统一的城乡居民医疗保险制度安排。

第二，社会保障制度的覆盖面大幅度提高。城镇职工养老、工伤、失业、生育保险的参保人数不断增加，2009 年，四大险种的参保人数分别为 124.9 万、90.1 万、97.5 万和 85 万，2013 年分别增加到 174.4 万，123.4 万，150.8 万，120.2 万，增长率为 39.7%、36.9%、54.8% 和 41.5%（图 7-5）。此外，参加城乡居民养老保险的规模也不断提高，2009 年新农保参保人数仅为 27.8 万人，其中 2.3 万人领取养老金，2010 年增加为 62.4 万，其中 17.7 万人领取养老金，随着 2011 年海南城镇居民养老保险制度的建立，2013 年城乡居民养老保险参保人数达到 272 万人，其中 68 万人领取养老金。

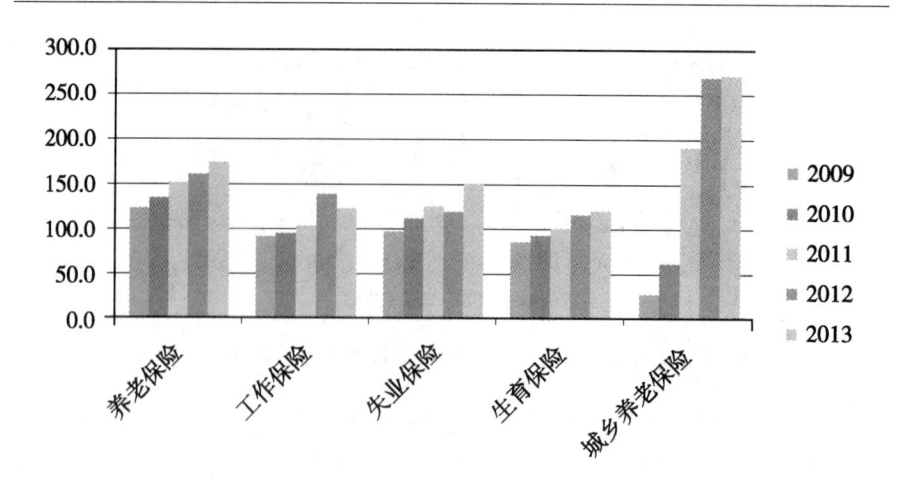

图 7-5　海南社会保险参保人数（2009—2013 年）

第三，社会保障待遇水平不断提高。海南根据国家政策和本省实际，多次调高社会保障待遇水平。新农保基础养老金待遇由最初的 55 元，调高到 2014 年的 140 元。城镇职工养老保险待遇水平也逐步提高，2009 年年均养老金为 1.3 万元，2013 年增加到 2.1 万元（表 7-3）。

表 7-2　　　　　　　　海南省城乡社会保障制度建设

	制定时间	修订时间	现行文件	覆盖人群
城镇职工养老保险	1993	1999、2007、2011	海南省城镇从业人员基本养老保险条例	城镇从业者，除公务员和参公人员
城镇职工医疗保险	1995	2001、2011	海南省城镇从业人员基本医疗保险条例	同上
城镇居民医疗保险	2007	数次调整待遇水平、缴费水平等	城镇居民基本医疗保险试点工作意见	城镇未从业人员、学生、儿童等
城乡居民大病保险	2014	—	海南省政府关于开展城乡居民大病保险工作的实施意见	城乡居民医保参保对象
新农村合作医疗	2003	数次调整待遇水平、缴费水平等	关于做好新型农村合作医疗试点有关工作的通知	农村居民
城乡居①民养老保险	2014	—	海南省城乡居民基本养老保险暂行办法	年满 16 周岁（不含在校学生）、未参加企事业和机关事业养老保险制度

---

① 2014 年，海南省政府制定了《海南省城乡居民基本养老保险暂行办法》，统一了城镇居民养老保险和新农保制度。海南分别于 2009 年和 2011 年建立了新农保和城镇居民养老保险制度。根据城乡居民养老保险制度安排，制度框架基本不变，采取个人缴费和财政补贴的资金筹集模式，基础性养老金于 2015 年同意提高到 140 元，个人账户养老金取决于个人缴费和投资回报率。

续表

	制定时间	修订时间	现行文件	覆盖人群
失业保险	1993	2000、2011	海南省城镇从业人员失业保险条例	城镇企事业单位和机关团体等用人单位及其从业人员
工伤保险	1991	2005、2012、2014	海南经济特区工伤保险实施办法	经济特区用人单位
生育保险	2001	2010年条例替代了2001年的办法	海南省城镇从业人员生育保险条例①	城镇用人单位
城市低保制度	2003	数次调整待遇	海南省城市居民最低生活保障规定	城镇居民
农村低保制度	2006	数次调整待遇	海南省农村居民最低生活保障办法	农村居民

表7-3　海南省企业职工养老金待遇水平（2009—2013年）

	退休人员（万人）	养老金总额（亿元）	年均养老金（元）
2009	43.20	57.80	13379.63
2010	45.40	74.10	16321.59
2011	47.80	95.20	19916.32
2012	52.50	114.40	21790.48
2013	57.10	120.00	21015.76

第四，政府对于社会保障领域的财政支持力度不断加大。充裕的资金保障是社会保障事业快速发展的物质基础。海南省对社会保障领域的财政支出规模不断加大，2009年财政支出中社会保障和就业支出仅为79.2亿；而2013年的财政支出增加到115.88亿。不断增加的财政支出规模为社会保障事业发展提供了坚实的保障。

四　海南加快推进公共文化服务体系建设

加强基本公共文化服务体系建设，是繁荣先进文化，提升国民素质和幸福感的内在要求。与此同时，加快公共文化服务体系建设将有力推动国际旅游岛建设，为区域经济社会发展提供人文支撑。政府对于文化体育传媒领域的财政支持力度高于全国平均水平，2013年，海南人均文化体育

---

① 在此之前，海南于2001年制定了《海南省城镇从业人员生育保险办法》。

传媒财政支出为244元，而全国为177元（图7-6）。目前，全省已基本形成以大型文体设施为骨干、基层文体设施为基础，能满足群众基本文体需求的省、市县、乡镇（街道）、行政村（社区）四个层级的公共文化服务体系，全省人均享有公共文化服务指标已接近全国平均水平。

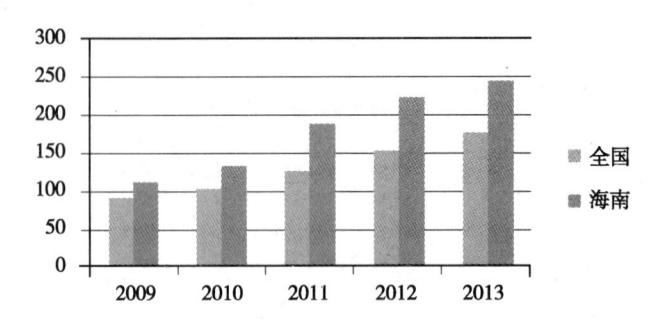

图7-6 文体传播类人均财政支出（2009—2013年）

五 海南硬件基础设施建设水平不断提高

海南城市基础设施发展水平也不断提高。图7-7显示了海南城市基础设施的发展轨迹，2009—2013年以来，各项指标均呈现较快的增长态势，接近或者超过全国平均水平。

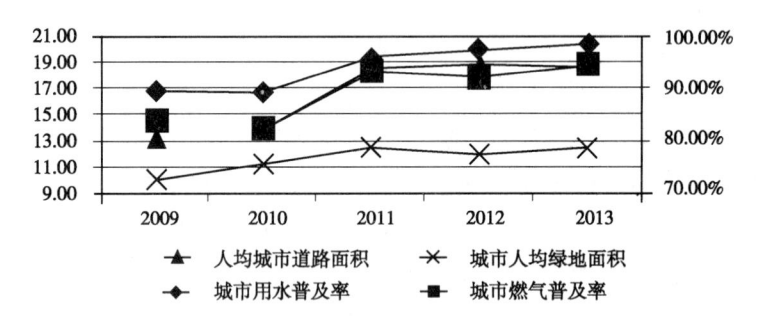

图7-7 海南城市基础设施发展水平（2009—2013年）

2009年，海南省城市用水普及率和城市燃气普及率、人均城市道路面积和绿地面积分别为89.65%、83.68%、13.28和9.96，均低于全国平均水平（分别为：96.12%、91.41%、12.79和10.66）；到了2013年，海南省各项指标分别达到98.38%、94.59%、18.72和12.47，而同期全国平均水平为97.56%、94.25%、14.87和12.64，除人均绿地面积外，其他指标均超过全国平均水平。

六 小结

国际旅游岛建设上升为国家战略五年多来,海南省将"富岛强民"作为根本目标,把保障和改善民生放在一切工作的重中之重,通过基本公共服务水平的提升,让海南人民共享经济社会发展的成果,在"建设海南人民的幸福家园"的征程中取得了显著成效。

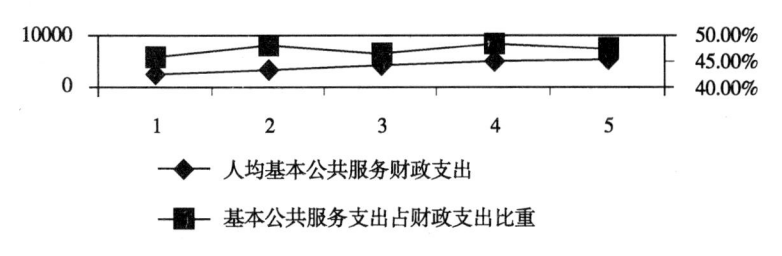

图7-8 基本公共服务财政支出规模及比重(2009—2013年)

在海南基本公共服务均等化建设过程中,有几点经验或做法值得进一步践行:第一,凝聚共识,强化顶层设计,坚持与经济社会发展同步推进。海南省始终将基本公共服务均等化作为各级政府工作的重头戏,根据国家总体部署和海南省情,编制基本公共服务均等化的发展规划或行动方案,并将基本公共服务均等化纳入各级经济社会发展规划,确保了各项工作的顺利开展和建设目标的落实。第二,加大政府财政投入力度,把民生支出放在财政支持的首要位置,为基本公共服务均等化建设提供了有力的资金支持。2009年人均基本公共服务财政支出为2575元,2013年增加到5359元,占财政支出比重由45.77%增加到47.44%[1]。第三,坚持城乡统筹发展,缩小城乡基本公共服务差距。

第二节 海南基本公共服务均等化发展水平评价

为了对海南基本公共服务均等化建设的成就及问题有相对客观准确的把握,本研究将通过构建基本公共服务均等化发展指数的方法[2],通过数

---

[1] 根据国家统计年鉴财政支出分类,基本公共服务类财政支出主要包括如下指标:教育、文化体育与传媒、社会保障和就业、医疗卫生、住房保障、城乡社区事务等支出类别。

[2] 受篇幅所限,关于指标设定等内容详见附件。

据的横向和纵向比较,重点回答如下几个问题:第一,通过与全国的横向比较,客观评价海南基本公共服务发展的总体水平及动态变化;第二,海南省内区域间基本公共服务发展水平的非均衡化水平评估;第三,城乡基本公共服务非均衡现状及问题分析。

一 海南基本公共服务总体发展水平大幅度提升

根据基本公共服务均等化指标体系,计算2009—2013年海南各类基本公共服务的得分及在全国的排序,可以发现(表7-4)。

1. 海南基本公共服务总体水平大幅度提升。2009年以来,海南省基本公共服务发展水平在全国的排序迅速上升,2009年的排序为第20位,2011年跃升为11位,2013年仍处于较高水平,为13位。海南基本公共服务均等化水平不仅排序上升,而且综合得分也由2009年的41.64,提升到2013年的51.23,2012年达到53.66。

2. 不同类型基本公共服务发展水平存在较大差异。在纳入指标体系的五大类基本公共服务项目中,社会保障基本公共服务的总体水平较高,处于全国前10位,而其他四大类指标的发展水平相对滞后,尤其是文化体育类基本公共服务水平较低,排位处于全国后10位,2013年更是降为全国第28位;此外,教育、医疗卫生基本公共服务水平也相对落后。

表7-4 海南省基本公共服务均等化水平在全国的排序(2009—2013年)

年份	2009	2010	2011	2012	2013
教育指数	36.46	49.44	50.43	52.03	53.5
排序	18	15	17	17	13
医疗指数	30.99	42.53	39.71	40.88	38.24
排序	18	11	13	16	15
社保指数	64.53	69.63	68.82	65.68	65.82
排序	6	8	6	5	8
文体指数	34.37	33.71	33.11	35.75	26.25
排序	21	22	22	25	28
基础设施	41.85	40.04	64.79	73.97	72.35
排序	22	24	10	11	9
综合得分	41.64	47.07	51.37	53.66	51.23
综合排序	20	15	11	12	13

3. 不同类型基本公共服务发展水平均有一定程度改善。除文化体育类基本公共服务水平在全国的排位逐年降低外，其他四大类基本公共服务发展水平均有一定改善或维持较高水平。尤其是基础设施类公共服务的总体水平迅速提升，由 2009 年的 22 位提升到 2013 年的全国第 9 位。

二 海南省内区域间基本公共服务发展水平差异较大

2010 年海南省积极推进国际旅游岛建设以来，基本公共服务总体发展水平有一定程度改善，在社会保障领域居于较高水平，城市基础设施类公共服务水平有明显提升。此外，海南省高度重视省内不同区域间基本公共服务均等化水平提升。为了对省内区域间基本公共服务均等化水平有较为客观评价，本研究引入差异系数。它是一组数据的标准差与其均值之比，是测算数据离散程度的相对指标。离散系数大，代表其数据的离散程度大，其平均数的代表性就差，反之亦然。因此，通过差异系数的计算，可以较为清晰的评价基本公共服务的均等化水平。根据数据，可以发现：

1. 海南省内区域间基本公共服务水平差异仍然较大。根据 2012 年统计数据显示，2012 年海南省不同指标的总体差异系数为 0.2945，比全国水平 0.2768 高近 8%（图 7-9）。海南各地基本公共服务水平排序中，五指山市排名第一，基本公共服务发展指数总得分为 61.41 分，三亚以 61.1 分紧随其后，琼中县以 60.64 分居第三位，而海口市作为海南省省会和经济中心，得分仅为 46.26 分，居第十位，乐东县则居于最后一位，得分仅为 35.85（表 7-5）。

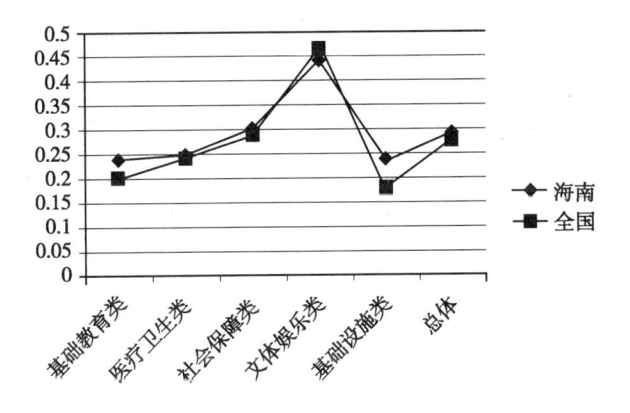

图 7-9 基本公共服务均等化水平比较（2012）

2. 不同类型的基本公共服务均等化发展水平有一定差异。在五大类基本公共服务中，文体娱乐类的变异系数最高，达到0.4441，而同期全国此类公共服务的变异系数为0.4667。除此之外，其他四类基本公共服务的变异系数为0.2—0.3，并且海南省的变异系数均高于全国平均水平。这显示，海南省内区域间基本公共服务非均衡化程度略高于全国平均水平，而且各类基本公共服务的均衡化水平较全国有一定差距，其中基础设施类基本公共服务的差距最大，海南省变异系数为0.2385，而全国仅为0.1808。

表7-5　　海南省内各地基本公共服务发展水平及排序（2012）

	基础教育类	医疗卫生类	社会保障类	文体娱乐类	基础设施类	综合得分	排序
五指山	71.61	76.88	37.35	73.21	48.02	61.41	1
三亚	39.57	62.14	72.30	53.36	78.11	61.10	2
琼中	93.10	60.57	91.25	27.57	30.70	60.64	3
白沙	67.60	53.76	100.00	16.09	43.50	56.19	4
定安	61.08	34.68	45.28	63.45	66.73	54.25	5
保亭	75.94	41.42	53.52	46.23	52.72	53.97	6
万宁	72.55	29.35	57.89	35.74	45.28	48.16	7
屯昌	58.90	38.04	77.40	56.27	5.76	47.27	8
澄迈	67.78	35.53	65.01	36.80	29.95	47.01	9
海口	37.43	52.53	0.00	72.23	69.11	46.26	10
琼海	49.53	40.05	33.99	46.33	58.58	45.70	11
昌江	59.55	42.78	32.52	24.80	66.59	45.25	12
陵水	64.78	23.74	36.34	33.10	55.01	42.59	13
儋州	16.55	44.64	48.32	30.44	70.92	42.17	14
临高	56.36	35.76	65.77	5.58	44.26	41.55	15
东方	45.03	35.61	35.45	20.60	60.22	39.38	16
文昌	51.18	21.36	49.06	34.75	40.31	39.33	17
乐东	55.35	12.57	43.99	26.47	40.87	35.85	18

3. 各地不同类型的基本公共服务的发展水平也存在差距。图7-10显示各地各类基本公共服务的发展水平处于非均衡状态，各类基本公共服务发展水平的差异化现象明显。五指山2012年基本公共服务总体发展水

平居海南省各地之首,并且医疗卫生类和文体娱乐类基本公共服务发展水平也位于全省首位,基础教育类居第 4 位,而基础设施类和社会保障类公共服务的发展水平较低,分别为第 10 和 13 位;三亚市总体排序居第 2 位,而基础教育类公共服务仅为 16 位;琼中县总体排序为第 3 位,而基础设施类和文体娱乐类公共服务得分偏低,分别列 16 位和 13 位。

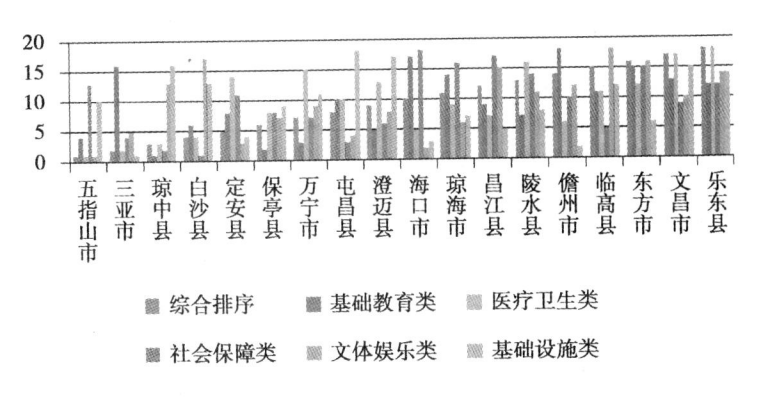

图 7-10　海南省各地各类基本公共服务得分排序(2012 年)

二　海南城乡基本公共服务非均衡格局未彻底扭转

城乡二元的经济社会发展格局决定了在基本公共服务领域,也存在着城乡二元格局。统筹推进城乡基本公共服务均等化,是全面建成小康社会的必然要求,也是全面深化改革,实现城乡统筹发展的内在需要。目前,海南城乡间基本公共服务非均衡化问题依然较为突出,甚至在某些领域仍存在不断加深的现象。

(一)城乡教育资源配置非均衡

为了让孩子们共享优质教育资源,海南省采取措施促进城乡间、区域间、校际间的师资流动,以期优化教育资源配置。与此同时,2009 年前后,海南省撤并了部分规模较小的中小学,实现了教育资源的集约化和规模化发展,提高了办学效益。

但受师资水平、教学点便利性等因素的影响,农村生源外流现象严重。海南省城市中小学在校生规模大幅度提升,而县镇,尤其是农村中小学的校均学生数却大幅度下降。2005 年,海南省城市中学校均在校生为 1220 人,2011 年增加到 1854 人,而同期县镇和农村的规模分别由 1360 人和 586 人下降到 2011 年的 956 人和 364 人(图 7-11)。与此相对应,

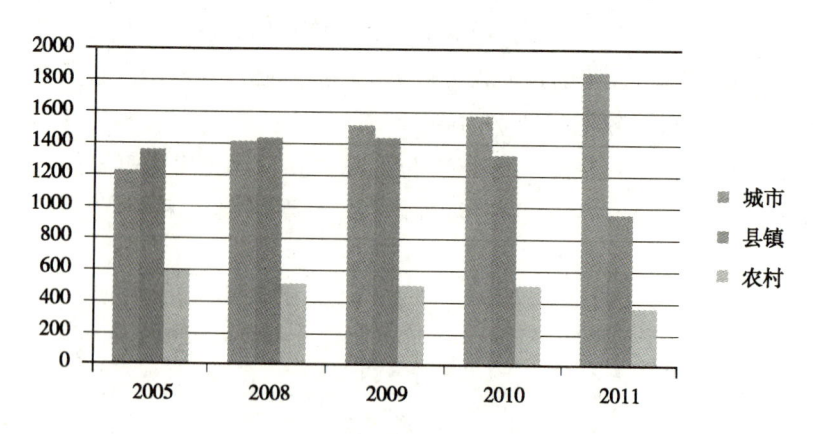

图 7-11 海南城乡中学在校生规模比较（2005,2008—2011 年）

城市中学年均招生人数也大幅度提升，而县镇和农村中学每年招生人数迅速下降，2005 年，县镇和农村校均招生人数为 500 人和 220 人，到 2011 年分别降低为 316 人和 117 人，下降幅度约 50%。城乡小学也呈现同样的趋势，城市小学校均在校生规模和年招生人数大幅度提升，而县镇和农村招生人数迅速下降（图 7-12）。

从中小学城乡分布看，城市和县镇学校数量在经过 2009 年前后的撤并之后，2011 年均有一定程度的回升。2010 年城市和县镇中学学校数为 86 所和 269 所，2011 年增加到 130 所和 308 所，分别增加 44 所和 39 所，而同期农村中学数量却减少了 106 所，即便如此，农村中学当年校均招生人数仍然比 2010 年减少了近 50 人。与中学情况类似，2011 年海南城市和县镇小学数量大幅度增加，分别增加了 122 所和 188 所，而同期农村小学却减少了 503 所。与城乡中小学布局调整同步，海南中小学师资呈现出明显的城镇集聚效应，2011 年城市和县镇小学教师增加了 3550 人和 2461 人，而同期农村小学教师减少了 12060 人。从总体数量上看，至少有 6000 多名农村教师离开教师岗位①。同样，在中学，城市和县镇教师规模分别增加了 7629 人和 1562 人，农村中学则减少了 3210 人。

与海南中小学城乡布局变化和生源流动情况一致，海南城乡学校间的生师比也呈现出与全国不一样的趋势。总体而言，农村生师比明显低于城市和县镇学校生师比，2011 年，农村小学和中学生师比分别为 11 和 8，

---

① 这些离开教师岗位的教师大多数为民办教师或者代课教师，他们实际上为农村教育事业的发展做出了特殊的贡献。

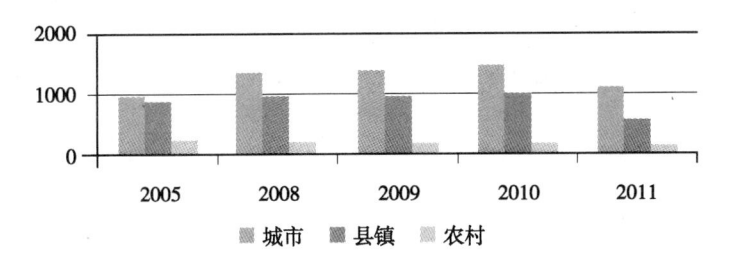

图 7-12　海南城乡中学在校生规模比较（2005，2008—2011 年）

同期全国平均水平为 17.71 和 14.38。理论上，生师比应该是越低越好，可以让教师有更多的精力做好教育教学工作。但海南省城乡学校间生师比的差异，却值得深入思考（表 7-6）。

表 7-6　　　　海南城乡中小学生师比（2009—2011 年）

	小学生师比				中学生师比		
	2009	2010	2011		2009	2010	2011
城市	22.33	22.61	24.80	城市	17.09	16.84	15.39
县镇	18.16	17.75	17.29	县镇	18.95	17.71	13.53
农村	12.82	11.32	11.13	农村	14.95	14.07	8.16

（二）医疗卫生公共服务的城乡非均衡配置

海南省医疗卫生服务的城乡非均衡配置问题主要体现在如下几个方面。

第一，医疗卫生资源的城乡非均衡配置。近年来，海南城乡医疗卫生资源的规模均有所提高，但无论从绝对规模还是从相对规模来看，城乡之间的差距不仅没有缩小，反而有所扩大：以每千人卫生技术人员数为例，2010 年城乡差距为 4.45，2013 年扩大到 5.98，城乡差距进一步拉大；从相对水平看，2010 年城市是农村的 2.34 倍，2013 年扩大到 2.56 倍；并且，海南省医疗卫生人员的城乡差距高于全国平均水平（图 7-13）。海南省每千人医疗卫生机构床位数也呈现出城乡差距扩大的趋势（图 7-14）。

第二，医疗卫生资源的利用率城乡差别较大。2009 年"医改新政"提出"保基本、强基层、建机制"的思路，逐步实现"小病在社区，大病到医院，康复回社区"的分级诊疗模式。为此，一方面加大城乡基层

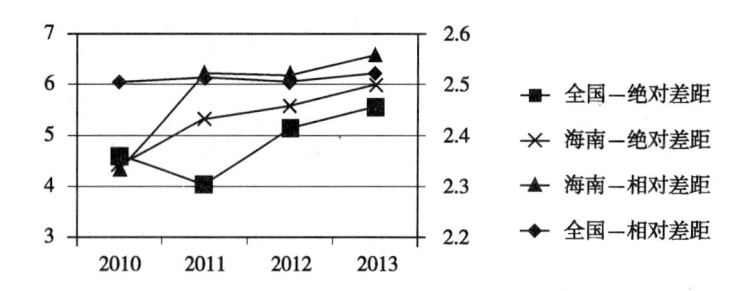

图 7-13　城乡每千人医疗卫生技术人员数量比较（2010—2013 年）

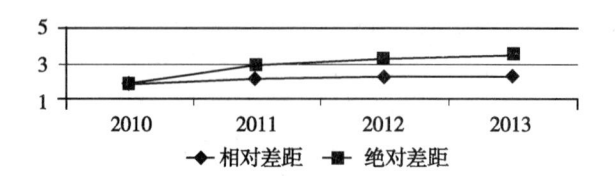

图 7-14　城乡每千人医疗卫生机构床位数比较（2010—2013 年）

医疗卫生机构投入力度，从软硬件着手，提高诊疗水平；另一方面，提高医疗保险报销比例，吸引参保对象首诊在基层；此外，通过组建医联体等方式，促进优质医疗资源下沉。从统计数据看，2009 年海南社区卫生服务中心病床使用率非常低，仅为 7.2%，此后迅速增加，2012 年达到 97%，而乡镇卫生院的病床使用率始终维持在 30% 以下（图 7-15）。之所以出现这一差别，笔者认为根源在于城乡基层医疗卫生机构医务人员医疗水平差距过大，农村居民对乡镇卫生院的诊疗水平缺乏信任。在城市，通过医联体等模式，优化了社区医疗服务中心医务人员构成，提高了居民对基层医疗卫生机构医疗水平的信任度，同时，便捷的转诊通道和较高的医保报销比例也提高了病患在社区卫生服务中心就诊的意愿。

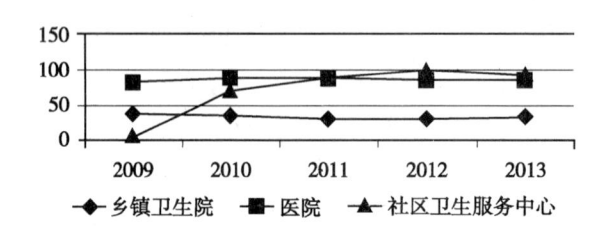

图 7-15　不同类型医疗机构病床使用率（2009—2013 年）

第三，医疗保险的报销比例存在较大差距。根据制度安排，海南城镇职工医疗保险的报销比例根据住院医院的等级存在不同，一级医院报销80%，二级医院65%，三级医院55%，年内报销限额为全省社平工资的6—10倍[①]；城镇居民医疗保险覆盖人群，一级医院报销80%，二级医院65%，三级医院为55%，统筹基金最高支付限额为上年度城镇居民人均可支配收入的6倍[②]；参加新农合的农民在定点医疗机构住院时，所发生的符合补偿规定范围的医疗费用，一级医院实行分段补偿，300元（含300元）以下费用按70%补偿，以上部分按90%补偿，二级医院补偿75%，三级医院补偿55%，最高支付限额10万元[③]。从全国医疗保障制度运行情况看，我国建立了城镇职工基本医疗保险制度、城镇居民医疗保障制度和新农村合作医疗制度，基本实现了"全民医保"的目标，但较之于城镇职工医保，新农合和城镇居民医保的报销水平较低，城乡居民之间的医保待遇差别较大（参见表7-7）。

表7-7　　　　　　　不同参保人员筹资和报销比重比较

分类	人均筹资水平（2007年）	报销比例均值（%）	个人负担均值（%）
城镇职工基本医疗保险	1606	66.37	28.83
城镇居民医疗保障制度	119	38.57	58.1
新农村合作医疗制度	90	36.74	63.26

数据来源：国务院城镇居民基本医疗保险试点评估专家组：《关于城镇居民基本医疗保险试点的评估报告》，2008年2月。

（三）城乡社会保障制度的非均衡发展

城乡社会保障制度的二元格局是特定的发展模式决定的，与全国一样，海南省也在积极探索推进城乡社会保障统筹发展，最终建立城乡一体化的社会保障制度安排。

第一，城乡社会保障制度的碎片化。制度碎片化是我国社会保障制度的重要特征，不同户籍身份的人群制度分割。以养老保险制度为例，城镇职工和机关事业单位人员分别被不同的制度覆盖[④]，城镇职工养老保险采

[①] 参见《海南省城镇从业人员基本医疗保险条例》，2011年。
[②] 参见《海口市城镇居民基本医疗保险暂行办法》，2011年。
[③] 参见《海口市新型农村合作医疗实施办法》，2011年。2015年，海南省新农合的最高报销限额提高到15万元。
[④] 2015年初，国务院出台了机关事业单位养老金改革方案，制度框架与城镇职工一致。

取部分基金积累的财务机制，统筹账户实行现收现付的制度安排，个人账户实行完全基金积累的制度安排，其中，个人缴费8%，企业缴费20%[①]，缴费基数为统筹区域社平工资的60%—300%。而城乡居民养老保险资金渠道包括个人缴费和政府补贴，其中，个人缴费档次可以自行选择，从100—3000元共13个缴费档次；此外，各级政府要按照一定的原则匹配相应资金，其中，中央政府"补出口"，即提供55元的基础养老金，地方政府主要"补入口"，需要按照一定的原则匹配个人缴费资金，进入个人账户投资运营，同时，地方政府也可以根据本地经济社会发展实际，提高基础养老金水平，所需资金由地方财政解决。

第二，城乡社会保障待遇水平差距大。由于城乡养老金制度的缴费水平和待遇计发办法差异，养老金水平存在较大差距。自2004年以来，连续上调企业职工养老金待遇水平，海南2009年企业养老金月均1115元，2013年达到1751元，而同期新农保养老金待遇水平仅为55元和100元，2011年建立城镇居民养老保险制度以来，月均基础养老金为130元。2014年，海南建立了统一的城乡居民养老保险制度。《海南省城乡居民基本养老保险暂行办法》规定：2014年城镇居民基础养老金标准为每人每月130元，上半年农村居民基础养老金标准为每人每月100元，下半年为每人每月120元，以后年度逐步拉平城乡居民基础养老金。

表7-8　　　　　　海南不同养老金制度的待遇水平比较

年份	城镇职工	城镇居民	农村居民
2009	1115	—	55
2010	1360	—	55
2011	1660	130	70
2012	1816	130	85
2013	1751	130	100

此外，海南城乡低保制度待遇水平也有较大差距。2010年，海南省

---

① 理论上，统筹账户和个人账户应该分账管理，但由于我国在制度改革过程中，未能很好地解决制度转轨问题，为了偿还转轨成本，各地采取了"混账管理"模式，通过透支个人账户的方法来解决当期养老金收支缺口，出现了个人账户空账问题。2005年的38号文提出要做实个人账户，从而建立名副其实的完全基金积累的个人账户制度，但任重而道远。

地方财政用于城镇居民最低生活保障的资金有46637万元，平均每位城镇居民可领取的最低生活保障资金为202.02元；用于农村居民最低生活保障的资金有35936万元，平均82.37元。2013年，海南省城市低保标准为每人365元/月，农村低保标准为每人247元/月[①]。

第三，海南城乡养老和医疗保险制度的管理服务也呈现出分散化特征。目前，海南城镇职工养老和医疗保险由各级社会保险事业管理局经办，包括资金的筹集[②]、日常管理、待遇审核和发放等业务环节。而城乡居民养老和医疗保险经办则较为分散。除三亚市[③]外，海南其他各省的城乡居民医疗保险分别由社会保险经办部门的居民医保办和隶属于卫生部门的合作医疗管理办公室（简称"合管办"）负责。此外，为了推进城乡居民养老保险，各市县也都建立了农村养老保险管理局，统辖区域内的城乡居民养老保险业务。分散化的社会保险经办管理，城乡社保经办机构的分离，增大了运营成本，降低了运行效率，不利于整合资源，提高公众的满意度。

第三节 海南基本公共服务均等化的制约因素

海南省高度重视基本公共服务均等化建设，提出了建设"基本公共服务均等化先行区"和争创"城乡统筹基本公共服务均等化的实践范例"的目标。近年来，尤其是国际旅游岛建设以来，海南省基本公共服务均等化的总体水平显著提高，根据基本公共服务均等化发展指数，在全国总体排位由2009年的20位，上升到2013年的13位，其中社会保障类基本公共服务居全国领先水平，城市基础设施类公共服务迅速改善，跃升到全国第9位。

但也必须看到，海南基本公共服务均等化建设还面临着诸多挑战：第

---

① 任胜利：《新型城镇化背景下海南城乡基本公共服务均等化问题研究》，海南大学硕士学位论文，2014。

② 2012年前，海南社会保险费的征缴由地税局社会保险费征稽局负责。根据省政府要求，从2012年起，社会保险缴费基数的申报和核定业务，将从地税社保费征缴部门重新移交社保经办机构，地税社保费征收机构负责社保费征收业务。

③ 三亚市积极推进统筹城乡社会保障制度试点，在2005年制定的新型农村合作医疗制度实施办法和2007年城镇居民医疗保险暂行办法的基础上，于2009年制定了《三亚市城乡居民基本医疗保险暂行办法》，将分散在市居民医保办和市合管办的经办业务统筹到三亚市社会保险事业管理局城乡居民基本医疗保险中心负责。

一，与全国先进省市发展水平相比，还有一定差距，在某些方面发展相对滞后；第二，省内不同区域间的基本公共服务均等化发展水平有较大差距，并且不同类型基本公共服务发展不均衡；第三，城乡基本公共服务非均衡问题依然显著，在某些领域还有不断扩大的趋势。为此，研究海南基本公共服务均等化的制约因素，对症下药提出应对措施，是建设基本公共服务均等化先行区的必然要求。

一 公共财政对基本公共服务均等化发展水平的影响

公共财政和公共服务是一个问题的两个方面。公共财政的核心任务是国家（政府）集中一部分社会资源，用于提供公共物品和服务，满足社会公共需要。要实现公共产品和服务的有效供给，充裕合理的公共财政资金筹集和配置是重要保证。因此，研究基本公共服务均等化问题从公共财政角度切入是一个恰当的选择。实际上，在国家重要文件中多次提到公共财政要服务于基本公共服务均等化建设："十二五"规划中明确指出"围绕推进基本公共服务均等化和主体功能区建设，完善转移支付制度，增加一般性特别是均衡性转移支付规模和比例，调减和规范专项转移支付"；十八届三中全会通过的全面深化改革决议中也提出"建立事权和支出责任相适应的制度"，以实现不同层级公共服务的有效供给。因此，本部分将从公共财政入手，分析影响和制约基本公共服务均等化的因素。

根据十八届三中全会提出的"建立事权和支出责任相适应的制度"的要求，要实现区域间基本公共服务均等化目标，一方面要明确事权，即每一级政府在公共事务和服务中应承担的任务和职责[1]，要明确基本公共服务的供给主体是哪一级政府；另一方面要明确支出责任，即政府承担的运用财政资金履行其事权、满足公共服务需要的财政支出义务。但是，由

---

[1] 国家发改委宏观经济研究院课题组：《公共服务供给中各级政府事权财权划分问题研究》，《经济研究参考》2005年第26期。此外，该文还对事权的其他概念既做了评析，比如有学者（刘培峰，2002；王国清、吕伟，2000）认为事权是一级政府所拥有的从事一定社会、经济事务的责任与权力，是责任与权利的统一；宋卫刚（2003）则认为事权是依据政府职能产生的，通过法律授权的，管理国家具体事务的权利。参见刘培峰《事权、财权和地方政府市政建设债券的发行——城市化进程中一种可行的融资渠道》，《学海》2002年第6期；王国清、吕伟：《事权、财权、财力的界定及相互关系》，《财经科学》2000年第4期；宋卫刚：《政府间事权划分的概念辨析及理论分析》，《经济研究参考》2003年第27期。

于基本公共服务的基础性，事关广大社会最直接、最现实、最迫切利益的公共服务，一国范围内的全体居民应当享有水平大致相当的基本公共服务。在明确某些公共服务的事权和支出责任基础上，就要考虑本级政府筹集财政资金的能力和支付意愿。但中国区域间经济发展水平差距较大，决定了在经济欠发达地区，某级政府可能不具备供给某些基本公共服务的财政能力，但均衡享受基本公共服务是基本目标和要求，因此，就需要通过政府间财政转移支付，均衡区域间财力差距，实现基本公共服务均等化目标。因此，影响基本公共服务均等化程度的指标包括：地方自主性财政能力，财政支付意愿，政府间财政转移支付等因素。

（一）地方自主性财政能力（Local Revenue，LR）

在一个区域差异显著的国家推进基本公共服务均等化，地区间经济发展差距是无法回避的难题。一个经济发展水平高，地方自主性财力水平较高的地区，具有较为充裕的推进基本公共服务水平的能力。本书将以人均地方一般预算收入作为衡量地方自主性财政能力的指标。

（二）财政支付意愿（Willingness to Pay，WP）

该指标的实质是如何切蛋糕的问题。地方财政支出用途较为广泛，既有民生性的支出需求，又有政府履行职能所需的行政支出，还要为地方经济发展提供资金支持。因此，在推进基本公共服务均等化发展过程中，地方政府财政资金支出的优先序选择至关重要。本书选取基本公共服务支出占财政支出比重作为评价地方政府财政支付意愿的指标。

（三）财政转移支付（Fiscal Transfer，FT）

当支付责任与地方自主性财政能力不匹配时，为了实现基本公共服务均等化目标，就需要通过政府间财政转移支付来实现。财政转移支付分为财力性转移支付、专项转移支付和税收返还。理论上，财力性转移支付是均衡地方财力的重要手段，而后两者在很大程度上与地方自主性财力密切相关。因此，加大财力性转移支付水平对于均衡地方财力有重要作用。本研究选取人均财力性转移支付作为影响基本公共服务均等化的重要影响因素[①]。

基于此，可以构建基本公共服务均等化水平（Level of Basic Public Service，BPSL）的影响因素公式：

---

① 由于难以获取历年中央对地方财力性转移支付的数据，因此，在测算中用人均财政转移支付代替。不过，海南省的分析将用财力性转移支付的数据进行测算分析。

$$BPSL = f(LR, WP, FT)$$

根据上述分析可以得出以下假设：

假设1：地方经济发展水平非均衡是区域间基本公共服务发展水平差距的重要影响因素，因此，地方自主性财政能力与基本公共服务发展水平呈正相关关系。

假设2：地方政府对基本公共服务领域的支付意愿会提高该地区公共服务的供给水平，因此，与基本公共服务发展水平呈正相关关系。

假设3：财政转移支付有利于均衡地方财力，提高基本公共服务的发展水平，因此，与基本公共服务发展水平具有正相关关系。

二 基本公共服务均等化水平的影响因素：基于数据

（一）模型与数据

本研究选取了全国31个省市自治区和海南省18个市县2012年的截面数据进行实证分析。表7－9列出了各变量的定义和系数说明。

表7－9　　　　　　　　　模型变量定义及说明

变量	定义	系数	预期符号
lnBPSL	基本公共服务发展水平得分	—	
lnLR	人均地方财政收入	β_1	+
lnWP	基本公共服务支出占财政支出比重	β_2	+
lnFT	人均财政转移支付	β_3	+

在此基础上，根据理论分析，构建计量模型：

$$\ln BPSL_i = a + \beta_1 \ln LR_i + \beta_2 \ln WP_i + \beta_3 \ln FT_i + \mu_i$$

（二）基于全国数据的计算结果及其分析

1. 实证结果

基于截面数据和计量模型，使用SPSS117.0进行线性回归，得到如下结果：

表7－10　　　　　　　　基于全国数据的计量分析结果

	非标准化系数		标准系数	t	Sig.
	B	标准误差	试用版		
（常量）	2.993	0.639		4.684	0.000

续表

	非标准化系数		标准系数	t	Sig.
	B	标准 误差	试用版		
lnLR	0.254	0.050	0.566	5.059	0.000
lnWP	0.687	0.285	0.294	2.408	0.023
lnFT	-0.091	0.049	-0.235	-1.865	0.073

说明：a. 因变量：lnBPSL

表7-11　　　　　　　　　　　　相关性

		lnBPSL	lnLR	lnWP	lnFT
Pearson 相关性	lnBPSL	1.000	0.718	0.550	-0.575
	lnLR	0.718	1.000	0.244	-0.340
	lnWP	0.550	0.244	1.000	-0.505
	lnFT	-0.575	-0.340	-0.505	1.000
Sig.（单侧）	lnBPSL	0.	0.000	0.001	0.000
	lnLR	0.000	0.	0.093	0.031
	lnWP	0.001	0.093	0.	0.002
	lnFT	0.000	0.031	0.002	0.

2. 结论分析

总体而言，模型各自变量对因变量的解释力较强。根据回归结果，模型的 R^2 为 0.70，P—值为 0，通过检验。从计量模型结果可以得出以下结论。

第一，地方财政收入与基本公共服务发展水平。从模型结论看，地方自主性财政收入每增加1%，基本公共服务发展水平指数得分会增加25.4%，对区域基本公共服务发展水平具有积极影响。从相关性角度看，二者相关系数高达0.718。该结果证实了前文的经验判断，即地方自主性财政收入能力差异是影响基本公共服务水平的主要因素，经济越发达的地区可以获得越多的财政收入，因而有能力提供更高水平的基本公共服务。

第二，地方财政支付意愿与基本公共服务发展水平。从模型结论看，地方财政支付意愿对基本公共服务发展水平具有最为重要的影响，支付意愿每增加1%，基本公共服务均等化指数得分将增加68.7%。

第三，财政转移支付与基本公共服务发展水平。从模型结论看，该指标的 P 值为 0.073，并未通过假设检验。不过，从数据相关性来看，二者存在负相关关系，相关系数为 -0.575。说明，中央政府对地方的财政转移支付，在一定程度上体现了基本公共服务均等化的导向。不过，值得注意的是，财政转移支付与财政支付意愿的相关系数为 -0.505（P 值为 0.002），说明地方政府对中央财政转移支付的依赖度较高，并且财政转移支付在一定程度上降低了地方财政对基本公共服务的财政支出意愿。

（三）基于海南数据的计算结果及其分析

1. 实证结果

基于截面数据和计量模型，使用 SPSS117.0 进行线性回归，对海南 2012 年不同区县基本公共服务均等化发展指数得分的影响因素进行了分析。但结果发现：自变量对因变量的解释力非常弱，调整后的 R^2 仅为 0.148，P 值为 0.163，并未通过假设检验。同时，三个自变量的 P 值均大于 0.05，均未通过假设检验。

表 7-12　　　　　　　　　基于海南数据的计量计算结果

模型	非标准化系数 B	标准 误差	标准系数 试用版	t	Sig.
（常量）	2.239	0.841		2.664	0.019
lnLR	0.131	0.073	0.479	1.794	0.094
lnWP	0.516	0.358	0.356	1.443	0.171
lnFT	0.125	0.064	0.477	1.949	0.072

表 7-13　　　　　　　　　　　　相关性

		lnBPSL	lnLR	lnWP	lnFT
Pearson 相关性	lnBPSL	1.000	0.141	0.212	0.326
	lnLR	0.141	1.000	-0.415	-0.401
	lnWP	0.212	-0.415	1.000	0.115
	lnFT	0.326	-0.401	0.115	1.000
Sig.（单侧）	lnBPSL	0.	0.289	0.200	0.094
	lnLR	0.289	0.	0.044	0.050
	lnWP	0.200	0.044	0.	0.325
	lnFT	0.094	0.050	0.325	0.

2. 结论分析

海南数据分析显示，基本公共服务发展水平影响因素模型对海南情况缺乏解释力，这与全国数据的分析结论有明显差距。实际上，许多研究结论都显示地方财政收入水平、转移支付等可以在很大程度上解释区域间基本公共服务均等化发展水平差异（赵怡虹、李峰，2009；田发、周琛影，2013）[①]。

从相关性分析看，与全国数据不同，海南省内区域间基本公共服务发展水平和财政转移支付具有正相关关系，相关系数为 0.326，这一结果与全国数据相反。之所以出现这样的结论，原因可能在于数据差异。由于无法获取中央财政对各地的财力性转移支付的数据，在研究中只能用财政转移支付数据代替，而海南的数据是财力性转移支付的数据。这说明，较之于地方财政能力和支出意愿，海南财力性转移支付在缩小区域间基本公共服务发展差距方面发挥了积极作用，在一个侧面说明了海南省省级政府在促进基本公共服务均等化方面所做的努力。

第四节 政策建议

本研究通过理论和实证分析，从全国、省内、城乡三个层面对海南省基本公共服务均等化发展水平进行了评估：一方面，海南基本公共服务均等化水平有显著提高，另一方面，也面临一些挑战。为了积极推进海南基本公共服务均等化先行区建设，努力争创城乡基本公共服务均等化的实践范例，建设海南人民的幸福家园，需要找准问题，明确思路，充分调动省内和省外资源，不断提升海南基本公共服务均等化的发展水平。

一 坚持总体发展与重点推进相结合，有针对性地推进基本公共服务均等化建设

从全国层面看，海南省不同类型基本公共服务发展极不均衡，而且文

[①] 赵怡虹、李峰：《中国基本公共服务地区差距影响因素分析》，《山西财经大学学报》2009 年第 8 期；田发、周琛影：《区域基本公共服务均等化与财政体制测度》，《改革》2013 年第 1 期。

体娱乐类、医疗卫生类和基础教育类基本公共服务与全国水平相比还有较大差距。为此,海南省应着力提高相关领域基本公共服务的供给水平和能力。

1. 积极争取中央财政转移支付和政策支持。海南是经济欠发达省份,经济发展水平制约了地方对基本公共服务的财力支撑。因此,积极争取中央财政支持,是均衡地方财力的需要,为提升海南基本公共服务总体水平提供物质保障。

2. 优化中央财政转移支付结构,建立基于财力均衡和基本公共服务绩效考核基础上的财力性转移支付制度。海南省在总体财政能力有限的情况下,基本公共服务发展水平取得了一系列成绩,得益于地方政府发展基本公共服务的意愿,在财政支出中将其放在优先发展的位置。因此,在中央财政转移支付中,要在充分考虑均衡地方财力基础上,建立基本公共服务发展激励机制,全面提升基本公共服务均等化水平。

3. 将基本公共服务均等化建设与国际旅游岛建设需要结合起来,充分调动政府、市场和社会多方力量,提升基本公共服务水平。基本公共服务的特征决定了政府是最重要的责任主体,而充分调动政府、市场和社会的力量是国家治理体系建设的内在要求。在基本公共服务均等化建设中,海南要基于区域发展战略的要求,为充分调动各方主体积极性提供制度和政策支持。比如,海南得天独厚的区位优势、生态优势和环境优势,将为海南养老产业发展提供良好的发展机遇。而养老服务业发展需要较高水平的医疗卫生服务为基础,在海南总体医疗水平欠发达的情况下,充分利用市场力量,吸引优质医疗资源入驻海南,将对于提升海南医疗卫生总体水平发挥积极作用。

二 坚持把海南作为一个大城市来谋划布局推进基本公共服务均等化

习近平总书记于2013年4月视察海南时指出:海南省小、人口少,又实行省直管市县的体制,随着经济不断发展,最有条件搞好基本公共服务均等化,要在城乡发展一体化改革上取得更大进展。因此,在新型城镇化战略背景下,海南要在充分考虑省情基础上,坚持从全省高度出发,谋篇布局,协同推进不同类型基本公共服务均等化建设。

实际上,海南基本公共服务均等化发展中存在着两个不均衡:一是不同区域基本公共服务总体发展水平不均衡;二是不同类型基本公共服务发展不均衡。为了提高海南基本公共服务的总体水平，着力解决"两个不均衡"，将海南作为一个大城市推进基本公共服务均等化是重要的战略选择。有如下建议。

1. 制定基本公共服务均等化发展专项规划，将各市县基本公共服务发展纳入全省大盘子，自上而下分解任务。统一部署，可以有效解决不同类型基本公共服务发展不均衡的问题。

2. 围绕推进基本公共服务均等化建设，完善转移支付制度。基本公共服务均等化目标的实现需要建立在合理划分各级政府事权和支出责任基础上。因此，在制定规划过程中，要明确划分各级政府的事权和支出责任，并将市县政府履行职责纳入政绩考核中。

3. 建立基于群众满意度的绩效考核机制。群众是基本公共服务的最终受益者。因此，在基本公共服务建设过程中，要充分考虑公民的诉求，在制定基本公共服务发展目标过程中，要建立便利的群众诉求和利益表达渠道，比如通过问政平台、微信、听证会等多种渠道听取群众呼声，真正把"好事办好"。在基本公共服务绩效考核过程中，要建立基于群众满意度的绩效考核机制，实现"自上而下政府主导的考核模式"向"自下而上群众满意度为主的考核模式"转变，并将群众满意度纳入地方官员政绩考核体系。

三 坚持城乡统筹推进基本公共服务均等化

统筹城乡基本公共服务均等化建设，使广大农民共享改革发展成果是城乡一体化发展的重要保障和基础。海南在推进全省基本公共服务均等化建设过程中，必须破除阻碍城乡一体化发展的掣肘，着力解决城乡二元的基本公共服务格局。

1. 优先解决进城务工人员基本公共服务均等化问题。进城务工人员离城市门槛最近，但受制于城乡二元社会福利格局的影响，难以融入城市生活，真正完成"市民化"过程。在推进城乡基本公共服务均衡化过程中，要将解决进城务工人员因户籍限制而无法平等享受城镇基本公共服务的问题作为首要任务加以解决，尤其是子女入学问题。在这一过程中，要做好流入地与流出地之间的信息共享，中央和省政府要通过财政转移支付等手段为进城务工人员平等享受基本公共服务提供经济保障。

2. 以农村土地制度改革为切入点，促进农民城乡流动，为城乡基本公共服务均等化提供基础。长期以来，农民被看作是一种与"市民"相对应的身份，在二元经济社会格局下，附着在身份身上的各种社会福利成为阻碍农民进城工作生活的根本因素。在推进城乡基本公共服务均等化过程中，如果能够实现"农民"由身份到职业的转变，将为城乡一体化发展奠定坚实的基础。但是，长期以来农村公共服务缺位，使得土地承载了极大的"保障功能"。因此，在实现农民由身份到职业的改变过程中，确保农民的土地权益是基础和前提条件。要加快推进农村土地确权和流转制度建设，在确保农民土地权益的基础上，促进农地的有序流动和集约化经营，为城乡一体化发展提供保障。

3. 稳步推进城乡户籍制度改革，试点实施居住证制度。海南人口少，面积小，有条件进行户籍制度改革试点。在进城务工人员"市民化"过程中，可以优先在这一群体中试行居住证制度，并与市民享受同等水平的基本公共服务。在此基础上，积累经验，逐步在全省全面推行居住证制度，最终实现城乡基本公共服务的一体化发展。

附录：基本公共服务均等化指标体系构建

（一）基本公共服务均等化指标体系构建的基本原则

为了使基本公共服务均等化发展指数客观的体现该领域的发展现状，在指标体系构建过程中，坚持如下原则。

第一，定量化原则。基本公共服务均等化发展指数力图通过一套完整的指标体系，全面反映某一时点基本公共服务建设状况，并通过时序数据，动态的衡量不同时点基本公共服务均等化建设水平的变化。较之于定性信息，定量数据更具客观性，而且同一指标可以在不同时空保持一致，使数据更具可比性，这也符合通过指数等方式对某一事物进行评价的要求。因此，在指标体系构建方面，将尽可能地选择能够进行定量化处理的信息或将定性数据进行量化处理。

第二，系统性原则。构建指标体系的目的在于对基本公共服务均等化问题进行系统分析，找出制约因素，进而提出有针对性的政策建议。但是，不同指标对基本公共服务均等化指数的影响程度不同，不同指标之间也会相互影响，因此，在指标体系构建中要坚持系统性原则，指标体系应该能够充分体现各要素之间的内在联系，而不是一个个单独割裂的指标。

第三，**数据可获得性原则**。数据是基本公共服务均等化发展指数计算的基础，为了提高政府、研究者和公众对指数体系的认可度，数据的公开性、可获得性是基本前提。如果使用一些未公开，或具有非常强的主观判断的数据，则指数的客观性就会受到置疑。因此，在指标体系设计中，指标数据的可获得性也是非常重要的原则。

（二）指标体系的构成及权重设置

本书选取基础教育、医疗卫生、社会保障、公共文化和公共基础设施等五大类公共服务作为分析对象，构成了一级指标体系。同时，侧重从机会公平的角度选取二级指标。总体而言，本研究共设置一级指标5个，二级指标20个[1]：

基础教育（A）：小学生师比（A1）和初中生师比（A2），教师队伍建设是实现基础教育均衡化的基础，该指标反应了教育资源配置是否均衡；人均财政性教育经费（A3），教育经费投入水平影响到教育资源的可及性及教育质量的均衡性[2]；财政性教育经费占地方财政支出的比重（A4）反映了地方政府在财政支出中的优先序和重视程度。[3]

医疗卫生（B）：每千人卫生技术人员数（B1）、每万人医疗机构数（B2），两个指标影响医疗服务的可及性；病床使用率（B3）反应医疗资源的质量及使用效益；医疗保险参保率（B4）体现了医疗卫生服务的可获得性及机会公平性。

---

[1] 需要说明的是，该指标体系设计一方面希望能够较全面的反应基本公共服务均等化的发展程度，此外，也充分遵循了数据的可获得性原则，删除了一些数据难以获得或者难以通过公开渠道获得的指标。这影响了指标体系对基本公共服务均等化发展水平测量的全面性。此外，由于对基本公共服务均等化的衡量缺乏统一的被各方所认可的指标体系，因此，本研究所设计的指标，是基于本研究对基本公共服务均等化的思考，在借鉴已有研究成果并充分考虑数据的可获得性基础上设计出来的。在某种意义上讲，这些指标无法全面反映基本公共服务均等化的发展水平和情况，所提出的研究结论和发现也仅仅是基于该指标及相关数据分析得出，目的是为深入思考和提高基本公共服务均等化水平提供一些借鉴和参考。

[2] 实际上，财政性教育经费投入水平的高低会影响教育教学资源配置、教师队伍建设，已成为区域教育质量非均衡化的重要影响因素。国家教育督导团发布的《国家教育督导报告2008》中揭示了教育投入对教学质量的影响。由于中小学教师工资由地方财政支付，因此，政府财政性教育经费额度高低直接影响到教师的待遇水平，进而影响到师资队伍建设。

[3] 需要说明的是，笔者在指标设计过程中，将机会均衡放在第一位，因此，在有关基础教育领域的指标选择过程中，学龄前儿童入学率、小学和初中入学率等是比较理想的指标。但由于数据的可获得性较差，笔者最终只能放弃这几个指标。

社会保障（C）：养老保险参保率（C1）、工伤保险参保率（C2）、失业保险参保率（C3）和生育保险参保率（C4），反映了公民在社会保障领域的机会公平。但考虑到我国不同区域间经济社会发展差距，并未测量实际的社会保障待遇水平的差距。

文化体育事业（D）：人均拥有公共图书馆藏书量（D1）、广播节目综合人口覆盖率（D2）、电视节目综合人口覆盖率（D3）体现了公民的文化体育公共服务的可及性和每万人文化娱乐从业人员数量（D4）体现了文体服务的社会供给能力。

城市公共设施（E）：城市用水普及率（E1）、城市燃气普及率（E2）体现了城镇居民对于基本日常生活设施的可及性；人均城市道路面积（E3）和城市人均绿化面积（E4）反映了城市基础设施建设的水平。

基于基本公共服务及其均等化的内涵和外延，构建了包括5个一级指标，20个二级指标的指标体系，上述指标从不同的角度测量和评价基本公共服务均等化的总体水平。但是，为了有效地评价基本公共服务均等化的水平，还涉及不同指标在指标体系中的权重。实际上，赋权的难题在于难以找到一个客观的评判标准来确定不同指标对结果的影响，在基本公共服务均等化指标体系中，不同指标仅仅是从一个角度反映了基本公共服务均等化的水平，但其对总体水平的影响和重要性，缺乏客观的标准，这就给赋权带来了难度。本书认为，教育、医疗、社保、文化及基础设施等分别从不同方面满足公民的基本公共服务需求，影响着人们的日常生活，因此，在本书中将采取等权重赋权。

（三）基本公共服务均等化指数计算方法

为了将具有不同评价标准的指标具有依据不同权重加总求和的条件，需要对指标数据进行无量纲化处理，将各指标得分转化为百分比数据，进而基于不同指标的权重计算最终得分。在20个二级指标中，除了小学生师比（A1）和初中生师比（A2）两个指标是逆向指标外，其余18个指标均为正向指标。在计算中，正向指标和逆向指标分别采取不同的无量纲化处理方式。

对于正向指标，主要测量指标值与最小值之间的偏离程度与最大最小测量值之差的比重，计算公式为：

$$D_i = \frac{Z_i - Z_L}{Z_H - Z_L} \times Pi \times 100$$

负向指标数据越小越好，为此，该类指标的计算方法：

$$D_i = \frac{Z_H - Z_i}{Z_H - Z_L} \times Pi \times 100$$

上述公式中，D_i 表示某一指标的最终得分；Z_i 表示该指标的基础数据；Z_L 和 Z_H 该指标的最小和最大值；p_i 表示该指标的最终权重。

基于对 20 个指标得分的计算，可以通过加总方式求得基本公共服务均等化发展指数（Basic Public Service Index，简称为 BPSI）：

$$BPSI = \sum_{i=1}^{20} D_i$$

第八章

海南国际旅游岛法治发展研究

2010年1月4日,《国务院关于推进海南国际旅游岛建设发展的若干意见》对外发布,这标志着海南国际旅游岛建设正式拉开序幕。作为国家的重大战略部署,我国将把海南初步建成世界一流的海岛休闲度假旅游胜地,逐步使其成为开放之岛、绿色之岛、文明之岛与和谐之岛。为了推进海南国际旅游岛的建设,海南省委省政府先后出台了《贯彻实施〈国务院关于推进海南国际旅游岛建设发展的若干意见〉的决定》和《海南国际旅游岛建设发展规划纲要(2010—2020)》等纲领性文件,从总体思路、基本要求、空间布局以及保障措施等方面对海南国际旅游岛的建设进行了安排。海南国际旅游岛的建设涉及生态环境保护、民生社会建设以及旅游服务管理等各个方面,会关涉社会利益的协调以及体制机制的改革,这就需要加强法治建设,提升法治发展水平。因为只有以法治为指引,树立法治理念与思维,形成依法办事的风尚,才能协调社会利益冲突,维护社会秩序稳定,提升社会发展水平,才能确保国际旅游岛建设的规范有序发展。为此,海南省积极运用地方立法权、特区立法权以及建设国际旅游岛的先行先试权,不断完善国际旅游岛法制体系,提升依法行政水平,维护司法公正,加大法治宣传力度,提高法律服务质量,为海南国际旅游岛的建设创造了良好的法治环境,这也推动了海南国际旅游岛法治发展水平进入了一个新的台阶;但其法治发展过程中也存在着一定的问题,制约了国际旅游岛建设的进度,影响了海南国际旅游岛法治发展的水平。因而,在海南国际旅游岛建设的今后阶段中,需要加大法治建设力度,提高法治发展水平,为国际旅游岛的建设提供法治保障。

第一节 法治与海南国际旅游岛建设

法治具有根本性、全局性、稳定性和长期性的特点,更有利于调整社会关系、分配社会利益、规范社会行为、构建社会新秩序。自党的十五大提出"依法治国"的基本方略以来，法治在我国经济社会发展过程中的作用和地位日益凸显。当前，国家的法治建设实践从以法律制定为中心向法律实施为重点转换，地方具有决定成败的关键作用。[①] 在国际旅游岛建设的过程中，虽有各种政策的支持和保障，但其也会遇到诸多困难与障碍。有人从经济学的角度认为，资金和人才是制约其发展的主要因素；有人从管理学的角度认为，管理体制与管理水平是影响其发展的重要原因。其实，从更深层次角度分析，法律制度等法治因素是制约海南国际旅游岛发展的关键要素，法治发展水平低、法治保障不力会严重影响海南国际旅游岛的建设。因此，法治与海南国际旅游岛建设具有密切的关系，法治建设是海南国际旅游岛建设的内在要求，只有以法治理念为指导，以法治的手段规范和推进国际旅游岛建设，才能保证其正确的方向和持久的生命力。而法治可以为海南国际旅游岛建设提供支撑与保障，可以为其建设提供良好的社会环境。因此，只有走法治之路，在法治的指引下，海南国际旅游岛的建设才能走上可持续发展的道路，才能实现海南国际旅游岛的战略定位和发展目标。

一 海南国际旅游岛建设中法治的规范分析

自海南国际旅游岛建设成为我国重大战略部署以来，国务院和海南省各级机关十分重视法治在国际旅游岛建设中的作用。在《国务院关于推进海南国际旅游岛建设发展的若干意见》（以下简称《若干意见》）中，其将世界一流的海岛休闲度假旅游目的地和全国生态文明建设示范区列为国际旅游岛的战略定位，因而生态环境的保护和旅游市场秩序的规范是海南国际旅游岛建设的重要内容。《若干意见》中明确指出，需要加强生态环境保护立法和旅游立法，健全环境影响评价制度，完善生态环境保护责任制和问责制，并推进旅游综合执法，建立健全旅游投诉处理机制，这充分反映了地方立法和行政执法在保护生态环境和规范旅游市场秩序中的重要性。

在海南国际旅游岛建设过程中，海南省各级机关也十分重视法治的作用和地位。如2013年全国"两会"期间，海南省委书记、省人大常委会

---

① 葛洪义：《中心与边缘："地方法制"及其意义》，《学术研究》2011年第4期。

主任罗保铭表示，海南加快国际旅游岛建设，始终离不开法律的支持，加强法治建设关乎国际旅游岛建设的长远发展，"在推进国际旅游岛建设中强化法治观念，我们省委、人大、政府对此一直有着鲜明的认识"。其实，在海南省出台的有关国际旅游岛建设的文件中，均强调了法治的重要性。海南国际旅游岛的建设需要科学的规划，但是规划的制定和实施必须做到有法可依。为此，《中共海南省委、海南省人民政府贯彻实施〈国务院关于推进海南国际旅游岛建设发展的若干意见〉的决定》中明确指出，要通过立法加强对规划的执行管理，确保各项规划的贯彻落实。《海南省人民代表大会关于推进海南国际旅游岛建设发展的决议》中更是全面地阐述了法治在海南国际旅游岛建设中的作用，即要依法讨论决定海南国际旅游岛建设相关重大事项，推进决策的科学化、民主化；系统把握海南国际旅游岛建设的立法需求，制定和完善与海南国际旅游岛建设发展要求相适应的地方性法规，为海南国际旅游岛建设发展提供法制保障；推动依法行政、公正司法，为海南国际旅游岛建设发展营造良好的法治环境。而在《海南国际旅游岛建设发展规划纲要（2010—2020）》中，其重点强调了旅游法治环境的重要性，要求要加快制定旅游市场监管、资源保护、行业规范等专项法规，建立健全旅游法规体系，规范旅游市场秩序、维护游客和旅游经营者的合法权益，并列举了《海南国际旅游岛建设发展条例》《海南省旅行社管理实施细则》等11项旅游专项法规立项计划。海南国际旅游岛的建设必须走绿色发展道路，为此，中共海南省委第六次代表大会提出了实现绿色崛起，打造中外游客的度假天堂和海南人民的幸福家园的奋斗目标，并明确了依法加强环境保护与治理的具体措施，这也凸显了法律在生态环境保护与治理中的重要性。

二　法治是海南国际旅游岛建设的内在要求

根据《若干意见》的规定，海南国际旅游岛的战略定位是成为我国旅游业改革创新的试验区、世界一流的海岛休闲度假旅游目的地、全国生态文明建设示范区、国际经济合作和文化交流的重要平台、南海资源开发和服务基地、国家热带现代农业基地。《若干意见》还提出要把海南逐步建设成为生态环境优美、文化魅力独特、社会文明祥和的开放之岛、绿色之岛、文明之岛、和谐之岛。上述定位与目标与法治并无直接的关系，但其实现必须依赖法治，法治是其内在的要求。

（一）开放之岛的实现需要法治的推进

海南国际旅游岛要在世界海岛休闲旅游胜地中占有一席之地，要成为世界一流的海岛休闲度假旅游目的地，必须发挥其自身的优势，打造自身品牌，规范旅游市场秩序，创设优美的旅游环境，提供优质的旅游服务，树立良好的旅游形象，以吸引世界各国的游客。但是近年来，国际旅游岛建设过程中发生的欺客宰客、零团费等现象，严重地破坏了国际旅游岛的形象，不利于吸引国内外游客。而要实现国际旅游岛旅游市场和秩序的规范性，需要健全完善海南国际旅游岛旅游法规体系，使各项旅游行为能够有法可依；需要严格执行各项旅游法律法规，打击各种旅游违法经营行为，规范旅游市场秩序；需要及时地调处旅游纠纷，最大限度地维护游客的合法权益。只有这样才能提升国际旅游岛的形象，才能吸引游客。此外，海南国际旅游岛要建设成为开放之岛，其必须实现国际化，在旅游服务以及旅游质量标准等方面实现与国际上的通行规则的衔接和协调。目前，已经形成了一些国际旅游文件，明确了相应的规则，如《可持续旅游发展宪章》和《全球旅游伦理规范》等。

（二）绿色之岛的实现需要法治的保障

青山绿水、碧海蓝天，得天独厚的生态环境是海南科学发展的核心资源，是海南国际旅游岛发展的最大本钱，也是其最好的保障。但在国际旅游岛建设过程中，随着开发建设强度加大，海岛生态的脆弱性日益凸显，因而要实现海南国际旅游岛的可持续发展，必须保护好其生态环境，维护生态系统的完整性。而法治是生态环境保护的有力手段，其中，立法为生态环境的保护构建了制度屏障，执法惩罚了生态环境的破坏行为，而司法则为环保纠纷提供了解决的渠道。例如，在海南国际旅游岛建设过程中，生态环境的保护需要立法的支撑，需要构建完整的生态环境保护规范体系。虽然我国颁布了《环境保护法》等环保法律法规，但是海南省特殊的地理位置决定了其生态环境有着自身的特点，而现有的法律法规受其普遍性的影响，难以针对海南国际旅游岛的特殊生态环境做出规定，因而要保护生态环境，必须从立法上明确相应的保护机制，为具体的保护行为提供立法支撑。如海南省是海洋大省，海洋环境的保护在国际旅游岛建设中具有重要的意义，但由于海洋环境污染源的多样性，有海岸线内水产养殖的废水与污水，有餐饮船只倾倒的垃圾，等等，而这些污染海洋环境的行为属于不同部门的管理，造成海洋环境治理与保护的困难，因而要实现海洋环境的综合保护，必须从立法上确立相关的协调与沟通机制。此外，要实现绿色之岛，还必须强化生态环境污染的防治，加强执法力度，惩处破坏环境的行为。要"坚持上项目决不降低环保门槛，开发水平不高，宁可不开发，也决不为了一时的经济指标而破坏生态、失掉长远发展的本钱。依法依规、严格保护和管理自然保护区、生态核心区、重点水源地、重要海域。"

（三）文明之岛的实现需要法治的规范

文明在我国的内涵和外延得到了不断的充实和完善，除了物质文明和精神文明以外，在党的十六大和十八大报告中，又分别提出了政治文明和生态文明。因而海南国际旅游岛中的文明之岛中的"文明"理应包含上述四种文明形态。在这四种文明之中，推进依法治国，建设社会主义法治国家是政治文明的重要组成部分；而加强生态环境保护则是生态文明的重要内涵。在国际旅游岛建设过程中要实现物质文明，则必须大力发展经济，特别是发展具有海南自身特色的产业经济，如旅游经济和海洋经济等。《若干意见》中也明确指出，要"依托优势资源，发展特色旅游产品，进一步优化旅游产品结构。大力发展热带海岛冬季阳光旅游、海上运动、潜水等旅游项目，丰富热带滨海海洋旅游产品"；要"加快发展海洋经济。加大海洋石油资源勘探开发力度，提高海洋油气资源开发利用水平，把海南建成南海油气资源勘探开发服务和加工基地。"但应该看到，国际旅游岛建设中发展旅游经济和海洋经济还面临着诸多的法律风险，因为我国还缺乏相应的法律机制对旅游产业和海洋产业发展过程中的事项进行规范，其发展面临着法律依据匮乏的困境。如在发展海洋经济过程中，南海资源的开发和利用至关重要。《若干意见》中也明确要将海南国际旅游岛建设成为南海资源开发和服务基地，使海南成为我国南海资源开发的物资供应、综合利用和产品运销基地。但在南海资源开发的过程中，由于其风险高、成本高，而我国以及海南省缺乏相应的激励机制，资源利用效率并不理想，因而必须开展海洋地方立法，制定相应的地方性法规，启动和规范海洋产品捞捕、深加工，海洋可再生能源、旅游资源的开发利用，以提升海洋经济在国际旅游岛发展中的比重。此外，海南国际旅游岛要成为文明之岛，还必须大力发展精神文明。而在精神文明建设的过程中，法治也具有重要的地位，因为法治精神和法治文化是社会主义精神文明的重要组成部分。因而在海南国际旅游岛的建设过程中，必须要健全普法宣传教育，将法治教育纳入现有教育体系中，培养公民的法律意识，树立起正确的权利义务观，从而塑造一个尊法守法的良好社会环境。

（四）和谐之岛的实现需要法治的调整

和谐之岛意味着海南国际旅游岛是一个社会稳定、关系融洽、发展良好的旅游度假胜地。海南国际旅游岛的发展必须坚持可持续的道路，坚持良性循环，这就要求在国际旅游岛建设的过程中，必须进行统筹规划，使整体与局部、今后与当前的发展实现协调与统一。因为规划具有规范与引导功能，"没有科学的规划，科学发展就无所依循"。为此，"必须依据国家关于海南国际旅游岛建设发展规划纲要的要求，以全省整体和一盘棋的视野，打破行政区划的壁垒，统一规划，……实现资源与项目的最佳配置，提升海南整体科学规划、科学发展的水平"。而法治中民主机制可以确保规划的科学性，程序机制可以确保规划的合法性，而协商机制则可以解决规划中的利益冲突，进而能够确保规划内容的合理性和执行的有效性。此外，从我国社会的变化角度分析，随着我国改革开放的深入，我国社会正在经历着一场深刻的变革，即由一个安土重迁型社会向流浪无根型社会转型，由一个一元化社会向一个多元化社会转型，由一个总体性社会向一个断裂型社会转型，由一个熟人社会向一个陌生人社会转型，由一个伦理本位的宗法社会向一个契约本位的法治社会转型。在这种背景下，随着国际旅游岛建设的加速，海南的社会转型将在流动性社会、国际化社会、多元化社会和陌生人社会上，表现得更为突出。而这些社会形态，无一不要求更高的法治程度与之相匹配。社会转型带来了社会冲突和一系列的社会问题，如果法治建设不能匹配海南的社会变迁，社会冲突和社会问题就得不到及时化解，这不但将影响旅游市场，也将影响到社会稳定与和谐。从国际旅游岛带来的深刻影响分析，在海南国际旅游岛建设过程中，要实现其发展目标和战略定位，其必须要进行改革和创新，对利益格局进行调整，而这其中必须要依靠法治，以法治为准，才能实现社会的稳定和国际旅游岛建设的健康发展。海南国际旅游岛建设不仅是对各种资源的充分利用并实现合理配置的活动，更是海南实现现代化的过程。因而海南国际旅游岛建设无疑是一场社会大变革，涉及中央和海南地方政府，地方各级政府之间，政府与市场主体之间，市场主体相互之间等各方利益的协调与再分配，还涉及当代人与后代人发展利益的平衡。只有运用法治智慧，创立有序协调发展的制度机制，通过法定的权利义务，才能使各种利益关系明晰化、合理化，才有利于通过法律机制使化解矛盾的工作规范化、便捷化，才能实现社会的稳定，实现社会各阶层利益关系的协调。

（五）投资环境的规范需要法治的创设

海南国际旅游岛的建设是全方位的建设，涉及各个行业和领域，休闲度假旅游地、旅游业改革创新实验区以及南海资源开发和服务基地等各个方面的建设均需要大量的投资。而海南自身的经济实力有限，投资力度也将十分有限，因而必须吸引省外甚至是境外的资金，让他们参与到国际旅游岛的建设，这就需要良好的投资环境。但是市场经济是法治经济，法律是市场行为和市场交易的基本准则，是投资者进行投资的安全保障，同时也是政府行为的重要约束。因此，法治环境是最佳的投资环境，良好的法治环境能够实现吸引资金的目的，依法办事能够给予投资者最佳的保障，是引进资金、技术和人才的最佳信用。因此，海南国际旅游岛的建设必须依法办事，奉行法治理念，遵守法律制度，从而创设良好的法治环境。此外，从海南经济发展的历史分析，国际旅游岛的建设也必须要奉行法治。回顾海南开放与发展的历程，法治建设的滞后是影响海南经济社会发展进程的重要因素。在海南建省之初，大量资金涌向海南，出现过"十万人才过海峡"的可喜现象，但当时海南缺乏相应的产业调节法，使资金无序进入房地产炒作，泡沫经济的破灭，造成了大量土地闲置，大量资金沉淀，形成银行的大量不良资产，为收回闲置土地而设计的换地权益书制度，又因制度设计的缺陷，不被市场看好，其价值严重贬值，"房地产开放与发展热"遗留的问题至今仍在一定程度上阻碍着海南经济社会发展。因而，在国际旅游岛建设的过程中，必须吸取上述教训，通过法治的指引与保障，实现国际旅游岛建设的顺利开展。

三 海南国际旅游岛法治建设的基本内容

国际旅游岛法治建设属于地方法治建设，而地方法治是指国家主权范围内的各个地方，在法治中国的推进过程中，践行法治精神，落实法治理念，以实现国家法治为目标，基于法治型社会治理的需求，逐渐形成并日益勃兴的一种法治发展现象，是建设社会主义法治国家在地方的具体实践。[①] 对于地方法治建设的基本内容，可以从目前各地开展的法治建设评

---

① 付子堂、张善根：《地方法治建设及其评估机制探析》，《中国社会科学》2014年第11期。

价及其法治指数中得到启示。目前,我国各地的法治建设实践中,通过法治评估和量化指标的方式推进其法治发展已经成为地方法治建设的重要指标,浙江省余杭市率先在全国实行了地方法治建设的评估,并发表了法治指数。目前,深圳、北京、重庆、昆明等地均开展了法治建设的评价,其中昆明市在2010年发表的《法治昆明综合评价指标体系》中设立了3个一级指标,即法治的社会环境综合指标、法治的制度环境综合指标和法治的人文环境综合指标,其中制度指标强调的是法律制度的自身建设,其包括立法、执法、司法等方面的评价。

在海南国际旅游岛建设过程中,其应从立法、执法、司法、法治宣传、法律服务等方面推进其法治建设,在强调制度建设的同时,强调制度的具体实施。具体而言,海南国际旅游岛法治建设的基本内容应该包括如下几方面。

第一,法治理念的建设。法治理念是立法、执法、司法、守法和法律监督的基本指导思想,是法治体系的精髓和灵魂。[①] 法治意识、法治思维的树立是国家法治建设的思想基础。因此,要推进国际旅游岛法治建设,就必须弘扬法治精神,强化法治理念。只有具有法治理念,才能形成法治观念,也才能遵守法律,养成依法办事的习惯。在我国法治建设过程中,一直强调法治理念的重要性。党的十八大报告明确指出,要深入开展法治宣传教育,弘扬社会主义法治精神,树立社会主义法治理念,增强全社会学法、尊法、守法、用法意识。而法治理念的树立,需要加强对法律知识的学习,需要进行法治宣传和法律知识的培训。因此,在海南国际旅游岛法治建设中,应该加强法治宣传,培养公众的法治观念,树立法治理念,并强化各级机关工作人员的法律知识培训与考核。

第二,法规体系的建设。建设社会主义法治国家,必须首先建立社会主义法律体系,使各项行为能够有法可依。2011年3月,吴邦国委员长宣布我国已经形成了由法律、行政法规、地方性法规与自治条例、单行条例等三个层次的法律规范构成的中国特色社会主义法律体系,我国因此实现从无法可依到有法可依的历史性转变,各项事业发展步入法制化轨道。但是法治建设中存在着普遍性和特殊性的区分,我国业已形成的法律体系是从整体上对我国普遍性问题作出了规定。而海南国际旅游岛建设过程

---

① 谢鹏程:《论社会主义法治理念》,《中国社会科学》2007年第1期。

中，还存在着很多特殊性的问题，现有的法律体系难以顾及，或者存在法律上的漏洞，导致法治建设过程中出现无法可依的现象，进而产生了法律上的风险。因此，在海南国际旅游岛法治建设过程中，必须密切结合其自身特点和需要，在上位法的指引下，加强地方立法建设，形成比较完备的国际旅游岛法制体系，从而为法治建设提供保障。

第三，法治政府的建设。建设社会主义法治国家，必要加强对公权力的约束与控制，使公权力在法律的轨道内行使。在各种公权力中，由于行政权具有主动性和扩张性，因而其滥用的概率就更大，因而要实现法治国家，必须要加强对行政权的规范和控制，推行依法行政，实现行政法治。其实，在我国建设社会主义法治国家的过程中，一直强调对行政权的规范和约束，国务院先后颁布了《全面推进依法行政实施纲要》《关于加强市县政府依法行政的决定》以及《关于加强法治政府建设的意见》三个纲领性文件。因此，在海南国际旅游岛法治建设中，也必须强调依法行政，加强对行政权的规范与约束，以建设法治政府。

第四，公正司法的建设。党的十八大报告明确指出，现阶段我国法治建设的目标是依法治国方略全面落实，法治政府基本建成，司法公信力不断提高，人权得到切实保障，为此要做到科学立法、严格执法、公正司法、全民守法。因而，司法在我国法治建设中具有重要的地位。这是因为，司法具有独立性和中立性等特点，是维护社会公平正义的最后一道防线，司法公正不仅能够维护社会公正，而且可以通过矫正、恢复、弥补、救济等方式实现法律公平和正义。因此，在海南国际旅游岛法治建设过程中，应确保司法独立，维护司法权威，促进司法公正，使其能够为国际旅游岛的建设创设良好的法治环境。

第五，法律服务的建设。随着我国法治建设的不断深入和公民法治观念和意识的不断提升，民众公共法律服务的需求不断扩大。公共法律服务的范围比较广，包括法律援助、法律咨询、辩护、代理、公证、司法鉴定、人民调解，等等。根据司法部印发的《关于推进公共法律服务体系建设的意见》之规定，要不断健全公共法律服务网络，有效整合公共法律服务资源，大力拓展公共法律服务领域，不断提高公共法律服务能力和水平，以推进我国公共法律服务体系。随着国际旅游岛建设的深入，利益格局的不断调整以及法律意识的不断提高，公民运用法律解决纠纷和争议的现象会越来越多，对法律服务的需求也会不断增强，因此在国际旅游岛法治建设过程中，应特别注重公共法律服务体系的建设，以保障公民合法权益，维护社会公平正义。

第六，法治队伍的培养。法治建设离不开法治人才和法治队伍，无论是科学立法、严格执法、公正司法，还是全民守法，均需要法治队伍的培养和建设。法治队伍的素质将直接影响立法、执法和司法的质量和效率，并会直接关系到法治国家的建设进程和效果。法治队伍的建设一方面离不开对现有法治队伍的培训，以提高其专业化的水平；另一方面也需要通过法治教育，培养出更多的高素质的法治人才队伍。国际旅游岛建设的各个方面均与法治建设有着密切的关系，均需要专业化的法治人才队伍，因此需要特别重视法治人才队伍的培养和法学教育的发展，从而为国际旅游岛法治建设提供人才保障。

第二节 海南国际旅游岛建设中的法治成就

海南国际旅游岛建设以来，海南省人大及其常委会、各级政府和司法机关以及法律服务组织、法学科研院所，紧紧围绕国际旅游岛建设目标，回应国际旅游岛建设的需要，不断完善法制体系，提高依法行政水平，创设良好的司法环境，提供优质的法律服务，培养法治人才，提高公众的法律素养，极大地促进了海南国际旅游岛法治发展水平，为其发展提供了良好的法治环境。

一 完善了国际旅游岛法规体系

国际旅游岛建设以来，海南省人大及其常委会针对国际旅游岛建设实践，运用立法权的创新、填缺、变通功能，加强配套立法，以构建促进和保障国际旅游岛建设发展的地方性法规体系，编制完成了《海南国际旅游岛建设发展专项立法计划》。五年来，在专项立法计划的指引下，海南围绕国际旅游岛建设所通过的法规和法规性决定、决议共计52个，在数量上接近了专项立法计划目标。从类型上看，在已通过的52个立法项目中，法规49个、法规性决定和决议3个；从年份上看，2010年就通过7个，2011年通过18个，2012年通过9个，2013年通过了12个（含修订1个），到2014年9月底又通过了8个（含修订1个）。

（一）完善立法机制，提高立法质量

为了推进科学民主立法，提高立法质量，海南省人大积极完善立法体制机制。推进了立法工作的规范化和制度化，修订了地方立法听证规则，完善了审查地方性法规草案以及地方性法规配套规范性文件制定的工作程序；加强立法调研，提前介入法规起草工作，以增强立法的针对性和时效性；开展民主立法，通过座谈会、论证会等形式广泛听取社会公众意见；开展了委托立法工作，将旅行社管理规定等法规草案委托海南大学、海南师范大学等单位起草，以发挥专家学者的作用；加强了立法工作队伍建设，扩大立法咨询专家队伍规模，提高立法工作队伍的素质，以确保地方性立法的质量；修订了海南省制定和批准地方性法规条例，以规范制定地方性法规活动，提高地方性法规质量；制定了立法计划编制工作规程、地方性法规起草审查审议工作规程、立法听证规则，制定了地方性法规配套规范性文件的相关工作程序等制度，使立法工作进一步规范化、制度化。

（二）开展经济立法，促进产业发展

为了促进海南国际旅游岛的产业发展，海南省针对产业发展中的困难与需求，积极开展经济立法，以立法促进产业振兴，发展实体经济，以加快进产业兴省的步伐。针对"豇豆质量事件"暴露的问题，修订海南经济特区农药管理若干规定，确立实行农药统一批发经营和农药零售许可制度为主体的新型农药经营体制，明确了各级政府和相关部门的监督管理职责；制定海南经济特区农民专业合作社条例，以促进农村经济发展；制定和修改了电力、电信设施、无线电、邮政以及公路等建设、管理与保护条例，以促进电力、电信以及公路等事业的发展；制定和修改了促进中小企业发展条例、企业和企业经营者权益保护条例，保护企业合法权益。此外，还制定和修改了海南省政府非税收入管理条例和海南省统计管理规定，以促进经济的健康发展；修订了洋浦经济开发区条例，扩大洋浦经济开发区管理局的管理权限和行政审批权，以推动洋浦经济开发区的发展。

（三）推进社会立法，提高民生水平

修订城镇从业人员基本养老、基本医疗、失业、工伤、生育保险等条例，提高了参保人员的待遇标准，完善了城镇社会保障制度；修订残疾人保障法实施办法，改善了对残疾人权益的保障措施；修订了海南省燃气管理条例和海南经济特区物业管理条例，保障了城镇居民用气和业主的权利；修订义务教育法实施办法，依法加大了各级政府的责任，以保障适龄儿童与少年接受义务教育的权利；修订了海南省消防条例，加大了政府及有关部门的职责，以保护公民的人身和财产安全。此外，制定海南省劳动保障监察若干规定，以维护劳动者合法权益，促进了劳动关系和谐；修订海南经济特区律师执业条例，在规范律师的执业行为、有关行政管理权下放、律师受托开展见证业务、非诉法律事务律师调查权等方面做出了更加具有可操作性的规定。

（四）开展旅游立法，规范旅游市场

自主起草并审议通过了海南国际旅游岛建设发展条例，围绕海南国际旅游岛六大战略定位，从建设发展的基本原则和要求、规划编制与实施、生态建设、产业发展、社会建设和保障措施等方面作出具体规定，使海南国际旅游岛建设有了"基本法"。此外，针对旅游业存在的市场秩序混乱、欺客宰客、恶性低价竞争、导游服务不规范、出售假冒伪劣商品较为突出等问题，及时审议通过了海南经济特区旅行社管理规定、导游人员管理规定、旅游价格管理规定和海南省旅游景区景点管理规定，创新了海南旅游业体制机制和管理方式，为旅游市场综合整治提供法律依据，促进了海南旅游市场的规范；制定了旅游安全管理规定，以预防和及时处置旅游安全事故和突发事件，维护旅游者和旅游经营者的合法权益。

（五）强化生态立法，支撑绿色崛起

全面修订了海南省环境保护条例，完善了环境影响评价等制度，以防治环境污染和其他公害；制定了海南省城乡容貌和环境卫生管理条例，根据城乡不同特点提出环境建设要求，对乱停车等不文明行为以及"地沟油"回流到餐桌等问题，制定具体制约和处罚措施，规定了破坏城市环境和卫生违法行为的制约和处罚措施，以加强城乡容貌和环境卫生管理；修订了海南省矿产资源管理条例，以加强矿产资源的勘察、开采和保护；制定了海南省饮用水水源保护条例，以加强水源保护和管理；制定了万泉河流域生态保护以及海洋环境保护等条例，以加强海南省水域以及海洋环境的保护；修订了海南省珊瑚礁保护、红树林保护、古树名木保护管理等规定，以加强海南省特有生物资源的保护。

（六）完善海洋立法，推动海洋强省

修订了实施海域使用管理法办法，以维护国家海域所有权和海域使用权人的合法权益，促进海域的合理开发和可持续利用；制定了海南经济特区海岸带保护与开发管理规定，以合理开发海岸资源，保护海岸带的可持续利用，推动海岸带开发利用规范有序进行；修订了海南省实施渔业法办法，维护渔业生产者合法权益，保障水产品质量安全。此外，为了顺应我省沿海边防治安管理和海上执法的需要，修订了海南省沿海边防治安管理条例，为维护国家海洋权益和南海主权提供了法律依据。

二 提高了法治政府的建设水平

行政权的特征和性质决定了，推进依法行政，建设法治政府在法治建设过程中居于核心的地位。2000年，海南省委确立了依法治省的目标，海南省第五次党代会也明确提出了"法治海南"建设。海南国际旅游岛建设以来，为了创造良好的行政法治环境，海南省采取了诸多措施，使海南省的行政管理事业逐步纳入了法制化、规范化的轨道，依法行政和法治政府建设水平得到了提高。

（一）加强制度建设，改进制度质量

海南省十分重视以立法推进制度建设与改革，以发挥政府立法在国际旅游岛建设中的引领、推动和保障作用，如制定了《外国免签证旅游团管理办法》等规章，创新了旅游业管理体制机制和管理方式；出台了《海南省政务服务管理办法》，对政务服务工作进行了全面的规定，以提高行政效能；以立法推动行政审批制度改革，组织审查了暂停实施由法律、行政法规设定的部分行政审批事项，原则上不再设立新的行政审批事项；加强了对规范性文件的审查备案，五年来，海南省法制办对省政府及其有关厅局制发的1702件规范性文件出具法律意见；根据《海南省规范性文件制定与备案登记规定》的规定，完成了省政府所属部门和市县政府制发的2126件规范性文件的备案登记。此外，海南省还推进行政审批制度改革，行政审批"三集中"改革模式先后获中国地方政府创新奖和中国法治政府奖，省政务中心承诺办理事项提前办结率达99.82%。

海南省政务服务中心于2008年7月1日正式运行。海南省政府将34个厅局单位的1240项行政审批事项，集中在政务服务中心厅统一办理，实施"一站式"服务，公开服务内容、办事程序、承诺时限和收费标准。同时采取了将审批事项、审批人员、审批权力集中在一起的"三集中"模式。这种模式下，各厅局的职能、权力、人员编制不变，各厅局一把手或分管领导的审批权转交给首席代表，首席代表是由各厅局委派到政务中心的审批主任，各审批办拥有了受理权和直接审核权，84%以上的项目均可在省政务大厅办结。这样不仅实现了各厅局系统内部和全省审批系统的优化,还避免了权力滥用、以权谋私及腐败等弊端,提高了行政审批的效率。据相关数字统计,海南省政务服务中心60.9%的审批项目短于法定时限,且绝大多数项目的实际办理时间比承诺时间还要短。

(二) 规范决策程序,提高决策水平

为了推进行政决策的科学化、民主化、法治化,海南省完善了重大事项集体决策、专家咨询、社会公示和听证制度等制度。修订了《海南省人民政府工作规则》,完善了省政府常务会议、专题会议和省长办公会议制度,明确了省政府全体会议或省政府常务会议讨论决定的事项范围,规定了公众参与、专家论证、风险评估、合法性审查和集体讨论决定是重大决策的必经程序。此外,还明确要求涉及重大公共利益和公众权益、容易引发社会稳定问题的,要进行社会稳定风险评估,并采取听证会等多种形式听取各方面意见。

(三) 改革执法体制,规范执法行为

海南省积极开展综合执法改革、规范行政裁量权和实施执法资格考试等工作,以明确执法责任,提高执法人员素质,严格规范公正文明执法。海南省在海口、三亚两市开展了城市管理、农业管理综合行政执法试点工作,在取得经验的基础上,扩大了试点范围,积极指导文昌市、东方市开展城市管理综合执法试点工作,减少了执法层级,解决了多头执法和多层执法问题;制定出台了《海南省规范行政处罚自由裁量权办法》,从基本原则和情节处理等方面对处罚自由裁量权进行了明确的细化;海南省法制办还组织、指导省直行政执法机关梳理、审核、编辑出版了《海南省行政执法机关行政处罚自由裁量基准制度汇编》,建立健全了行政处罚自由裁量基准制度。此外,海南省积极开展从省直部门到乡镇政府行政执法人员的法律培训,提高了行政执法人员的业务素质和执法水平;强化执法资格考试制度,严格行政执法人员资格准入制度,五年来,对全省行政执法人员2.3万人进行了执法资格认证,进一步规范了执法行为。

(四) 强化行政监督,开展行政问责

在建设法治政府过程中,海南省各级人民政府和政府部门自觉接受人大及其常委会、政协、人民法院以及社会的监督,同时加强政府内部层级监督和专门监督,以提升政府的执行力和公信力。根据《海南省依法行政考核办法》,成立了考核评议领导小组,出台了海南省行政执法机关推行行政执法责任制检查验收考核评分标准,对各市县政府以及省政府直属部门依法行政情况,从行为、程序、效率等方面进行考核。此外,还开展了行政执法专项监督检查,对《海南经济特区旅行社管理规定》等地方性法规实施情况开展了执法调研,对三亚市户外广告违法拆除,定安、海口河道违法采砂,高考移民等社会反映突出的现象开展个案监督,以纠正了违法与不当的行政行为。在监督的过程中,强化了行政问责,出台了《海南省行政执法过错责任追究暂行办法》,以督促行政执法人员依法行政。

(五)创新复议体制,化解社会矛盾

海南省积极开展了行政复议体制机制创新工作,出台了《海南省人民政府关于进一步创新行政复议体制机制加强行政复议能力建设的意见》,以推进行政复议制度改革;成立了海南省行政复议委员会,制定了《海南省行政复议委员会工作规则》和《海南省行政复议委员会组成人员守则》等工作规范,以增强行政复议公信力;与法院建立行政复议与行政审判互动机制、信息沟通与共享机制,以提高办理行政复议案件质量和效率。在行政复议过程中,充分运用听证和现场勘察等手段,严把事实关和法律适用关,对适用法律明显错误的具体行政行为坚决予以纠正,以切实维护行政相对人员的合法权益;在办理行政复议案件过程中,加大调解和解力度,鼓励复议申请人、被申请人自愿达成调解和解协议,主持双方当事人调解和解,解决争议。近五年来,省法制办以调解、被申请人自纠、申请人撤回申请等方式审结的行政复议案件数占全部案件数的8.3%。

三 创设了公平正义的司法环境

海南国际旅游岛建设期间,海南省各级法院和检察院积极履行自身职责,创新工作方式,回应民众诉求,接受社会监督,提升队伍素质,促进公正廉洁司法,为国际旅游岛建设提供良好的司法环境。

(一)履行司法职责,维护公平正义

海南省各级人民法院紧紧围绕"努力让人民群众在每一个司法案件中都感受到公平正义"的工作目标,狠抓执法办案第一要务,依法惩处刑事犯罪,妥善审理民商事纠纷,积极化解行政争议,着力破解执行难题，切实履行司法的政治、法律和社会责任。仅2013年，海南省各级法院就受理各类案件92015件，办结88569件，同比分别上升22.71%和22.04%，结案率达到96.25%。与此同时，海南省各级人民检察院也积极履行职责，充分发挥检察职能作用，依法打击各类刑事犯罪，惩治腐败，推进职务犯罪预防，规范和加强诉讼监督，贯彻宽严相济刑事政策，加强对监外执行和社区矫正的法律监督，为海南国际旅游岛建设提供司法保障。仅2013年，海南省各级人民检察院就批准逮捕各类刑事犯罪嫌疑人8339人、提起公诉9965人，立案侦查职务犯罪案件239件共322人。

（二）回应民众诉求，践行司法为民

海南省各级人民法院坚持为民司法，切实执行《海南法院司法为民30条措施》，妥善审理民生案件，拓展司法便民服务，积极回应人民需求关切。加强了立案信访窗口建设，实行"一站式"服务，为行动不便等当事人提供上门立案、预约立案、电话立案等服务；设立了27个旅游诉讼服务中心，推广旅游法庭、假日法庭等便民法庭的经验做法，以方便群众诉讼，仅在2010年就巡回办案5244件次，当场审结案件3087件，调处非诉纠纷111155件；积极开展司法救助，普遍设立司法救助基金，为弱势群体和困难群众开辟"绿色通道"。此外，海南省高院出台了审理海南农垦系统劳动争议纠纷、外嫁女（入赘男）请求分配征地补偿款纠纷、旅游房地产纠纷等方面的审判业务指导文件，以统一法律适用。而海南省各级人民检察院也坚决惩治危害民生民利的犯罪，查办教育、城建、医疗等领域职务犯罪案件，构建服务民生新平台，以检察信访接待和派驻乡镇检察室为平台，开通"检察服务民生热线"，推进刑事被害人救助工作。

（三）推进司法改革，促进司法公正

海南省法院积极推进审判方式改革，以促进司法公正。推行量刑规范化改革试点；推行民事审判改革，当庭公开确证，确立优势证据胜诉原则；推行行政审判简易程序试点，平均结案时间比法定时限缩短3/4；试行减刑假释与财产刑、附带民事判决执行关联机制，同时开展对减刑假释案件试行听证或开庭审理；推行案件繁简分流和速裁工作机制，扩大简易程序适用范围，提高诉讼效率。海南省检察机关也探索积极推进检务改革，坚持重心下移，检力下沉，设置了覆盖153个乡镇、55个农场的36个派驻乡镇检察室，以探索建立涉农检察工作新机制；开展量刑建议试点工作，以促进审判活动公平公正；探索建立民事督促起诉制度，与省财政厅等十家单位会签了《关于检察机关积极开展民事督促起诉保护国有、集体、社会公共资产的意见》，探索依法监督保护国有、集体、公共利益不受侵害的新途径；全面推行"捕、诉、监、防"一体化办案模式，开展了羁押必要性审查、附条件不起诉、轻罪记录封存、合适成年人参与诉讼等有益探索，以健全未成年人刑事检察工作机制。

《海南省高级人民法院服务海南国际旅游岛建设工作意见》中规定：要合理配置审判力量，在交通枢纽、重要景区和城市广场等游客较为集中的地点适时设立旅游法庭、交通法庭，省高院筹备成立"国际旅游岛建设诉讼服务中心"；鉴于旅游服务的不可贮存性、旅游过程的流动性及缔约形式的不规范性，适当放宽立案条件，适当扩大有管辖权的法院范围；建立繁简分流机制，对事实清楚、责任明确、标的不大的案件适用速裁方式审理；建立旅游纠纷就地立案、就地审理、当庭裁决和立即执行的快速处理机制，并采用"110联动"出警方式受理案件。

（四）扩大司法公开，提高司法透明

海南省法院建立了审判信息公开查询制度，通过民事证据公开确证、设立法院开放日、设立案件审理流程查询触摸屏、推行裁判文书上网、庭审网络直播、定期举办新闻发布会、开通三级法院政务微博、设立院长邮箱等措施，推进审判流程公开、裁判文书公开、执行信息公开"三大平台"建设，以保障人民群众的知情权、参与权、表达权和监督权；强化公开开庭、公开举证、公开质证、公开确证、公开宣判，以保障当事人的诉讼权利；充分发挥人民陪审员的作用，仅在2011年参与审理了5570件案件；举办"法院开放日"活动，邀请人大代表、政协委员以及社会群众进行法庭体验，以去除司法的神秘性。

（五）加强内部管理，提高司法效能

海南省法院建立法官考评委员会，推行审判业绩考核；细化了违法审判责任追究标准，明确工作责任；制定了《岗位目标管理考核办法》，实现了对法院工作人员岗位目标管理的全覆盖；强化审判委员会职能，加大了对疑难案件的监督指导；建立了高、中院各审判业务庭和基层法院之间的对口包庭指导制度，继续推行案例指导制度；修订出台了《海南省法院案件流程管理办法（试行）》。通过上述措施，海南省法院的审判质量和水平得到了提高，2011年全省法院法定审限内结案率99.9%，同比提高0.29个百分点；二审案件改判发回重审率19.94%，同比下降0.92个百分点；再审案件改判发回重审率44.35%，同比下降14.41个百分点。海南省检察机关建立了检察官宣誓制度，以增强检察队伍的责任意识；完善绩效考核评价机制，以推动检察工作目标任务落实；规范完善了案件集中管理机制，以对执法办案实行严格的流程监控和质量管理；以信息化建设为平台，构建执法办案、政务管理、检务保障、队伍建设"四位一体"的检察管理和工作运行机制；细化执法标准，单独或会同公安、法院、司法行政部门等制定了检察机关介入侦查、刑事案件换押等规范性文件29项。

四 提高了社会公众法治观念

为了提升社会公众的法治意识，海南省作出了关于开展"六五"法制宣传教育的决议，完善了法治宣传的组织领导和制度机制，丰富法治宣传的形式和内容，推进依法治理，以促进法治建设和依法治省。

（一）加强组织领导，凝聚部门共识

海南省普法依法治理工作基本形成了党委领导、人大监督、政府实施、各部门齐抓共管、全社会共同参与的普法工作格局，将"海南省法制宣传教育领导小组"变更为"海南省普法依法治理领导小组"，其工作职能由法制宣传教育增加到了依法行政、公正司法、法治建设等方面的依法治理工作。领导小组成员单位也由原来的24个增加到37个，各级成员单位认真落实领导小组工作制度，按照成员单位工作职责，结合部门、行业职能特点和执法活动，积极开展了普法依法治理工作。为了使海南省的普法依法治理工作能落到实处，还制定了《海南省普法依法治理领导小组工作制度（试行）》和《海南省普法依法治理领导小组成员单位职责》，进一步完善了领导小组工作制度，明确省普法依法治理领导小组及办公室工作规则，明确37个成员单位的工作职责。

（二）完善制度建设，提供规范保障

海南省制定了《海南省法制宣传教育条例》，以地方法规的形式明确了法制宣传教育的地位作用、目标任务、工作原则和政府及主管部门法制宣传教育的职责、相关部门的普法责任、考核监督奖惩制度等，以促进

"大普法"格局的形成；制定《海南省兼职法制副校长管理办法》，进一步规范兼职法制副校长管理工作，以发挥兼职法制副校长职能作用；制定了"六五"普法规划和《海南省开展法治城市、法治县（市、区）创建活动的意见》，为海南省"六五"普法工作以及法治城市、法治县（市）区创建活动的开展提供了指引；探索建立了"五个一"农村普法工作机制，得到了司法部、全国普法办的肯定和推广。

（三）加强队伍建设，夯实普法力量

为贯彻落实"六五"普法规划及其决议，进一步发挥普法讲师团作用，海南省司法厅成立了由48名具有较丰富的法律知识和实践经验的成员构成的省"六五"普法讲师团。为了提高普法工作能力和水平，加强了骨干队伍培训，举办了市县普法骨干培训班、省直机关法制部门负责人和普法联络员培训班和兼职法制副校长骨干培训班，给全省2000多名兼职法制副校长每人赠送一套《"六五"普法兼职法制副校长培训教材》，通过培训学习，进一步明确了"六五"普法依法治理工作任务，为全面贯彻落实"六五"普法规划及决议奠定了基础。

（四）丰富宣传形式，提高宣传实效

海南省根据宣传对象的不同，制定了不同形式的法治宣传形式，以提高法治宣传实效。组织开展了"推进依法行政、建设法治海南"大学习、大讨论主题活动，在市县开展法治专题巡回宣讲近60场次，听课人数达3万多人次；为帮助领导干部和公职人员提高依法行政的意识和能力，组织专家学者编撰《推进依法行政，建设法治政府十二讲》，作为"六五"普法读物，赠发在职公务员学习；组织开展"推进依法行政、建设法治海南"主题征文活动；通过典型案例为题材的情景剧法治文艺表演，组织百场"法治文艺进校园"巡演活动，把法制宣传教育变被动为主动、互动；开设了"公民道德与法大讲堂"，以传承中华优秀传统文化，弘扬社会主义法治精神，提升公民法律素质；制作海南话《农村法制》广播栏目，以提高广大农民法律素质，增强农民的法律意识，仅在2013年该栏目就编播节目100多期，接听热线电话和参与节目互动400多人次。此外，还加强了法治文化阵地建设，加强了《海南普法网》建设，充分发挥《海南普法网》在推进普法工作的作用。

法治文艺进校园巡演活动是海南省实施"六五"普法规划及决

议，创新法治宣传教育方法方式，增强普法工作针对性和实效性的一种探索尝试。巡演活动通过《阿海的哥们》《梦幻网吧》等8部情景剧，将海口市未成年人法制教育中心学员中的典型案例搬上舞台，充分展示了当前未成年人教育中存在的突出问题和困惑。海南省法治文艺进校园巡演活动从2013年11月开始，至2014年11月结束，历时1年，巡演行程遍及全省除三沙市以外的25个市县（区），全省51%的中学在校生观看了演出，收到了良好的普法效果，受到了广大师生、家长的热烈欢迎和各级领导的高度评价，得到了社会的广泛关注，受到了中央电视台、《人民日报》等30多家媒体的广泛关注。

（五）突出宣传重点，开展专题宣传

为了深化法律进机关、进乡村、进社区、进学校、进企业、进单位活动，海南省把加强领导干部、农民和青少年的学法用法工作作为"六五"普法工作重点，出台了《关于进一步加强领导干部学法用法工作的意见》和《关于进一步加强农民学法用法工作的意见》，强化了党委（党组）理论中心组学习，加强农村"两委"干部培训，举办全省乡镇和街道办党委书记普法培训班，对全省201个乡镇和18个街道办党委书记开展学法培训，以加强领导干部和农民学法用法工作；组织开展"6·26"禁毒法制宣传教育活动和"12·4"系列宣传活动，并针对春节期间经常出现易燃易爆和交通安全问题，组织开展专项法律法规宣传教育活动，以增强人民群众的法律意识。

（六）坚持普治结合，推进依法治理

在普法宣传的同时，海南省把法治城市、法治县（市、区）创建工作作为推进法治实践、建设法治海南的重点内容，充分发挥法治在推动科学发展、化解社会矛盾和建设海南国际旅游岛中的规范、引导和保障作用，以增强各级领导干部依法执政、依法行政、依法决策的能力和水平。通过努力，2013年，海口市和琼中县获评全国法治城市、法治县（市、区）创建活动先进单位，海口市美兰区演丰镇塔市村等6个村委会获评第五批"全国民主法治示范村"；为了科学评价法治建设成效，海南省司法厅还成立海南省法治建设考核评价指标体系课题组，多次召开了课题研究座谈会和专题研讨会，深入儋州、昌江、乐东和海口市龙华区等市县（区）开展课题调研，对法治建设考核评价体系进行了反复研究，通过开展课题调研、撰写调研报告、构建指标体系等步骤，研究制定出具有指导意义的法治建设考核评价体系。

五 提升了法律公共服务水平

海南国际旅游岛建设以来，为了维护人民群众的合法权益，促进社会和谐稳定，创造良好的法治环境，海南省司法行政机关和行业组织积极开展了法律援助、公正以及化解纠纷等法律服务活动。

（一）开展法律援助，维护弱者权益

2014年3月修订的《海南省法律援助规定》，将请求征地、房屋拆迁补偿等6项事项列入了申请事项范围，并将申请法律援助经济困难标准放宽，涉及农民工追索拖欠工资、工伤赔偿、劳动保险待遇以及残疾人申请法律援助的案件，将不再审查其经济困难标准，直接提供法律援助；海南省高级法院、省检察院等单位联合出台的《关于加强刑事诉讼法律援助工作的意见》，建立了刑事诉讼法律援助联席工作会议制度，完善法律援助工作衔接机制；而《海南省司法厅非诉讼法律援助案件办理暂行规定》对非诉讼法律援助的原则与条件等进行了明确规定，以确保非诉讼法律援助工作服务质量。加强了法律援助队伍建设，如组建海南省工会法律援助律师团，100名律师将无偿为工会职工提供法律服务。加强法律援助平台建设，建成了海南省法律援助中心便民服务大厅。此外，海南省还推进全省6个事业编制的法律援助机构分类改革，进一步理顺法律援助机构管理体制；保障市县法律援助机构装备设施齐全，以便受援人获得便捷、优质的法律援助；开展"绿岛法援"系列专项活动，将"为困难群众和农民工提供法律援助"列为2014年为民办实事十大事项之一。通过努力，海南省法律援助效果明显，2013年，全省法律援助机构就受理了法律援助案件16273宗，比2012年增长了21.09%，共为16339名受援人挽回损失或取得利益12520.28万元。

（二）规范公证程序，提高公证质量

海南国际旅游岛建设以来，海南省公证行业不断加强自身管理，创新服务措施，提高服务质量，提升服务水平，以增强公证的社会公信力。海南省司法厅先后出台了《关于加强公证机构内部规范管理试行意见》《关于规范公证机构内部登记管理的通知》以及《关于加强公证质量管理有关事项的通知》等文件，完善了公证业务研讨、请示制度，建立健全了公证业务审批制度，完善了公证质量自查制度，建立了公证复查、撤销公证书公告和备案制度，完善了公证执业过错责任追究制度，以加强公证行业的内部管理。海南省公证协会制定出台了《关于办理小额遗产继承公证简易程序的意见》，对不超过2万元的动产如存款、养老金、住房公积金、股票账户资金等继承，在当事人举证等程序方面进行简化、优化办证程序。海南省还建立公证质量督察制度，选派两名资深公证员担任公证质量督察员，对全省各公证处的办证情况每月进行全面检查，以提高公证员的质量意识。

（三）开展人民调解，调处民间纠纷

为了发挥人民调解在民间纠纷中的调处作用，海南省从制度、组织以及人员等方面对人民调解进行了规定和完善。制定出台了《海南省建制村人民调解员管理的实施意见》，以发挥人员调解员的作用。完善了人民调解组织，建立了交通事故调解中心、旅游纠纷人民调解室，实现了医疗纠纷人民调解全覆盖，全省3012个村（居）委会已全部建立了人民调解委员会。截至2013年，全省已建立各级各类人民调解委员会3365个，共有人民调解员24829人。拓展了人民调解范围，在加强婚姻、家庭邻里、损害赔偿和生产经营等常见性、多发性矛盾纠纷调解的同时，海南人民调解积极介入医患纠纷、劳务争议、道路交通、旅游纠纷、征地拆迁纠纷等专业性、行业性方面矛盾纠纷的调处工作，以发挥人民调解作用。2011—2013年，全省人民调解组织共排查调处各类矛盾纠纷78083宗。其中2013年，全省共调处社会矛盾纠纷24800多件，成功率达97.06%。

（四）发挥律师作用，提高服务水平

海南省律师事务所目前已达100家，实现了市县级律师事务所全覆盖，律师人数达到1400人。在海南国际旅游岛建设过程中，海南省律师积极开展为海南大项目建设提供法律服务、担任政府法律顾问、受政府委托进行法律研究和地方立法、参与法律援助和普法宣传等活动，为海南省法治建设和法律服务做出了应有的贡献。在首批28名海南省法律顾问团团员中，就有17位是律师，这充分反映了律师在政府管理和决策提供法律服务中的作用。此外，海南省律师积极参与办案，为民众提供优质的法律服务。2014年，全省律师事务所共办理各类案件13216件，其中刑事案2346件、民事案件9162件、非诉讼案件1001件、行政案件707件，担任法律顾问1507家。

六 提升了法学教育科研水平

法学教育在培养法律人才，研究法律问题，弘扬法治精神，践行法治理念等方面具有重要的作用。海南国际旅游岛建设以来，海南省的法学教育在专业设置、人才培养以及学术影响等方面取得了较大的发展，其中以海南大学法学院为代表。

（一）开展学科建设，丰富专业设置

海南省设置法学专业的高校有海南大学、海南师范大学、海南政法职业学院、海南省医学院以及三亚学院等，它们积极开展学科建设，不断提升自身实力，其中，海南大学法学院法学专业为海南省一级重点学科，拥有法学一级学科硕士点和法学一级学科博士点，其中法学博士点是海南省人文社会科学的第一个博士点，其法学教育整体实力已经位列全国前30强。海南省高校的法学院系在开展法学基础专业教学的同时，根据海南省的地方特色，设置了法学特色学科，如海南医学院强化了卫生法学的地位，而海南大学法学院紧紧围绕我国海洋强国战略和海南省海洋强省战略，在全国首次设立了海洋法学博士点。

（二）加强队伍建设，提高师资水平

海南省高校中的法学院系通过多种方式和途径，加强法学教师队伍的培养，提升法学师资队伍的水平。针对师资队伍的结构需求，不断引入在全国有影响力的专家、教授，招聘具有科研实力的优秀博士生，以不断完善师资队伍结构，已经形成了一支教学水平和科研实力较强的法学师资队伍。如海南大学法学院拥有博士学位的教师近30人，拥有博士学位的教师比例超过60%，其中有1人获得国家教学名师，2人获"新世纪百千万人才工程"国家级人选，民法学教学团队获评为国家级教学团队。

（三）建设学术机构，充当政府智囊

海南省高校中的法学院系积极开展学术机构建设，围绕海南国际旅游岛建设的需求，不断建设学术研究机构，充当海南省各级政府的智囊团和信息库。其中围绕旅游法制以及海洋法学，海南省法学院系成立了旅游法制研究所以及海南省南海法律研究中心，其中后者是全国唯一的专门研究南海法律问题的研究机构，目前已经获得国家级以及省部级科研项目50余项，发表涉海类专业学术论文100余篇，向中央以及海南省委、省政府等政府机关提交研究报告40余份，其中多份报告获得中央首长以及省政府领导的批示。此外，司法文明协同创新中心南方基地也落户于海南大学。

海南省南海法律研究中心是我国唯一的专门研究南海法律问题的研究机构，其以"研究南海法律，服务国家战略"为指导思想，结合海南省具体省情与南海发展局势，研究南海当前的重大法律问题，培养高级海洋法律人才，充分发挥高校科研机构教学与科研互动的优势，力争逐步建设成为全国知名的南海法律研究平台、信息资料平台和学术交流平台和海洋法律人才培养平台。目前该中心的主要研究方向包括：南海安全战略研究、南海海洋争端解决机制研究、南海问题的国际法理研究、南海海上通道安全法律问题研究、南海资源开发法律问题研究、国家海上管辖权和海洋执法法律问题研究、南海海洋环境保护机制研究、南海区域合作制度研究、海洋经济法律制度研究等。

第三节 海南国际旅游岛法治建设中的问题及发展方向

海南国际旅游岛建设至今，在立法体系、法治政府以及公正司法建设等方面取得了较大的成绩，为国际旅游岛的建设和发展创设了良好的法治环境。但是，在法治建设过程中，仍然存在着一些问题，影响和制约了国际旅游岛的发展。因此，在今后的法治建设过程中，应紧紧围绕国际旅游岛的发展目标和战略定位，进一步完善地方法规体系，提高依法行政水平，提升公民法治观念，创设更加优质的法治环境，为海南国际旅游岛建设提供法治保障。

一 海南国际旅游岛法治建设中存在的问题

（一）国际旅游岛法规体系需要进一步健全

虽然海南省人大常委会编制了《海南国际旅游岛建设发展专项立法计划》，从综合管理、产业发展、民生保障、环境建设四大类，以及旅游业与相关产业发展、规范旅游市场主体等六个方面，确定了56个有关国际旅游岛的立法项目，构建了以国际旅游岛"基本法"为统领，以旅游业及相关产业发展的法规为主干,以改善与保障民生及环境建设的法规为支撑的海南国际旅游岛建设发展的地方性法规体系框架。且在立法实践中积极利用地方立法权,围绕建设国际旅游岛的实际需要,初步形成了国际旅游岛法规体系,为国际旅游岛的建设提供了法律支撑。但是,随着国际旅游岛建设的深入,法规体系的不健全逐渐得到了显现,影响了国际旅游岛的法治建设。其法规体系不健全主要体现在如下几个方面:第一,旅游法规体系不健全。随着国际旅游岛旅游市场开放程度的不断加深,旅游产品的不断丰富,旅客数量的不断增多,现有的旅游景区、旅行社、导游人员以及家庭旅馆等方面的规定不能满足旅游市场发展的需要。此外,随着国际旅游岛旅游新业态的发展,出现了部分旅游市场管理无法可依的状况。如随着海南旅游市场的迅速发展,个性化、便捷化的汽车租赁行业也随之快速发展,海南省出现了数量众多的汽车租赁企业。虽然交通运输部于1998年制定了《汽车租赁业管理暂行规定》,但由于其与《行政许可法》相冲突,已于2007年被废止。因此,汽车租赁的经营管理缺乏相关规定,这导致海南省汽车租赁行业出现了无序竞争、盲目发展等问题,影响了汽车租赁业的健康发展,制约了旅游市场的进一步开发,破坏了海南国际旅游岛的形象。第二,生态环境保护法规体系不健全。良好的生态环境是海南国际旅游岛发展的根本,但目前海南省在林地和自然保护区管理等方面的规定仍有缺陷,海洋环境保护法规较为欠缺,公民保护生态环境的积极性也不高,因此应进一步强化生态保护立法。第三,特色产业法规体系不健全。海南国际旅游岛建设过程中,需要注重特色产业的发展,但相关立法的缺失制约了特色产业的发展。如在旅游产业中,邮轮游艇产业是海南国际旅游岛发展中的重要经济形态,海南省已经成为我国邮轮游艇产业发展的前沿阵地。但是在邮轮产业发展过程中,存在着邮轮购买条件过严以及外籍邮轮管理缺位等问题,且我国目前还没有制定针对邮轮的专门性法律法规,无法为邮轮产业的发展提供立法支撑。因而要破解其发展困境,必须先进行立法,以立法引领和推动邮轮产业的发展,而这是海南省地方立法可为之处。此外,在海洋经济发展中也存在同样的问题。除了上述方面以外,海南省在物业管理以及民生保证等方面法规体系也不健全,难以适应海南国际旅游岛发展的需要。

(二) 法治政府建设水平需要进一步提高

根据国务院印发的《全面推进依法行政实施纲要》和《关于加强法

治政府建设的意见》之规定,推进依法行政和建设法治政府包含了很多方面的内容与要求,如制度建设、依法决策、执法程序以及行政监督,等等。虽然海南省在推进依法行政方面取得了较大的进步,但其法治政府建设水平仍有进一步提高的空间。其一,行政决策,尤其是政府重大行政决策的程序不尽完善,重大行政决策的范围没有具体的标准,难以确保重大行政决策的科学性与合法性;其二,程序正当是依法行政的基本要求之一,但海南省还缺乏统一的行政执法程序规范,行政程序违法现象还时有发生,影响了法治政府的形象,阻碍了依法行政的推进;其三,行政问责和责任追究的力度仍须加强,以做到权责一致。但目前海南省关于行政执法责任过错的标准以及模式并不明确,问责的方式和程序并不完善,不利于行政问责的开展,影响了责任政府的形象。

海南省临高县和舍镇布佛、布大、抱堂村委会的王子彪等12名村干部,在办理农村低保过程中,违反国家政策规定,在农户低保申请手续不全,没有进行入户调查,没有召开村民会议、村民代表会议和村民小组会议讨论情况下,直接通过村两委干部会议确定低保对象,违规安排村干部及近亲属纳保,造成国家低保资金损失。布佛村在办理农户低保手续时,强行收取38户低保户手续费共4340元。而临高县民政局分管低保工作的行政机关工作人员,未按民政部和省政府关于低保审核审批规定,进行入户调查和公示工作,审核审批把关不严,造成和舍镇18户违规纳保,冒领低保金共计62720元。

(三)司法改革需要进一步深化

司法是维护社会公平正义的最后一道防线,公正是司法的基本价值追求。但要让人民群众在每一个司法案件中都感受到公平正义,需要不断提升司法能力,深化司法公开,回应群众诉求,惩治司法腐败。在海南国际旅游岛法治建设过程中,司法在创设法治环境方面发挥了重要的作用,但其在司法队伍建设、司法能力提升以及司法腐败惩治等方面需要进一步强化。

2011年,海南省法院系统在省委、最高人民法院的领导和指导下,廉政建设取得较好成绩。全省法院纪检监察部门共受理群众投诉

239 件，同比下降 38.1%；全省法院共立案查处违法违纪案件 6 件 6 人，同比下降 45.5% 和 53.8%。但是，审判执行部门仍是司法腐败现象易发多发部位，占 70% 以上，法院领导干部违纪违法案件仍然较为严重，占 40% 以上。

（四）法治宣传力度需要进一步加强

虽然海南省在法治宣传方面探索了新的方式，并取得了明显的社会效果，但是从整体上，民众的法治意识还需要进一步提高，法治宣传工作的力度还需要进一步加强，法治宣传的实效性有待进一步增强，相关职能部门的法治宣传作用需要得到进一步的发挥。例如，虽然海南省在青少年法治宣传方面取得了较大的成就，但部分特殊社会群体的法治观念和法治意识还比较淡薄，如流动人口，需要进行有针对性的宣传。随着海南国际旅游岛建设的深入，海南省的流动人口数量呈现出不断增长的态势。截至 2013 年底，海南省流动人口数量已突破 100 万人。流动人口为海南国际旅游岛的建设提供了动力，但也为社会秩序带来了不小的隐患。据 2013 年北京市丰台区刑事案件实证分析报告，流动人口成犯罪主流，其中非京籍占 82%。因而，加强流动人口管理，加强对其法治宣传的力度，提高其法治观念和意识，对于维护海南国际旅游岛建设的法治环境具有重要的作用。但由于流动人口的管理部门较为复杂，责任主体并不明确，导致对其开展法治宣传的效果并不明显。

（五）法律服务能力需要进一步提升

在海南国际旅游岛建设过程中，随着利益格局的调整和公民法治观念的提升，社会公众法律服务需求不断增长，但海南省法律服务机构的法律服务能力有待进一步提升，法律服务机构和队伍建设需要进一步完善。例如，近年来，海南省律师队伍规模稳步发展，截至 2014 年 7 月，全省律师事务所有 97 家，覆盖了全省的所有县市，执业律师从 2011 年的 960 人发展到 1381 人。但是与全国其他省市相比，海南省的执业律师总数并不高，且呈现出分布的失衡性，即全省的执业律师绝大多数都集中在海口，而其他市县，特别是中西部市县中的执业律师数量十分有限，法律服务供给能力受到了严重限制，无法满足当地居民的要求。

（六）法学教育水平需要进一步提高

法治队伍建设和法治人才培养是国际旅游岛法治建设的重要保障，海南省现有的法学院校已经为国际旅游岛的建设培养和输送了大批法治人才。但目前海南法学教育发展水平还有进一步发展的空间。在培养标准方面上，目前缺乏与卓越法律人才培养相适应的人才培养标准，无法为法学教育提供指引；在培养方式方面，部分院校的法学教育中的实践教育的比重相对较低，与实务部门的交流合作的层次和能力需要提高；在师资队伍结构方面，部分教师的知识结构需要进一步优化，实践能力需要进一步提高。

二 海南国际旅游岛法治发展的方向

为了发挥法治在海南国际旅游岛建设中的助推和保障作用，应针对其法治发展中出现的问题，采取有针对性的措施，完善法规体系，提高法治政府建设水平，维护司法公正与权威，强化法治宣传力度，提高法律服务能力，提升法学教育水平，以适应海南国际旅游岛建设和发展的需要。

（一）开展地方立法，完善国际旅游岛法规体系

推进海南国际旅游岛法治建设，立法是先行。因而需要积极利用地方立法权，开展地方立法活动，不断完善国际旅游岛法规体系。具体而言，第一，需要完善旅游法规体系。首先需要完善旅游管理法规体系，对现有的旅游景区、旅行社、导游人员以及家庭旅馆等方面的规定进行修改，并对海上游乐活动的管理开展地方性立法，使其能够适应国际旅游岛建设的需要；应该对新兴旅游产业进行立法，为其发展提供规范支撑，其中需要对汽车租赁、邮轮游艇发展以及低空空域开放等新兴旅游形态进行规定，以满足其发展的需要；应该修改海南省旅游条例或另行立法，启动南海特别是西沙的岛屿和海上观光旅游，推进海洋旅游产业发展。第二，强化生态环境保护方面的立法。应该修订海南省自然保护区管理条例、林地管理条例以及实施水土保持法办法等法规，健全现有生态环保管理机制；应该加强对红树林、珊瑚礁、海草场等重要海洋生态系统和南海水下文物的保护方面的立法，以保护海洋环境；应该制定海南省管辖海域保护条例，使海洋经济发展与海洋环境保护协调发展，以保持海南得天独厚的环境和自然资源优势；还可以考虑制定生态补偿条例，完善生态补偿机制，以提高人民群众保护生态环境的积极性。第三，开展海洋立法，提升海洋管理水平，促进海洋经济发展。首先，需要开展海洋保护以及无居民岛屿开发与保护方面的立法，推进海洋以及无居民岛屿的有序开发；其次，应结合海

南省海洋经济发展实际，推进海洋经济立法。可以考虑制定海南省海洋经济发展条例，以启动和规范海洋产品捞捕、深加工，海洋可再生能源以及旅游资源的开发利用，推进海南省海洋经济发展水平，提升海洋经济在海南省经济中的比重。第四，推进社会立法，保障和改善民生。应针对海南省物业管理的特点，制定海南省物业管理条例，对业主委员会的成立及其开展工作方式以及房屋维修基金的使用等内容作出符合海南实际的规定，维护业主的合法权益；应该考虑制定海南省养老机构管理条例，以保障老年人权益，推进养老服务业的发展。

(二) 推进依法行政，提高法治政府建设水平

行政法治是法治国家建设的核心，海南国际旅游岛的法治发展必须提高法治政府的建设水平。为此，第一，不断提高依法决策的水平。应根据国务院出台的相关文件的要求，建立政府重大行政决策程序制度，明确重大行政决策的范围、具体流程以及监督机制，强调合法性审查在行政决策的重要性，以确保重大行政决策的科学性与合法性。第二，继续推进行政执法体制改革。可以在相关市县城市管理综合执法改革的基础上，扩大城市管理综合执法改革的试点范围，并推进旅游市场以及食品药品安全管理等方面的综合执法改革，理顺执法机关的关系，提高行政执法的效率，切实维护人民群众的合法权益。第三，完善行政执法程序。可以推进各级行政执法机关制定和完善执法程序，并可以制定海南省统一的行政程序规定，结合实际细化执法流程，明确行政执法的环节和步骤，完善告知、说明理由、调查取证、听证等具体程序制度，以规范执法行为；应该强化行政执法主体资格，规范持证上岗、亮证执法，杜绝违法执法等行为。第四，严格执法责任和过错追究。应该修订《海南省行政执法过错责任追究暂行办法》，研究制定更加科学合理的行政执法责任制考核评议模式和标准，明确行政执法责任过错的标准，并完善纠错问责机制，健全问责的方式和程序。第五，健全政府法律顾问制度。要在各级政府中建立健全政府法律顾问制度，明确政府法律顾问的工作职责、程序、权利和义务，制定考核管理制度，切实发挥政府法律顾问在政府作出重大行政决策和行为中的作用，避免政府法律顾问"顾而不问"的尴尬境地。

(三) 推进司法改革，维护司法公正

司法可以维护国际旅游岛建设法治环境，而海南是我国司法改革试点省份之一，其可以借助司法改革的契机，提升司法能力，树立司法权威，

为国际旅游岛的建设保驾护航。为此，需要加强司法队伍建设，完善法官选任机制，加强司法人员管理，加大培训力度，提升司法队伍素质和司法能力；应围绕国际旅游岛建设，依法履行司法职能，维护社会公平正义，维护良好的发展环境；应强化司法能动理念，立足司法职能，提出司法建议，促进国际旅游岛的发展；应积极化解涉诉信访，强化司法救助，深化诉讼服务，回应民众司法需求，践行司法为民宗旨；应稳步推进司法改革，从影响司法公正的体制性、机制性障碍入手，不断优化司法职权和司法资源配置，扩大司法公开和司法民主，提升司法公信力；此外，应惩治司法腐败，维护司法公正，树立司法权威。

（四）加强法治宣传力度，提高民众法治观念

为了提升民众的法治观念和意识，为国际旅游岛建设创设法治氛围，需要进一步加强法治宣传的力度。为此，第一，应该进一步完善法治宣传的工作机制。应完善和推进领导小组工作的具体制度，明确成员单位的工作职责，细化和量化法治宣传任务，以形成宣传合力；应推进"谁执法、谁普法，谁主管、谁负责"的普法工作责任制，调动各方法治宣传的积极性。第二，加强法治宣传队伍建设，提高宣传队伍的整体素质。应发挥专职工作人员、普法讲师团成员、法治宣传教育志愿者、法治新闻工作者在法治宣传教育中的作用，并对法治宣传队伍进行培训，以提升其整体素质。第三，创新法治宣传方式，提高法治宣传的实效性。应根据不同的宣传对象，研究制定不同的法治宣传手段和方式，提高法治宣传的实效性，以应对新形势下法治宣传教育工作的新特点和新要求。第四，应加强对重点对象的普法宣传工作。应该加强对流动人口等重点群体的普法宣传力度，加强对公务人员的法治培训和法治宣传，使其树立法治思维，增强法治信仰，培养法治精神，带头尊法、学法、知法、守法、用法、护法，成为海南国际旅游岛法治建设的引领者、示范者和推动者。

（五）增强法律服务能力，提高法律服务质量

在海南国际旅游岛建设过程中，为了满足日益增长的法律服务需求，需要加强法律服务机构和队伍建设，优化法律服务流程，以提升法律服务能力。具体而言，第一，在法律援助方面，应进一步改革法律援助机构管理体制，加强了法律援助队伍建设，平衡法律援助力量的分布，扩大法律援助范围，简化法律援助程序，加大法律援助宣传力度，以提升法律援助的提供能力和水平。第二，在公证服务方面，应进一步加强公证宣传的力

度，使民众对公证有更全面、正确的认识，使公证发挥作用的范围更加广泛；应简化公证流程，方便民众享受公证服务，提高公证的服务效率；应规范公证行为，加强内部的监督管理，进一步完善公证执业过错责任追究制度，以提升公证的服务质量。第三，在人民调解方面，应该进一步完善调解的组织建设，强化专业性、行业性调解组织的建设，以发挥调解在纠纷解决中的作用；应拓宽人民调解的适用范围，以提升人民调解的影响力和效果；应壮大人民调解员的队伍规模，提高人民调解员的素质，以提升人民调解员的调解能力；规范调解组织和人员的管理，规范人民调解的流程，以增强人民调解的质量。第四，在律师服务方面，应加强律师组织建设，扶植实力较薄弱的市县律所的建设，建立激励法律服务人才跨区域流动机制，逐步解决基层和欠发达地区法律服务资源不足的问题，以调控和发挥好律师人才资源的辐射功能；应加强律师事务所管理，规范律师执业行为，监督律师严格遵守职业道德和职业操守，严格执行违法违规执业惩戒制度，并保障律师执业权利。

（六）完善法学教育机制，提升法学教育水平

为了发挥法学院校在法治人才培养的作用，海南省法学院校应加强特色专业的设置，优化师资队伍结构，明确培养标准，加强与实务部门的交流，以培养能够适应海南国际旅游岛发展需求的人才。在专业设置方面，应该围绕海南国际旅游岛建设的特点，设置旅游法学、海洋法学等特色专业，改革课程体系与教学内容，加强应用性和实践性教学在法学教学中的比重，以培养知识结构更加科学的法学专业人才；在队伍建设方面，应进一步优化师资队伍结构，加强教师的培训和学习，提升师资队伍的知识水平，并进一步落实双迁计划，实现学校与实务部门的人员互聘，进一步发挥实务部门专家的课程教学与学生指导作用；在培养标准方面，应结合卓越法律人才培养要求，明确应用型、复合型法律职业人才的具体标准，以提高学生解决实际法律问题的能力，促进法学教育与法律职业的深度衔接；在教学模式方面，应该加强法学院校与实务部门的合作，推进法学实践教育基地的建设，并与实践教学基地共同商定法学实践教学的内容和要求，以提高学生的法律诠释能力、法律推理能力、法律论证能力以及探知法律事实的能力。

第九章

海南国际旅游岛公共外交发展研究

进入 21 世纪以来，伴随着全球化的持续升温与公民社会浪潮的兴起，公共外交（public diplomacy）在国际舞台上日益活跃。事实上，在传统外交难以奏效或者成效不彰的领域，常常可以看到公共外交的身影。作为传统外交之外的重要外交形式，它不仅对于政府外交起着非常重要的互补作用，而且已成为各国政府提升软实力和扩大影响力、塑造国家形象和提高国际地位的"主战场"，同时也是促进双边或多边国际关系发展中一股不可忽视的力量。

近年来，国家因应国内外整体形势需要，支持海南建设"三个基地一个示范区"战略构想，即打造博鳌公共外交基地、万宁中非合作交流促进基地、三亚首脑外交和休闲外交基地以及海口国家侨务交流示范区。这一充分发挥地方公共外交资源优势的战略构想，必将为海南国际旅游岛建设和"一带一路"战略实施增添新动力和新亮点，为服务国家总体外交战略和对外关系大局做出新成绩和新贡献。

第一节 公共外交背景扫描

公共外交的系统实践出现在第二次世界大战前后，后历经冷战、冷战后、反恐战争等多个历史时期，表现了不同的时代特征与运作方向，各国学者对其内涵和外延尚有不尽相同的解读，各国政府对其战略定位亦有不同考量。我国的对外交往从新中国成立初期的单方面宣传，到今天对公共外交予以国家层面的高度重视，体现了对这一现代外交中不可或缺的外交形式日益深刻的认识。

一 公共外交的概念及其历史

（一）公共外交的概念

近年来，公共外交受到各国政府与学术界的日益重视，各国民众也正自觉或不自觉地成为公共外交的主导者或受众。然而，公共外交并非是近年才出现的全新事物，其应用与实践均由来已久。不同组织、机构等与政治实体间的交流关系或"类公共外交"，古今中外源远流长，虽无"公共外交"之名，却行"公共外交"之实。

长期以来，传统外交均由政府主导，富有官方意义，经由正统渠道完成。而公共外交则指政府、组织或个人，以必要行动影响他国的公众舆论与态度，进而影响其政府的相关政策与行动。公共外交这一概念虽对于不同的群体而言，其所指时有差别，且在学界仍有争论，但毋庸置疑的是，它的确与传统外交共同构成了一国的外交体系。

当前，学界对公共外交的主流定义可分为广义和狭义两种，均具备主体、客体、形式和目的四要素，主要区别在于主体与客体的含义有所不同。就狭义理解而言，通常将公共外交的行为主体视为一国政府，而客体为目标国的社会公众，通过信息传播与交流等手段，引导和争取目标国社会公众对本国政策的理解和支持，进而增强国家软实力和对外影响力，最终维护和促进国家利益。此定义强调了行为主体是一国政府而非其他组织或个人，通过相应渠道对目标国社会公众进行文化传播，对他们的判断认知产生干预和影响，创造有利于主导国的国际环境，并最终有利于主导国相关政策的实施。而广义的公共外交，首先体现在行为主体更为广泛，相关交流与传播活动的主体不但包括传统的政府部门，也容纳更多的民间团体、科研机构、传媒、非政府组织、宗教组织以及各界精英等作为主导方进行活动。它们可以发挥各自所长，面对目标国的政府、组织与公众从不同角度传递本国的国情与政策信息，而非仅仅局限于政府主导。此外，在行动客体方面，广义的公共外交不但包括目标国公众也包括了本国公众。总之，随着时代的发展变化，公共外交日益具有更为丰富的内涵。

1965年，美国塔夫茨大学的埃德蒙德·格利恩（Edmund A. Gullion）成立了爱德华·默罗公共外交研究中心（The Edward R. Murrow Center of Public Diplomacy），并首次将公共外交作为国际关系领域中的术语提出："公共外交旨在通过引导公众的态度来对政府外交政策的制定与实施产生影响。它包括了超越传统外交的诸多国际关系领域：一国政府在其他国家舆论的培植开发；一国国内的利益集团与另一国相应团体之间的互动；对外交事件的报道及对政策的影响；从事交流事业的人员如外交使节与记者之间的联络沟通，及通过这种过程对政策制定以及涉外事务处理造成影响；跨文化交流等"。[1]埃德蒙德·格利恩将公共外交的核心定位在信息和理念的跨国界交流，他被公认为公共外交概念的首创者。

在此之后的几十年间，美国相关政府部门与学界对公共外交从各自角度做出了不同解读，多数定义将公共外交与以下方面关联考虑：美国国家形象构建；美国与他国领袖和人民的持久联系；美国政府外交政策与观点的传播途径与效果；为增进对美国理念、文化及国家目标的理解而塑造更好的海外交流环境；通过影响外国公众促进美国国家利益的实现等。[2] 在欧洲尤其是英、法等国，学者们通常直接使用"文化外交"一词，即将"公共外交"更多解读为一国政府所从事的对外文化推广与交流。文化外交意在为本国外交政策的顺利实施进行完美铺垫，在他国塑造良好的国家形象，获取目标国舆论与公众的好感与支持。

国内专家学者也对"公共外交"作出了自己的解读，国务院新闻办公室原主任、十一届全国政协外事委员会主任赵启正指出，公共外交就是"参与各方从各种角度表达本国国情，说明国家的政策，表现本国文化，

---

[1] "What Is Public Diplomacy", http://fletcher.tufts.edu/murrow/public-diplomacy.html, 塔夫茨大学官网。

[2] 参见斯坦福大学国际研究所战略研究中心的肯尼思·阿德尔曼（Kenneth L. Adelman）教授《预防性外交》（1981）：将公共外交与国家形象构建关联考虑，防止友好国家的人民及其领袖与美国脱离联系；美国凯尔文学院传播学教授罗伯特·福特纳（Robert S. Fortner）认为开展公共外交，就是向外国公众解释本国政府的外交政策或观点（1994）；"美国之音"前执行主任汉斯·塔奇（Hans N. Tuch）提出公共外交是"由政府开展的与外国公众交流的努力"，更好地推行美国的对外政策，减少美国同其他国家的误解和猜疑（1990）；美国国务院《国际关系术语词典》把公共外交定义为："由政府发起交流项目，利用电台等传播手段，了解、知晓和影响他国舆论，减少他国政府和民众对美国产生的错误印象，避免引起关系复杂化，提高美国在他国公众心目中的形象和影响力，从而维护美国国家利益的活动"（1987）；美国公共外交咨询委员会将公共外交解释为"通过国际交流、国际信息项目、媒体、民意测验以及对非政府组织的支持等方式，扩大美国政府、公民与国外民众的对话，减少他国民众对美国的错误观念，提高美国在国外公众中的形象和影响力，进而增进美国国家利益的外交形式"（2002）；美国新闻署将公共外交界定为是通过理解外国公众、为外国公众提供信息，以及影响外国公众的方式来促进美国国家利益的实现。

介绍外国公众对本国有兴趣之处以及解释对本国的不解之问题"[①];广东外语外贸大学唐小松教授认为是"一国政府通过对外信息传播和对外文化交流等方式,对他国民众进行说明、说服工作,旨在创造有利于本国的国际环境,进而实现国家利益的最大化"。[②]中国国际问题研究院曲星教授则将公共外交解释为"政府向国外公众提供信息并施加影响的行为",并将其与公共关系学结合考虑,提出"公共外交的经典含义就是一国政府为争取他国民心而采取的公关行动"。[③]

(二)公共外交的发展历史

公共外交作为一种外交实践活动虽非今日才出现,但对公共外交的系统关注则是在第二次世界大战前后。一般认为,公共外交起源于对外宣传。1942年6月,第二次世界大战当中的美国成立了战时新闻处,之后随着冷战加剧,为了应对苏联集团的猛烈宣传攻势,美国新闻署应运而生,并在宣传方面扮演了极为重要的角色。然而,由于纳粹德国在第二次世界大战时假"宣传"之名而行的罪恶行径,西方社会逐步将其语义固化为与虚假、欺骗、不光彩、不正当联系起来的贬义词。现代公共关系之父爱德华·伯纳斯在20世纪上半叶逐步开始使用"公共关系"一词来代替"宣传"。今天,"宣传"一词几乎已在国际交往中绝迹,其原有内涵已由公共外交、公共关系、公共事务等实践活动予以覆盖。

作为公共外交理论研究和应用实践的重镇,美国对公共外交的研究与实践彰显着公共外交的发展历程。冷战时期,公共外交活动在帮助美国应对苏联集团的宣传活动方面得到诸多展示,尤其是美国新闻署成立后发挥了巨大的作用,其主要任务即是向他国民众展示,美国的对外政策目标与他们对自由、进步、和平的正当要求是一致的,美国将促成他们的这些追求。[④]根据1961年的《和平队法案》,美国向全世界"愿意接受和平队帮助的国家和地区"派出和平队员,宗旨是促进受助国人民对美国人民的了解,同时促进美国人民对世界其他各国人民的了解,这其中当然有同苏联争夺民心,向新兴的发展中国家输出美国文化及价值观的意涵在内。在

---

① 赵启正:《中国强化公共外交的必要性》,《沈阳师范大学学报》(社会科学版)2009年第6期。
② 唐小松:《中国公共外交的发展及其体系构建》,《现代国际关系》2006年第2期。
③ 曲星:《公共外交的经典含义与中国特色》,《国际问题研究》2010年第6期。
④ 赵可金:《美国公共外交的兴起》,《复旦学报》(社会科学版)2003年第3期。

公共外交概念由埃德蒙德·格利恩正式提出后，公共外交的内涵同时具有了更多跨文化传播、影响舆论与公众的内容，对于最终赢得对苏冷战起到了举足轻重的作用。

冷战结束后，国际社会步入政治多极化时代，公共外交在全球的重要性有所下降。美国虽为公共外交大国，一些公共外交机构也被撤销合并，有的美国学者宣称公共外交正被美国外交政策所遗忘，人们也对公共外交普遍采取了漠视态度。但与此同时，法国等国则明显加大了对公共外交的整体投入。但"9·11"恐怖袭击事件发生后，美国猛然警醒并意识到，世人对美国的友善度远远低于预期，美国的"形象不佳"成为十分棘手的问题。对美国而言，树立国家形象、改善国际舆论环境并改变世人对美国的负面印象成为21世纪的外交主题。[①] 在此之后，不光美国国内，全球学界与政界均对此进行反思，公共外交研究及其应用重新受到重视，并掀起了新一轮的公共外交热潮，学术研究与应用实践也不再是美国一枝独秀。法国、英国以及亚洲的日、韩等国在公共外交上的投入持续增加，并取得系列成果。

在当今世界，随着全球化进程的加快和信息化时代的到来，大多数国家都意识到，一方面，有必要通过大力推进公共外交来保障和加强自身的利益，同时更加注重利用互联网和新媒体开展公共外交活动，为国家形象塑造及内外政策推进发挥传统外交活动无法企及的作用；另一方面，随着全球范围内公民社会的成长，公众对公共事务的了解程度日渐增强，参与热情日益升高。因此，在传统外交活动中，政府外交政策推进过程中对于国内外舆论理解力的要求愈发强烈与突出，因而迫切需要得到公众的理解与支持，公共外交的发展实践正是顺应了这一时代潮流和趋势。

二 公共外交的功能及应用实践

（一）公共外交的功能

在数十年的发展过程中，公共外交理论不断完善，实践愈加丰富。时至今日，已涌现出众多不同类型的公共外交形式，如第一夫人外交、休闲

[①] 2002年7月，隶属于外交关系委员会（The Council on Foreign Relations）的美国外交研究小组发布了题为《公共外交：改革之策》的研究报告，认为应把公共外交作为美国外交政策的中心要素。

外交、城市外交、企业外交、宗教外交、体育外交、军事外交等，中美在20世纪70年代进行的"乒乓外交"，即为我国公共外交早期实践的成功范例。形式与类型的多样化，不但体现了公共外交理论与实践发展的良好势头，也是对其独特功能的肯定与认可。

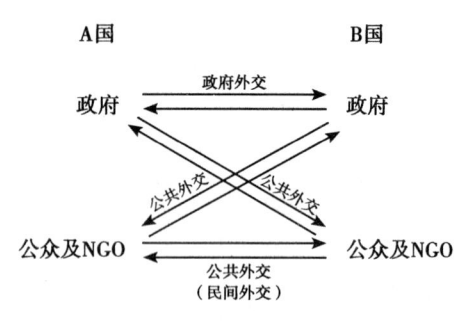

```
        A国                              B国
                    政府外交
      政府 ←—————————————————→ 政府
           ↘                 ↗
            ↘  公共外交  公共外交 ↗
             ↘             ↙
              ↘           ↙
               ↘         ↙
      公众及NGO ←—————————————————→ 公众及NGO
                    公共外交
                   （民间外交）
           公共外交与政府外交的互补
```

图 9-1　公共外交与政府外交关系图

作为中国公共外交理论与实践的核心推动者，赵启正先生曾经对公共外交和政府外交之间的互补关系进行了富有新意的解读，在其制作的"公共外交与政府外交的互补"[①] 示意图中，不但对政府外交、公共外交的主客体及相关关系进行了界定，还特别将本国公众及 NGO 与他国公众及 NGO 之间的"民间外交"也作为公共外交的一种类型，很好地阐释了公共外交的时代性与中国特色。

无论是何种类型的公共外交，他们一般都具有以下四个特点：首先，公共外交由政府直接或间接主导，但政府并不一定在第一线实施操作，具体发挥作用的是媒体、组织、团体及有关人员，而他们的行为受政府影响；其次，作为公共外交对象的公众本身，以及公共外交所依托的大众媒介、组织、团体及人员等，均体现出开放性的特点；再次，公共外交因其内含的公共关系特色，体现了公共关系学所讲求的"双向沟通"，主体与客体的沟通以及信息语言流动均具有双向性；最后，公共外交具有跨文化交流传播的特点，文化是公共外交的载体，是不同文明之间的对话，公共外交的运作尤其讲求本国与目标国文化之间求同存异，寻找更多的共同语言。正如赵启正先生所指出的，"公共外交，可以更直接、更广泛地面对

---

① 赵启正：《中国登上公共外交世界舞台》，《秘书工作》2010 年第 6 期。

外国公众和主流社会人士,更有效地展示本国的文化吸引力和政治影响力,改善国际舆论环境,维护国家利益"。[①]

综上所述,公共外交的主要功能体现在以下方面:首先,助力总体外交,维护国家权益。公共外交不是涂脂抹粉,不是花拳绣腿,不是锦上添花,虽具开放性,但仍属外交活动,从一开始就有着非常明确的目标,一切行为最终都是为了把握国际舆论,营造有利环境,塑造国家形象,维护国家利益。公共外交在一国总体外交中发挥的重要作用不可替代,必须服务于、服从于本国的总体外交。其次,促进信息交流,建立相互信任。公共外交使信息能够及时广泛的传播到接收对象,减少误解、冲突,使对象能了解并理解我们表达的内容,建立相互信任,彼此和谐发展。在广泛了解和把握相关国政府的政策、规范和公众心理走向的同时,也准确传达本国的政策与原则。再次,发挥特殊作用,传播己方话语。在国际舆论环境不利的形势下,尤其是当遭遇西方话语垄断,或者难于参与国际议题管理,公共外交可为提升国家的"议题设置"能力做出贡献。通过对关于本国的议题或目标国的某些议题设置发挥必要影响与干预,为本国整体外交战略的顺利施行营造有利的外部环境。最后,获取深层认同,着眼长期目标。公共外交的良好运作,有益于主客体国家之间、民众之间、媒体与公众之间的各种交流,对目标接收对象态度上、行为上的影响有望达到长期持久效果,也为双方关系的可持续稳定发展奠定良好的基础。公共外交致力于长期培养、以人为本、以情动人、着眼未来,如果他国人民对传达信息产生观念认同感,那么就有利于建立一种可持续性信任,并最终有利于主导国观念的稳步推进。

(二)公共外交的应用实践

公共外交在世界各国的应用实践丰富多彩,特色各异,其中美国、法国和以色列三国的具体做法,对于正处于蓬勃发展时期的中国具有特别的借鉴意义。我国经济实力已跃居全球第二,综合实力正处于全面崛起的过程中,需对世界第一大国美国的公共外交战略思维与历史经验进行必要分析;法国文化积淀深厚,与我国的丰富文化背景相似,其成熟的文化外交经验值得中国学习;我国海外华人华侨资源丰富,而以色列的侨务外交开展得有声有色,其在维护国家利益和国际形象方面的成功经验值得中国

---

① 参见赵启正同志在2007年"两会"期间的答记者问。

借鉴。

1. 美国的战略公共外交

作为当今世界实力最强大的国家，美国是公共外交理论及实践的发源地，这一外交形式被美国政府作为完成其战略布局的重要组成部分，公共外交的一切活动都是为保持美国"世界超强"和"价值观输出国"的大战略服务。在机构设置上，由负责公共事务的副国务卿负责属于美国国务院的公共外交和公共事务工作，同时也按照总统的指令，主导整个政府范围内有关思想战线的工作，包括统筹与国防部、情报界、其他政府机构和私营部门的跨部门战略传播协作。美国公共外交的战略目标主要是创造美国价值观的交流格局，展示美国民主和开放所带来的良好机遇，消除他国对美国的误解，争取他国青年的理解与支持。美国公共外交研究与实践所拥有的雄厚资源，依托于美国的强大经济实力，遥遥领先的科技水平，全球输出的美式文化，发展成熟的社会制度和政经体制，再加上无孔不入且主导世界的传媒网络，使美国公共外交活动的开展如虎添翼。近年来，因发动战争、虐囚丑闻以及在国际重要议题上的逃避责任等原因，美国的国际形象不断下滑，被认为已经危及美国的国家安全战略。故美国国务院在2010年制定了"公共外交全球战略框架"，从资源配置到理论研究等方面，对公共外交进行了全面整合。美国的公共外交理论与实践经过自20世纪中叶以来的发展，不断积极开发资源，形成了一个成熟的"美式"战略性公共外交架构，为美国国家战略的实施、国家利益的维护发挥了巨大作用。

2. 法国的文化公共外交

以文化交流项目为主要手段的文化外交作为公共外交的一种主要形式，被世界很多国家采用并收到很好的效果。法国本土面积与我国四川省相当，但这片并不太大的土地却拥有十分丰富的文学、艺术和科学资源，对文化的重视由来已久。他们积极推动文化外交，人力、物力、财力保持持续的加大投入，将其上升至国家战略的层面，即便在西方阵营中，法国也是对文化外交重视最早并积极投入的国家，同时是世界上少有的将对外文化交流工作纳入外交部而非文化部的国家。文化外交作为法国的"秘密武器"，对于两次世界大战后挽救及维持法国的传统大国地位起到了实质性的作用。在今天法国外交部官方网站上，可以看到"文化外交"被列为单独条目，与"外贸与经济外交""数字外交""科技外交"并列，其重要性毋庸置疑。2006年，法国外交部成立了跨部门的"法国文化署"，将外交部和文化部的相关资源予以优化整合，促进法国对外文化交流，增加法国文化在国际社会的"曝光率""美誉度"与"认同感"。法国一直努力拓展文化外交途径，力求在世界舞台完美发声，确立文化大国的国际形象，发挥其应有的政治影响。第二次世界大战至今，无论内外部环境如何变化，法国的国家意图始终明确，即扩大自身影响、谋求国家利益、稳固大国地位，而这一切意图的达成均得益于法国的文化外交战略能够一以贯之地实施。

3. 以色列的侨务公共外交

以色列侨务公共外交的核心目标，就是使犹太人居住国的内外政策向有利于以色列的方向偏移。显而易见，这需要充分发挥世界各国犹太人的影响力。如同法国在世界各地兴建法语联盟与法国文化中心，以色列侨务公共外交也极为重视犹太文化基础。他们努力保持与全球各处犹太人的联系，打造无形的文化纽带，把以色列建成世界各地犹太人的精神故乡。对一般犹太民众尤其是青少年进行普及性传统文化教育，增强他们对犹太传统文化的认同感和民族意识，增强民族凝聚力，以此作为与境外犹太人的精神交流通道，为犹太侨务公共外交的成功奠定了坚实的基础。例如，犹太社团针对"传统盟友"和"世界第一强国"双重角色的美国所开展的公共外交活动密集而高效，不但通过院外集团进行游说，对美政策施加强力影响，犹太社区还积极参加各类选举来直接影响美国政局，另外借助深谙舆论宣传之道且具深厚实力的犹太传媒业在美国社会培养起浓厚的亲犹情结，形成对以色列的天然亲近感。建国后的以色列一贯坚持侨务公共外交的实践，对于改善国家形象，促进文化交流，维护以色列和全球犹太人利益发挥了重要作用。

三 公共外交在中国的兴起与发展

（一）公共外交在中国的兴起

新中国成立后，很长一段时期内对外宣传带有浓厚的意识形态色彩，范围与内容都相对狭小，与对象客体缺乏双向互动。随着20世纪80年代后改革开放的逐步推进，对外传播也日益展现出全方位的手段与格局。尤其是对外报纸与卫星电视的投入使用并发挥效能，开始注重对外传播的双向互动性。冷战结束后，中国的外交压力骤然增加，国际环境日趋复杂，传统外交的应对模式显得单一乏力，中国为此意识到应投入精力对传统外交之外的外交形式进行体系化建设。伴随着国际公共外交研究与实践的发展，国内相关的理论探索自20世纪90年代开始逐渐展开，部分学者对公共外交进行了各自表述与界定，真正意义上的中国公共外交探索开始出现。进入21世纪后，中国的公共外交研究有了较大发展，理论探索渐成体系，并以赵启正、韩方明、柯银斌、唐小松、王义桅、赵可金等为代表。随着2008年北京奥运会、2010年上海世博会以及海南博鳌亚洲论坛系列年会的成功举办，中国公共外交初现成果，显示了中国公共外交研究与实践日趋稳健，不但着眼于文化传播与国家形象的塑造，而且将公共外交置于中国总体外交大战略中通盘考虑，理论研究上涌现出了一批标志性成果，实践应用上塑造了国家形象，促进了国际交流，并在国家权益的维护上发挥了独特作用。

总体而言，我国的发展崛起之路一直伴随着西方鼓噪的"中国威胁论"与"中国崩溃论"，尽管我国进行了诸多努力，但此类论调的长期存在确实造成了我国国际形象与国家利益一定限度上的受损。特别是20世纪90年代后，随着综合国力的日益增强和国际地位的不断提高，中国面对的国际环境日趋复杂。进入21世纪至今，国家安全形势更不容乐观，国际舆论环境也相对恶化，对中国的负面"刻板印象"有所固化，部分西方媒体"妖魔化"中国的报道时有所闻。传统外交在处理这一系列新型复杂问题时力有不逮，亟待公共外交这一被国家领导人称许为"应运而生、正逢其时、大有可为"[①]的新型外交形式助力国家整体外交工作。通过开展公共外交活动，能够向外界清晰发出并传递"中国声音"，尽快尽早消除"中国威胁论""中国崩溃论"等论调的负面影响，将合作、开放、负责任的中国新形象传播开来，让世人深刻了解并理解一个真实的中国，最大限度上维护国家权益。

（二）公共外交在中国的发展现状

目前，公共外交已经引起我国政府的高度重视，并在行政层面上设置了专门机构。2004年3月19日，外交部正式成立了"公众外交处"[②]，从外交职能部门的层面加强对公共外交工作的指导与协调。2009年10月，

[①] 参见杨洁篪同志2010年十一届全国人大三次会议答记者问。

[②] 2008年，更名为公共外交处。

新闻司公共外交办公室成立，负责外交部、驻外使领馆公共外交工作的统筹规划和综合协调。2010年8月24日，外交部为适应外交工作的新形势和新任务以及公共外交工作本身的新要求，设立了公共外交咨询委员会。委员会由19位政策理论水平高、工作经验丰富的老大使、资深外交官及专家学者组成，主要职能是为外交部和驻外使领馆开展公共外交提供咨询建议，向国内外公众介绍、解读中国外交政策和发展理念。2012年8月，新闻司公共外交办公室升格为外交部公共外交办公室。

与此同时，公共外交也得到了我国领导人越来越高的重视。2009年7月，时任国家主席胡锦涛在第十一次驻外使节会议上指出了"加强公共外交和人文外交"的要求，将公共外交作为中国总体外交的重要组成部分和未来的拓展方向，这为之后一段时间中国大力发展公共外交奠定了基调。时任国务院总理温家宝在多次外访过程中积极践行公共外交，直接体现了中央高层领导对开展公共外交的高度重视。在2010年政协第十一届三次会议工作报告中，特别强调了要积极推动人民政协的公共外交，加强同外国议会、政府、政党、重要智库、主流媒体、社会各界人士的交往。"十二五"规划专门提出要"加强公共外交，广泛开展民间友好交往，推动人文交流，增进中国人民同各国人民相互了解和友谊"。2012年3月，时任外交部部长杨洁篪强调，公共外交已经成为中国外交重要的开拓方向。同年，党的十八大报告中提出，要"扎实推进公共外交"，之后第12次中央政治局集体学习主题也是关于提高国家文化软实力方面的专题研究。2013年以来，习近平主席的系列出访活动，更是被誉为完美阐释了"公共外交"的精髓。

近些年来，在党和政府的积极倡导与大力推动下，中国的公共外交取得了明显的进展，并已初具自身的特色，主要表现在以下几个方面：(1) 硬实力保障支撑。公共外交的影响需要硬实力作为后盾，近年来中国的经济实力、军事实力均大幅进步，对于发挥公共外交效用起到了支撑作用；(2) 对外传播逐步覆盖。无论是出版、视听还是互联网，中国对外传播已经实现了全方位覆盖；(3) 文化输出收到效果。孔子学院在全球开枝散叶，中国文化年交流活动在众多国家大受欢迎，都向世界人民提供了了解中国的良好机会，对完善中国形象，提升中国地位产生了良好的效果；(4) 华侨华人发挥作用。海外华人身兼中国公共外交的支援动力与重要对象双重角色，故应继续加强对这一特殊群体的公共外交工作，保持持续的积极争取，让他们成为中国海外公共外交工作的长期重要协力；（5）目标客体全面覆盖。今天中国外交部的沟通交流工作已不再将外国民众作为唯一客体，国内民众也已开始受到同等重视，表明中国外交部门对于公共外交的客体内涵有了更深刻把握；（6）行动坚持实事求是。中国一贯奉行"独立自主"外交政策，当前中国公共外交的主要任务仍是"让世界了解一个真实的中国"，而并不寻求通过公共外交手段对他国舆论与政局的操控。中国在进行公共外交时，一贯奉行实事求是原则，这已得到世界有识之士的广泛认同。

（三）推动中国公共外交发展的思考

中国公共外交起步时间不长，但是势头良好，就今后的工作而言，应在下列方面继续推进和深化。

第一，要确立长期总体战略。开展公共外交要有战略规划，需具全局意识、大局观念，以国家利益为第一考量。任何外交都是以国家利益为第一准绳，并以此确立长期规划。公共外交不是缺乏目的性的风花雪月，其本质仍关乎外交和国家权益的冷酷现实，需对此有清醒认识，而不要对国际关系现状抱有不切实际的幻想。第二，要强化公众参与机制。政府在公共外交中具有主导作用，但非全程深度参与，故应使非政府组织、机构及民众广泛参与其中，如政府全程包办，则公共外交不成其为公共外交，需明确公众是公共外交最强大的后盾力量，公共外交的顺利开展须有人民的公共外交能力充分发挥作为基础。第三，要积极构建理论体系。中国应按照自己的战略目标，逐渐构建出富有自身特色的公共外交理论体系。在此期间，应秉承求同存异的原则，营造良好宽松的学术研究氛围。第四，要培养相关专业人才。中国高校、研究机构及社会团体已陆续设置了公共外交研究与教学单位。2010年，外交学院和北京外国语大学相继成立了中国最早的公共外交研究中心，2012年吉林大学成立了国内高校中首个公共外交学院，2014年中国人民大学成立了公共外交研究院，2015年海南大学成立了"海南公共外交研究中心"，此外还有其他若干高校也陆续成立了公共外交研究机构。另一方面，非官方的察哈尔学会于2009年10月成立后，也积极开展以公共外交为核心的智库研究，并通过各种形式推动国内的学术交流与横向合作。总体而言，人才培养可以为我国公共外交理论建设提供智力保障，为相关部门提供咨询和建议，对我国公共外交事业的发展具有重要意义；第五，要着力构建话语体系。鉴于当今西方世界在舆论传播舞台上独享"话语霸权",以及中国话语权不彰的现实,应大力强化在国际传播渠道上的信息投送,抓住世界媒体对中国崛起的天然关注,使中国的声音可以尽量少受干扰地抵达目标国媒体与公众;第六,要加强内部公众培养。民众的参政热情高涨是我国社会文明进步的体现,但随着民意对外交决策的影响力越来越大,公共外交也要注意把握"大局"与"民意"的关系,一切应以国家利益为第一考虑,同时注重对民众政治、外交知识素养的培育。

公共外交发展至今,与传统外交互为补充,已成为现代外交体系中不可或缺的重要组成部分。中国的公共外交理论研究与实践探索与西方先进国家相比,诸多方面尚有待完善和改进,在适应千变万化的国际形势同时,构建起具有中国特色的公共外交理论体系,同时不断完善公共外交实践。中国目前的相关发展已足以证明,公共外交这一符合时代需求的外交形式,必将在我国的政治生活和对外交往中扮演更加积极而重要的角色。

第二节 海南公共外交的兴起与发展

进入21世纪以来,在国家支持下和省委省政府的统筹领导下,海南充分利用自身独特的区位与资源优势,依托博鳌亚洲论坛、最美国事活动、中非合作圆桌会议等载体,积极开展面向亚太和南海周边国家的公共外交。经过十余年的不懈努力,初步形成了富有成效与特色的公共外交实践,向世人展示了海南在公共外交领域勇于探索的历程和成就。

一 海南开展公共外交的优势

海南由于其独特的地理位置与资源优势,在我国公共外交格局中占据了特殊而重要的位置。目前,海南已经成为我国公共外交、首脑外交和休闲外交的重要基地。公共外交是致力于打动人心的外交,以人为本是其核心要素,无论依托哪种载体,公共外交的出发点及落脚点,都应建立在吸引人的基础之上,而海南在这方面的优势得天独厚。

(一)特殊的区位优势

海南地处中国最南端,北以琼州海峡与广东划界,西临北部湾与越南相对,东濒南海与台湾省相望,东南与南面分别与菲律宾、文莱和马来西亚为邻,是我国海洋强国建设的战略支点和"一带一路"建设的战略纽带。全省行政区域包括海南岛和西沙群岛、中沙群岛、南沙群岛及其附近海域,其中陆地总面积为3.54万平方公里,授权管辖海域面积约200万平方公里,自然条件优良,比较优势突出,发展潜力巨大。从区位上来看,海南所处的地理位置具有其他省市所不可比拟的优势:其一,海南处在连接东南亚和东亚的交通要冲,是必经的海上通道。经过近30年的改革开放建设,海南已经具备了进一步加强与东盟合作的条件和基础,将逐渐发展成为航运中心、物流中心和出口加工基地。其二,为了充分发挥海南的地缘优势和资源优势,2010年1月4日,国务院颁布了《关于推进海南国际旅游岛建设发展的若干意见》(以下简称《若干意见》),海南国际旅游岛建设正式上升为国家战略,能够充分利用自身优势发挥桥头堡的作用,以此推动海南经济社会的全面发展;其三,海南地处南海最前沿,是我国南海开发战略的重要基地,在南海事务中具有重要而独特的地位,尤其是随着近年来南海争端的持续升温,使得海南的战略地位更显重要。

(二)独特的环境优势

海南有着热带岛屿得天独厚的自然条件和良好秀美的生态环境,在内地大多数城市被冬季雾霾所笼罩之时,海南却空气清新、气候宜人。这种自然环境不仅是经济社会发展的前提条件,同时也是开展公共外交活动的极佳场所。主要表现为:其一,博鳌亚洲论坛自2001年2月成立以来,历经15年的发展,已经发展成为亚洲以及全球事务对话的高层次公共外交平台;其二,自2008年开始,中央加大了在海南举行重大国事活动的力度,海南成功尝试在三亚进行了"最美国事活动"的接待工作,如金砖国家峰会、中非合作圆桌会议等都选择在海南召开,同时带动了一系列国际上有影响的论坛、赛事选择在海南进行;其三,巧妙运用博鳌亚洲论坛这一最亮丽的名片,不仅开展了"休闲外交",还不断创新对外交流方式,开创了独特的"疗伤外交"。从2006年俄罗斯别斯兰人质事件受伤儿童到三亚疗伤,以及百名日本地震灾区儿童来海南疗养,海南借此向全世界释放了一个强烈的信号,海南不仅是一个风景优美的国际滨海旅游度假胜地,更是一个写满人间大爱的梦幻岛屿,极大地提升了海南在国际上的声誉。

(三)影响广泛的侨务资源

海南是中国著名的侨乡,海外琼籍华侨华人有370多万人,分布在全世界50多个国家和地区。通过这些对中国较为了解的海外华侨华人,向其居住国政府与社会公众说明中国、推广中国、展示中国，传播中华文化，能够更好地团结周边国家，并与之开展全方位、多层次的交流合作。近年来，海南省外事侨务部门与政协合作，通过博鳌亚洲论坛、华商圆桌会议、世界海南乡团联谊大会、世界海南青年大会、世界海南青少年冬（夏）令营、华侨华人中青年负责人研习班、世界华文媒体高层海南行等系列侨务品牌活动平台，主动加大与海外琼籍乡亲的联谊力度，并积极利用"请进来"和"走出去"的各类侨务团组，促进了侨务资源的可持续发展，涵养了一批友好的侨务力量，成为海南开展公共外交的重要资源。经过各方的共同努力，海南省政府与国务院侨务办公室于 2014 年 4 月 10 日在博鳌共同签署了《关于发挥侨务资源优势，促进海南国际旅游岛建设战略合作框架协议》，将共同建设国家级的侨务交流示范区。该协议涵盖了"海口国家级侨务交流示范区建设""华商圆桌会""侨务公共外交"等内容，其合作内容更丰富，合作领域更广泛，合作方式更务实。该协议的签署标志着海南具备了深入开展公共外交的更为广阔的资源平台，同时也将不断扩大海南的国际知名度。

（四）独具特色的文化资源

海南独具特色的地理和人文环境，孕育了海南丰富的历史、地域和民族文化。例如，有被誉为中国纺织史"活化石"的黎锦文化；有以流传 300 多年的琼剧为代表的戏剧文化；有以海上丝绸之路为代表的海洋文化；有以宋氏祖居等文物为代表的华侨文化；有以热带雨林为代表的绿色生态文化；有以琼崖革命为代表的红色文化等。随着海南经济社会的不断发展，特别是海南国际旅游岛建设上升为国家战略后，尘封已久的海南本土文化开始绽放出越来越夺目的光彩，如儋州调声、琼剧、崖州民歌、临高人偶戏、黎族传统纺染织绣技艺、古陶瓷、黄花梨、沉香、古船木等，绚丽多彩的珍稀文化艺术资源与非物质文化遗产愈益引起世人的关注。一批国内外知名文化产业集团纷纷进驻海南，优秀的文艺作品和文化产品不断涌现，海南的文化软实力和文化形象得以不断提升。此外，与其他地区文化相比，海南文化具有明显的开放、包容等特点，能让各方客人自然地融入这方文化。2014 年博鳌亚洲论坛年会期间首次设置了海南形象展示，通过图片、实物、现场演示等形式，集中展示了海南省 25 项非物质文化遗产，现场实景还原了黎族船形屋，并表演黎族织锦和制陶技艺，引起了世人的瞩目，为海南开展公共外交增添了独特的魅力。

(五) 国家层面的政策支持

一个地区的发展离不开国家的政策支持。海南能够在公共外交领域取得较为瞩目的成就，与国家层面的政策支持是分不开的，博鳌亚洲论坛永久落户海南博鳌即是一个最好的证明。1998年，亚洲国家的一些前领导人向中国高层领导提出在海南博鳌成立论坛的建议，中国国家领导人在会见论坛发起人时明确表示，将为论坛的创建提供支持与合作。2001年2月26日，博鳌亚洲论坛正式宣布成立。随着博鳌亚洲论坛影响力的扩大，自2008年开始，中央把一些重大国事活动放在海南举行。2008年4月，博鳌亚洲论坛年会举行前夕，在三亚为四国国家元首举行了隆重的欢迎仪式；2009年4月，中国领导人选择在三亚会晤出席博鳌亚洲论坛年会的多国元首和重要领导人；2010年年底，时任国务委员戴秉国在三亚与美国国务卿举行会谈；2011年4月，金砖国家峰会在三亚开幕；2013年4月，出席博鳌亚洲论坛的各国领导人在三亚参加了一系列外事活动。正是在国家的大力支持下，海南初步形成了独具特色的公共外交布局，推动了海南公共外交不断迈上新台阶。

(六) 丰富的友好城市资源

民间外交是国家整体外交的重要组成部分，也是我国扩大开放、加强对外友好交往与经贸合作的重要渠道和有力支撑。作为我国最大的经济特区，海南有着丰富的友城资源。海南省友协充分发挥桥梁作用，不断扩大对外开放，借助博鳌亚洲论坛这一平台，积累经验，积极开展多领域的友好交流合作，不断扩大海南的知名度，推动海南进一步深化国际交流合作。截至2014年年底，海南缔结了46对国际友城，这些友城资源对海南公共外交发展起到重要的促进作用。尤其是在全国友协的支持下，海南与韩国济州道、印尼巴厘省、日本冲绳县等岛屿地区共同发起创立的"岛屿观光政策论坛"成功举办了18届，极大地推动了海南与周边国家岛屿省份的旅游合作，提升了海南的知名度与美誉度。

(七) 高效的组织机构运作

高效的组织机构运作是海南开展公共外交的组织保障。省委外事侨务工作领导小组、海南省外事侨务办公室、省政协港澳台侨外事委员会、海南省人民对外友好协会以及各市县外事侨务办充分发挥各自的职能优势，为海南开展公共外交提供政策支持与资源保障。与此同时，依托中国（海南）改革发展研究院、中国南海研究院、海南大学、海南国际旅游岛发展研究院等本地智库，海南还形成了一系列涉及公共外交议题的"品牌"论坛和学术交流机制。

综上所述，与其他省市相比，海南具有开展公共外交的众多天然优势，包括自然条件、人员条件以及开展国际交流合作的条件。除了海南在我国周边外交格局中具有特殊而重要的位置外，国家层面的国际旅游岛战略、海洋强国战略、"一带一路"战略等也给海南开展公共外交提供了历史性机遇。因此，充分利用好各种资源和优势，海南必将打造出一张具有国际魅力的公共外交名片，既促进本地发展"提质增效"，也服务于国家整体外交与发展战略。

二 海南公共外交的源起与生成

作为对传统外交的丰富和补充，公共外交并非新事物和新形态。21世纪以来，随着中国国力的日益提升，公共外交被赋予了新的内涵，在国家整体外交中的地位不断提高，作用日益凸显，在很多方面发挥着政府外交所无法替代的作用。与任何事物的发展一样，海南公共外交同样经历了从源起到生成、从自发到自觉的成长历程。

（一）海南公共外交的源起

从某种程度上讲，博鳌亚洲论坛是海南开展公共外交的重要起点，同时博鳌亚洲论坛又进一步激发了海南公共外交的逐渐生成。换句话说，海南公共外交是伴随着博鳌亚洲论坛一同成长的。博鳌亚洲论坛从1999年开始筹备到2001年正式成立，以及此后历届年会的如期召开，海南不仅为论坛发展提供了坚实的服务保障，还成为其快速成长的主要推动力和参与者。一方面，论坛在国际上的影响力逐年扩大；另一方面，论坛亦为海南的公共外交发展提供了思想盛宴和无限可能，并最终促成了2014年博鳌公共外交基地的成立。

总体说来，海南公共外交在这一阶段主要表现为以下几个方面：其一，初步具有公共外交意识，但大多是一般性认识而不是具体性认识，对公共外交的目标还没有明晰的认知。其二，尽管学习和培训活动很少，但显示出了这方面的兴趣和热情。其三，在组织建设方面没有新动作，通过对外合作获取能力者也很少。[①]

(二) 海南公共外交的多元探索

在这一阶段，海南对外交往活动中的"公共外交含量"比较高。"公共外交含量"是指：在日常性对外交往活动中具有公共外交意识，或具有专门设计的公共外交活动项目；在其开展的丰富多彩的对外交往中带有一定的公共外交色彩；有意识地在对外交流活动中嵌入了一定的公共外交意识，体现了活动主体的公共外交意识。[②]相关资料表明，通过巧妙利用博鳌亚洲论坛的影响，海南在公共外交方面展开了多方探索，开创了以"度假""经停"的方式开展的"休闲外交"以及独特的"疗伤外交"。

其一，利用博鳌亚洲论坛的平台推动三亚"休闲外交"。"作为传统外交的补充和发展，休闲外交是一种'不系领带的外交'，具有独特的功能和作用，是对传统外交和常规外交的重要补充和发展。休闲外交以其个性化和人性化的氛围越来越受到国际社会的青睐和重视。"[③]一方面，三亚拥有一流的休闲度假资源，这是开展休闲外交必须具有的前提条件；另一方面，一系列重大外交外事活动的举办，对三亚"休闲外交"理念的提出起到了助推作用。2005年11月，原国务院副总理吴仪与时任俄罗斯副总理茹科夫在三亚召开中俄总理定期会晤委员会第九次会议；2008年4月，在博鳌亚洲论坛年会举行前夕，时任国家主席胡锦涛在三亚为四国国家元首举行了隆重的欢迎仪式，并进行了9场双边会谈，可谓盛况空前。这是新中国成立以来，中国国家元首第一次在首都以外的地方举行国事活动，被网友盛赞称为"最美国事活动"，海南在开展"休闲外交"上初显身手，推动了三亚成为中国"休闲外交基地"倡议的提出。

其二，利用博鳌亚洲论坛的影响开展"疗伤外交"。2006年5月，在俄罗斯别斯兰人质事件中受伤的10名儿童到海南三亚接受中医康复治疗；2008年3月，第二批9名别斯兰人质事件中受伤儿童又来到三亚，接受了一个月的康复治疗，恢复情况良好；2010年11月，经历吉尔吉斯斯坦南部骚乱的50名吉尔吉斯斯坦儿童，获邀在三亚进行了为期13天的疗

[①] 参见察哈尔报告《地方公共外交工作分析评估报告》http://www.charhar.org.cn/uploads/file/20130903/20130903192041_2187.pdf。

[②] 同上。

[③] 南海网：《专家：休闲外交基地将助三亚打造世界级旅游胜地》http://sanya.hinews.cn/system/2013/12/20/016315545.shtml。

养，缓解了孩子们的心理创伤；2011年8月1日—8月7日，百名日本地震灾区青少年来琼度假、康复及疗养。通过参与组织和承接与此相关的活动，海南成为中外儿童进行心灵疗伤的目的地，其公共外交意义显而易见。一方面，通过多方尝试与探索，既增进了友谊，又为海南赢得了极高的声誉，提升了海南公共外交的水平；另一方面，展现了中国充满人性化关怀和爱心的负责任的大国形象，提升了中国的国家软实力。[1]

（三）海南公共外交的蓬勃发展

2010年1月，国务院《若干意见》的颁布，既为海南开展公共外交提供了一个新的契机和平台，同时也标志着海南公共外交进入了蓬勃发展的时期。事实上，从博鳌亚洲论坛成立至《若干意见》颁布，海南承办了一系列重大国际活动并获得了圆满成功，尤其是博鳌亚洲论坛年会自身的公共外交职能越发凸显，如举办南海议题分论坛、公共外交分论坛等，不仅使海南的对外知名度和影响力得到不断提升，也使海南在公共外交领域取得了长足的发展。伴随着国际旅游岛战略的出台和持续推进，海南对外交往需求日益扩大，交流领域持续拓展，对外工作在促进地方经济社会发展中的作用越来越突出，全省对外交往工作的受重视程度前所未有。可以说，公共外交与海南经济社会发展形成了良性互动。

总体而言，这一阶段的海南公共外交主要表现为：公共外交意识较强，对国家层面、地方层面的公共外交有较好的认识和把握，对公共外交目标的认识较为清楚，对自身公共外交工作有合适的目标定位；采取多种形式与政协外事委员会、大学及研究机构，以及当地涉外机构合作，提高自身的公共外交能力；能主动地把公共外交意识运用到日常对外交往工作中，用公共外交理论与方法来指导自身的对外交往工作，公共外交活动与项目明显增多并成功付诸实施。[2]

三　海南公共外交与国际旅游岛建设

2010年国务院《若干意见》的颁布，标志着继1988年建省办经济特区之后，海南迎来了第二次重大的历史性发展机遇。海南国际旅游岛

---

[1] 海口网：《看得见的"疗伤外交"海南渐成世界心灵疗伤理想地》http://www.hkwb.net/news/content/2011-08/08/content_405549_3.htm。

[2] 参见察哈尔报告《地方公共外交工作分析评估报告》http://www.charhar.org.cn/uploads/file/20130903/20130903192041_2187.pdf。

建设是在世界和中国经济发展格局发生重大变革的背景下,顺势而生的国家战略,具有极强的战略意义,是提升国际地位和影响力的必然选择。海南致力于通过打造国际旅游岛,使之成为中国与国际的合作交流平台,全面加强与国际社会的紧密联系;通过全方位开展区域性、国际性经贸文化交流活动以及高层次的外交国事活动,使海南成为我国与世界各地加强区域经贸活动的桥头堡。《若干意见》明确确立了海南国际旅游岛的发展目标,即至2015年,旅游管理、营销、服务和产品开发的市场化、国际化水平显著提高,旅游产业的规模、质量、效益明显提高,旅游对经济增长和社会发展的拉动作用进一步增强;至2020年,旅游服务设施、经营管理水平与国际通行的旅游服务标准全面接轨,海南旅游的国际知名度、美誉度大大提高,旅游产业的规模、质量、效益达到国际先进水平,初步建成世界一流的海岛休闲度假旅游胜地。而若要实现上述目标,开展公共外交是极其必要的选择,这是由于公共外交所具有的独特功能决定的。正如国务院新闻办原主任赵启正所说:"海南国际旅游岛建设离不开公共外交。"

一方面,海南国际旅游岛建设需要公共外交。众所周知,一个地方的社会形象如何,既与它本身的发展水平密切相关,也与其社会美誉度密切相关。海南建设国际旅游岛,除了不断提升自身的硬件和软件设施以外,离不开良好社会形象的打造,正所谓"内强素质,外树形象"。海南岛是中国除台湾地区之外的天然宝岛,自然条件优越,但由于经济基础薄弱,各种条件相对落后,若想取得快速发展,特别需要大力发展旅游业、金融业、海洋产业等现代服务业和资金技术密集型产业,而这些产业的发展都需要外来资本或资源,否则很难做到与国际接轨,更谈不上国际化水平。海南能否吸引来外来资本与资源,自身是否具有良好的地方形象是当务之急。而公共外交作为打造地方良好形象的天然抓手,自然应该成为海南国际旅游岛建设的重要内容。这是因为,国际旅游岛建设虽然是以旅游业为龙头,但并不排斥其他业态和发展领域,重在通过发展以旅游业为核心的现代服务业,带动海南经济社会全面腾飞,实现全面建成小康社会的目标。因此,在国际旅游岛建设总体牵引下的海南经济社会发展,除了首要的经济建设之外,还应有政治、文化、社会、生态文明建设等内容,公共外交作为推广海南文化、提升海南形象的必要抓手,理所当然要纳入其中。需要强调的是,《若干意见》中确定的国际旅游岛建设六大战略定位之一，就是国际经济合作和文化交流的重要平台，要发挥海南对外开放排头兵的作用，依托博鳌亚洲论坛的品牌优势，全方位开展区域性、国际性经贸文化交流活动以及高层次的外交外事活动，使海南成为我国立足亚洲、面向世界的重要国际交往平台。就此意义而言，在全面推进国际旅游岛建设的背景下，海南开展公共外交不仅是非常必要的，而且是非常急迫的。

另一方面，海南公共外交将助推国际旅游岛建设。首先，海南地处我国最南端，下辖西沙群岛、中沙群岛、南沙群岛等众多岛礁及其附件海域，战略位置极为重要，具有特殊的外交意义，是建设21世纪海上丝绸之路的重要战略纽带。凭借这样的有利条件，开展好海南的公共外交，不仅可以为国际旅游岛建设提升人气，还可以直接服务于国家的"一带一路"战略，最大限度地凝聚共识、化解分歧，赢得沿线地区国家的认同、支持、合作和参与。其次，海南是中国著名的三大侨乡之一，归国华侨以及海外的华侨华人数量众多，通过这些对中国较为了解的华侨华人，向其居住国政府与社会公众说明中国、推广中国、展示中国，传播中华文化，能够更好地团结周边国家，并与之开展全方位、多层次的交流合作。再次，作为亚洲以及其他大洲有关国家政府、工商界和学术界领袖就亚洲以及全球重要事务进行对话的高层次平台，博鳌亚洲论坛吸引了众多国家的首脑政要、商界精英及知名学者的参与，为海南开展公共外交提供了极为广阔的平台和人脉。第四，"中非合作圆桌会议"连续三年在海南万宁召开，作为民间公共外交会议，该会议的连续召开也证明了海南具备开展民间公共外交的基础和实力。最后，海南得天独厚的自然环境优势，是开展公共外交活动的极佳场所，官方曾成功地在三亚多次举办了"休闲外交"与"首脑外交"活动，表明海南从外事接待能力到基础设施条件都已能够满足开展公共外交活动的需要。

2013年11月和2014年10月，中共中央分别在北京召开了"周边外交工作座谈会"和"中央外事工作会议"，习近平总书记在两次会议上发表重要讲话，大力开展公共外交再次被提升到一个全新的高度。如何遵照中央精神，通过公共外交向世界展示一个美丽而开放的海南，全方位地推进海南国际旅游岛建设，既是新形势下海南经济社会发展的客观要求，也是有待继续深入挖掘和研究的重大课题。

四 博鳌亚洲论坛：海南公共外交的实践范例①

博鳌亚洲论坛（Boao Forum for Asia，BFA）是海南公共外交发展历程的一个典型缩影。在过去的15年间，博鳌亚洲论坛在成长，海南随着论坛共同成长，中国的多边外交和国家软实力也相伴成长。博鳌亚洲论坛作为永久定址在海南的国际会议组织，为海南开展公共外交提供了前所未有的舞台和平台。自2002年以来，博鳌亚洲论坛已成功举办了14届年会，不仅建立起跨越政、商、学、媒各界的联系机制，更成为海南开展公共外交的独特载体和成功典范。

事实证明，博鳌亚洲论坛在客观上承载了公共外交的角色与使命。从民间到官方，从经济到政治，博鳌亚洲论坛提供了一个全方位与世界牵手的机缘，推动民间外交和经贸文化交流已经成为博鳌亚洲论坛的一个重要特色。博鳌亚洲论坛作为一个重要而独特的多边外交舞台，其对中国的意义在于，借助这个舞台来展示自身的品格和风貌，通过参加者和媒体把真实的中国声音和形象传递给受众，让他们了解中国的经济与政治，了解中国文化与历史，从而建立与世界各地的友好往来与紧密合作。对海南的意义在于，博鳌亚洲论坛是一个展示海南经济特区及海南国际旅游岛建设成就的天然平台，同时也为参会的外国政要、商界领袖和学界精英打开了一扇了解海南、关注海南的窗口。

博鳌亚洲论坛作为第一个总部设在中国的国际会议组织，通过开展系列化的、卓有成效的活动，取得了令全世界为之瞩目的成就。总体而言，其突出的特质表现在以下几个方面。

第一，宗旨明确，前景无限。作为一个非官方、非盈利、定期、定址、开放性的国际会议组织，博鳌亚洲论坛以平等、互惠、合作和共赢为主旨，立足亚洲，推动亚洲各国间的经济交流、协调与合作；同时又面向世界，增强亚洲与世界其他地区的对话与经济联系。作为对该地区政府间合作组织的有益补充，博鳌亚洲论坛致力于通过区域经济的进一步整合，推进亚洲国家之间的友好往来、交流与合作，在建设一个更加繁荣、稳定、和谐且与世界其他地区和平共处的新亚洲方面，日益彰显出其重要的

---

① 本节中有关"博鳌亚洲论坛"的部分文字材料，系由海南省外事侨务办公室提供，在此特别予以说明并对他们的大力支持表示衷心感谢。

影响、地位和美好的发展前景。

第二，与时俱进，众望所致。1998年亚洲金融危机以后，面对经济全球化带来的巨大机遇和风险，相对于欧盟和北美自由贸易区建立和扩张趋势，以及亚洲地区整体上缺乏组织性的现实，加强区域经济协调与合作，建立一个亚洲人讨论亚洲问题的对话场所已十分迫切地摆在亚洲各国面前。为实现各国的共同发展，亚洲国家需要加强与世界其他地区的合作，从而促进各自相互间交流与合作的发展。在此背景下，1998年9月，澳大利亚前总理霍克、日本前首相细川护熙、菲律宾前总统拉莫斯等在马尼拉倡议成立"亚洲论坛"，旨在为亚洲各国官、学、商三方人士提供一个共商亚洲发展问题的高层次对话场所，以推进基于相互对话和相互理解的相互合作。他们分别致信中国国家主席江泽民及海南省领导，建议将亚洲论坛永久会址设在博鳌，并希望得到中国政府和海南省政府的支持。

1999年10月，拉莫斯和霍克应邀专程到海南访问，商讨博鳌亚洲论坛创建事宜，随后前往北京，时任国家副主席胡锦涛会见了来华通报"亚洲论坛"构想的霍克和拉莫斯，并表示中国一贯重视和支持多层次、多渠道、多形式的地区合作与对话，认为论坛的成立有利于该地区国家间增进了解、扩大信任和加强合作。中国政府一方面对"亚洲论坛"构想予以认真研究和积极考虑，尽力提供支持和合作，同时也希望进一步了解其他有关国家的反应，以争得更多国家的重视、理解和支持。为加快论坛成立工作的顺利推进，海南省在论坛可行性研究、国际外联等方面开展了大量的基础工作，特别是在论坛基础设施建设方面给予了大力支持。此后，博鳌亚洲论坛专家学者会议于2000年11月18—19日在中国海南博鳌举行，为论坛成立大会做了务实性准备。

第三，绩效显著，影响深远。博鳌亚洲论坛自2001年2月成立以来，历经15年发展，已成为亚洲以及其他地区重要事务对话的高层次外交平台。正是这样一个论坛，让海南成为除北京之外，承担国家级外交外事活动最多的省份之一。自2008年开始，我国的一些重大国事活动选择在海南举行，包括第三届金砖国家领导人峰会、中非合作圆桌会议等，海南已经成为我国公共外交、休闲外交的重要基地。博鳌国际旅游论坛、国际数学论坛、三亚国际财经论坛以及坏海南岛国际公路自行车赛、万宁国际冲浪赛、观澜湖高尔夫世界杯、四次世界小姐总决赛等一系列大型国际活动和体育赛事，极大提升了海南的知名度和美誉度。博鳌亚洲论坛成立至今，已成为亚洲及其他各大洲有关国家政界、商界、学界就亚洲及全球安全事务，进行对话交流、洽谈合作互利互赢的高端平台，其所产生的影响，深远而广泛。这可以从论坛的规模、与会代表的广泛性与国际性、主题的创新性与时代性、会议的灵活性与多样性等方面得到证明。

2001年的论坛成立大会，只有3位外国领导人、5位前政要、26个国家的专家学者、企业界、新闻界嘉宾共800人出席大会。至2014年会时，有8位外国领导人、11位前政要、8位国际组织及地区负责人、13位外国部长、香港特首梁振英、澳门特首崔世安、台湾两岸共同市场基金会荣誉董事长萧万长、74位国内省部级以上官员（含央企负责人）等，以及来自52个国家和地区的共1700多位代表及900多名记者出席了年会。本届年会与会代表的层次和结构持续完善，代表性更广泛、国际性更强。年会以"亚洲的新未来：寻找和释放新的发展动力"为主题，围绕改革、创新和可持续发展3条主线，共举办了68场活动，其中包括30个分论坛、7场闭门会议、9场博鳌夜话、3场圆桌讨论等，会议形式灵活，交流互动热烈，各种观点精彩纷呈。同时，议题丰富多样，除传统经济议题外，还设立了欧盟、美国、俄罗斯和澳大利亚4场国别分会，以及"南海：共赢与合作的创新思路"等3场政治安全领域分议题，极大地丰富了论坛的内容，提升了论坛在区域内外的影响力。

海南省服务和利用论坛的水平也再创新高，共举办了13场海南主题活动，其中，经全省电视选拔脱颖而出的4名百姓代表出席论坛年会，海南非物质文化遗产展示、海南省政府与国务院侨办签署省部战略合作框架协议，以及中国公共外交协会、海南省外事侨务办及琼海市政府三方共建博鳌公共外交基地战略合作意向书签字仪式等活动成为媒体竞相报道的热点亮点。同年4月，海南省服务与利用博鳌亚洲论坛联席会议工作机制正式成立，这标志着海南省论坛服务保障工作向科学化、程序化、制度化方向发展，海南省对论坛平台及资源的利用与开发也翻开了新的篇章。

第三节　海南公共外交的新探索与新使命

十八大以来，随着中国深化改革与对外开放的全面推进，海南省委、省政府及省外事侨务部门准确分析判断海南对外开放及经济社会发展面临的新形势、新任务、新要求，在服务国家总体外交和对外关系大局的基础上，充分利用自身独特的区位优势和丰富的公共外交资源，创造性地提出"三个基地一个示范区"战略构想，并在此基础上进行了卓有成效的实践探索，极大地丰富了地方政府和外事侨务部门服务国家总体外交与地方经济社会发展的方式和手段，初步构建出了具有海南特色的"国家级"、立体式对外交往新格局。

一 海南公共外交的战略构想与实践进展

近年来，海南在深入推进国际旅游岛建设过程中，大力整合国家、地方对内对外两种资源，积极构建和培育以博鳌、万宁、三亚、海口为支点，以博鳌亚洲论坛、中非合作圆桌会议、最美国事活动、侨务资源优势等为依托，以省市合力共建为机制，以高层次外交外事侨务活动、实体项目和城市软环境建设为支撑，精心打造具有海南特色的公共外交基地、中非合作交流促进基地、首脑外交和休闲外交基地以及国家侨务交流示范区等，由此形成了"三个基地一个示范区"[①]的战略构想与实践探索。

"三个基地一个示范区"战略构想的提出，得到了中央有关部委和海南省委省政府的高度重视与肯定。海南省委在2014年1月出台的《中共海南省委关于贯彻落实党的十八届三中全会精神推动海南全面深化改革的实施意见》中明确提出：加强策划和运筹，推进博鳌公共外交示范基地、三亚首脑外交和休闲外交基地、万宁中非合作交流促进基地和海口国家侨务交流示范区建设。按照这个全新的工作思路，海南省外事侨务办公室等相关职能部门，正在主动与外交部、国侨办、中国公共外交协会等中央有关部委和单位沟通协调，调动市县地方积极性，以重要外事侨务活动为载体，有序推进"三个基地一个示范区"建设。

（一）博鳌公共外交基地

博鳌亚洲论坛已在海南博鳌成功举办了14届年会，每年年会都有来自亚洲乃至世界的多位国家元首、政府首脑和政商学界的知名人物汇聚博鳌，国家领导人每年在论坛年会发表主旨演讲，向外界阐述我国外交政策。博鳌亚洲论坛已成为我国开展公共外交的重要平台，多年的办会经验

---

① 本节中有关"三个基地一个示范区"的相关文字材料，系由海南省外事侨务办公室提供，本章作者在结构安排和语句表达等方面做了必要的修改与补充，在此特别予以说明并对他们的大力支持表示衷心感谢。

使博鳌打下了建设公共外交基地的坚实基础。

2014年4月9日，中国公共外交协会、海南省外事侨务办公室和琼海市人民政府在博鳌亚洲论坛共同签署了三方战略合作意向书，决定联合共建"博鳌公共外交基地"，并成立基地建设联席会议机制。博鳌公共外交基地是全国性民间公共外交机构与地方官方外事机构、地方政府首次创新性合作。作为中国首个公共外交基地，它将借助博鳌亚洲论坛这一重要平台，以论坛所在地琼海市为依托，打造一个面向亚洲各国开展公共外交的基地，为中国公共外交工作的实践开辟试验田，同时不断提升琼海市的整体形象和影响力，带动会展、旅游等产业全面发展。根据意向书，三方将发挥各自优势，从智力支撑、服务保障、基础设施建设等方面为博鳌亚洲论坛的健康发展提供必要支持；依托论坛平台为亚洲各国在论坛年会期间举办新闻发布会、网络访谈等公共外交活动提供服务；依托基地建设，为亚洲各国官、学、产、媒搭建对话交流和释疑增信的平台。

为依托博鳌亚洲论坛平台，深耕论坛资源，提升海南利用论坛开展公共外交活动的能力，2014年4月，海南对博鳌亚洲论坛服务保障机制进行了改革，成立了海南省服务与利用博鳌亚洲论坛联席会议工作机制，由单纯的"服务"机制改革为"服务"与"利用"并举。同时，为突破制约博鳌亚洲论坛发展的硬件设施"瓶颈"，海南正抓紧实施博鳌亚洲论坛主会场改扩建和二期酒店项目，并将其列入省重点项目予以积极推进。近年来，博鳌亚洲论坛年会自身的公共外交职能也越发凸显，如举办公共外交分论坛、南海议题分论坛、"21世纪海上丝绸之路"议题分论坛等。随着博鳌公共外交基地的成立，将逐渐建成一个健康运转的论坛、一个特色开放的城市、一个展示形象的平台、一个公共外交学术思想的交流地、一个国际大型活动的举办地。

（二）万宁中非合作交流促进基地

中非合作圆桌会议从民间和公共外交的角度宣传中非友好和我国对非政策，促进中非友好合作，不仅是官方的中非合作论坛的补充，也为海南与非洲国家的交流合作搭建了桥梁，拓宽了渠道。以中非合作圆桌会议为依托的中非合作交流模式正在万宁逐渐成形。2012年中非合作圆桌会议永久会址落户万宁，其永久会址建设列入省重大项目；2013年11月，海南省外事侨务办公室与万宁市人民政府签订合作框架协议书，共建中非合作交流促进基地，并成立基地建设工作领导小组。

2014年11月，中非合作圆桌会议第五次大会在海南万宁成功举办，中国政府有关部门领导、36个非洲国家的驻华使节、中国企业家、专家学者、知名人士、金融机构和新闻界人士等350余人出席了会议，围绕"转型升级、合作共赢"主题，展开深入探讨，达成了一系列共识。这是该会议连续第五年在海南举办，并邀请海南省政府作为主办单位参与举办，这些都标志着中非合作交流促进基地正逐渐成为中国对非公共外交的重要平台。对海南而言，以中非合作圆桌会议为平台，依托会议永久会址所在地万宁市，借力品牌外事活动影响力和扩散效应，搭建形式多元的中非交往平台，成为中国对非工作的重要补充，推动加强中非民间交流，引导、帮助中国企业对非投资合作，同时带动万宁地方基础设施和产业经济发展，把万宁打造成为对非交流与合作基地，进一步提升万宁市的整体形象和影响力。

（三）三亚首脑外交和休闲外交基地

三亚先后于2008年和2013年两次举办"最美国事活动"、2009年承办温家宝总理与外国元首和政府首脑的重要外事活动、2010年承办戴秉国国务委员与美国国务卿希拉里·克林顿会晤、2011年承办金砖国家领导人第三次会晤、2014年李克强总理国务活动等一系列大型国际活动，三亚首脑外交和休闲外交的集中效应初步显现。未来将在国事活动的基础上，进一步将三亚打造成具备独特自然资源、一流会议场所和会议服务水平、一流疗养机构、一流娱乐休闲设施、一流安保设施、一流旅游目的地、重要国际航空航运枢纽等要素的、除首都北京之外的、中国国家元首和政府首脑休闲外交的首选城市。

2014年1月，海南省外事侨务办公室和三亚市正式签订共建协议书。海南省外事侨务部门积极与外交部、三亚市沟通协调，努力推进基地的实体项目建设，目前正就有关项目建设的开发和运营模式等与外交部、三亚市作进一步研究。海南还争取中联部、外交部和全国友协安排党宾、国宾和重要外宾等来三亚考察、访问和度假，将一些重要国际会议放在三亚召开，以此丰富三亚首脑外交和休闲外交基地建设内涵，树立品牌。

（四）海口国家侨务交流示范区

海南是中国第三大侨乡，侨务资源丰富而独特，琼属海外华侨华人有370多万，96%分布在泰国、马来西亚、新加坡和印尼等周边国家，这些国家的政、商、学界活跃着大量琼属华人精英。多年来，海南与周边国家交往频繁，经贸合作、文化交流日益密切。世界海南乡团联谊大会、世界海南青年大会、世界海南青少年夏（冬）令营等一批品牌侨务活动影响力持续增强，涵养了一大批可持续发展的侨务资源。围绕中央把东盟国家作为周边外交优先方向的方针，海南将抓住机遇，发挥毗邻东南亚的地缘、人缘和亲缘优势，充分利用丰富的侨务资源服务国家对外关系大局。通过推进海口"世界华侨华人交流中心"项目建设，打造集大型会议中心、中华文化博览园、华侨文化展览馆、华文教育师资培训中心、华文教材研究和编写中心、海外侨领研修中心、华裔青少年冬（夏）令营活动基地于一体的国家级侨务活动交流平台，利用海南丰富的侨务资源和周边国家独特的人脉资源优势，积极开展侨务公共外交，服务国家对外关系大局和海南经济社会发展。

2014年4月，海南省政府与国务院侨务办公室共同签署了《关于发挥侨务资源优势 促进海南国际旅游岛建设战略合作框架协议》，海南省外事侨务办公室、海口市政府和海南荣丰华文文化产业有限公司联合签订了《海口国家侨务交流示范区建设合作框架协议》，共建国家级的侨务交流示范区，并成立建设工作领导小组。2014年5月下旬，国侨办副主任任启亮率领中国侨商投资企业30多位华商代表到海口市考察交流，寻找商机，并就建设国家侨务交流示范区方案听取华商代表意见和建议。2014年9月，示范区建设所依托的"世界华侨华人交流中心"项目被列为"海南省文化产业重点项目"，已完成部分土地平整和住户搬迁，各项工作进展顺利。该示范区建成后将成为我国一个重要的侨务公共外交平台。

二 海南公共外交的前景展望与未来任务

当前和今后一个时期，海南对外交往工作将面临历史性的重大机遇，也为"三个基地一个示范区"的建设提供了良好的发展环境。新一届中央领导集体上任后，我国的周边外交、大国外交与多边外交的特色正逐渐凸显，"一带一路"建设、中国—东盟自贸区升级版、金砖国家开发银行、亚洲基础设施投资银行、泛北部湾经济合作等全面推进，这些都为海南公共外交提供了良好的发展环境。尤其是中央定位博鳌亚洲论坛为推动"一带一路"建设的重要平台、建设亚洲命运共同体的重要抓手、我国最主要的主场外交之一，这既是博鳌亚洲论坛的发展机遇，也是海南公共外交的发展机遇。随着一系列重大国际活动的举办和建设国际旅游岛的持续推进，海南的国际知名度、影响力不断提升，对外交往需求日益扩大、交流领域持续拓展，对外工作在促进地方经济社会发展中的作用越来越突出，全省对外交往工作的受重视程度前所未有，"三个基地一个示范"的提出恰逢其时，发展空间空前广阔。

"三个基地一个示范区"建设也面临着海南区位特性和经济发展的双重制约。海南地处南海，处在南海对外斗争和东盟交往的最前沿，维护国家海洋权益任务日益艰巨和复杂。同时，海南是一个典型的岛屿经济体，全省经济底子薄、市场小，经济发展总体水平偏低，各市县发展不平衡，对外交往合作水平有待进一步提升。如何发挥项目所在城市的潜力，将基地建设与当地经济社会发展整体规划有机结合，仍然是值得研究的重大课题。因此，以"三个基地一个示范区"为核心的海南公共外交的发展，也将是一个长期的系统建设过程，需要各方面的协同努力。在未来的发展中，海南公共外交尤其需要从以下方面不断加强。

（一）创新理念，扩大宣传

没有共同的思想基础，行动就很难形成合力。为此，一是要重视公共外交，树立政府"公关"观念。正如国务院新闻办原主任、十一届全国政协外事委员会主任赵启正所言："在全球化和新媒体时代的背景下，地方政府从根本上提高危机管理水平，从公共外交的视角担负起责任，才能描绘好区域形象的'单页'，为国家形象的'相册'加分。"二是要树立"人人参与"的公共外交新理念。公共外交绝不是政府的专利，而是广大社会公众的共同责任。要重视对广大民众开展有关公共外交的宣传教育。实际上，随着越来越多的人不断走出国门，以及越来越多的外国人士到中国投资、学习和生活，每个人都可能成为公共外交的名片。在网络上时常报道中国游客在国外的一些不良行为，就是给我们的警示。

（二）聚焦议题，凝练特色

要依托海南的区位和平台优势，打造地方公共外交的鲜明特色。为此，可以考虑重点围绕以下领域进行研究：一是环南海国家的公共外交研究。重点针对与我国隔海相望的越南、菲律宾、马来西亚、文莱和印度尼西亚等国展开；二是21世纪海上丝绸之路的公共外交研究。在21世纪海上丝绸之路沿线，除了涉及上述国家以外，还有新加坡、泰国、老挝、缅甸、柬埔寨等国。从长远来看，还要把目标指向南亚、西亚和南太平洋国家；三是"三个基地一个示范区"的公共外交研究。要立足现有的博鳌公共外交基地、三亚首脑外交和休闲外交基地、万宁中非合作交流促进基地和海口国家侨务交流示范区，有针对性地开展公共外交研究与实践。

（三）培养人才，夯实队伍

这里主要是指培养公共外交专业型人才和职业型人才。专业型人才培养的主要阵地在高校，其途径是通过系统化的学校教育来完成。相关课程可以在外交学、国际关系、公共管理、对外传播、跨文化交流等学科中开设，适时设立"公共外交"本科专业，并开展硕士和博士研究生培养。职业人才培养主要对象是社会在职人员，包括参与公共外交的政府公务人员、企业员工、服务人员、志愿者等。其中，政府机关人员和开展对外业务的企业员工是培训重点。在培训内容上，专业型人才和职业型人才应该有所区别，专业型人员强调理论和实践相结合；职业型人才则以实践为主。在培训机制上，要建立起"政府主导＋高校主体＋企业融入＋社会参与"的常态化人才培养新机制，整合不同机构和单位的资源优势，逐步扩大公共外交人才队伍，提升队伍的整体素质和业务水平。

（四）整合力量，形成合力

一是在理论建构方面，当前我国对公共外交的相关研究还处于起步阶段，总体上研究非常薄弱，力量也比较分散。海南应抓住机遇，充分发挥自身的地缘和资源优势，彰显理论和实践研究的特色，力争走在全国的前列。二是在研究机构的设置上，目前全国仅有为数不多的高校成立了公共外交研究机构。海南应积极抢抓机遇，在成立相关的研究机构后，大力开展富有成效的研究。三是加强团队协作。一方面要加强与政府部门的沟通与联系，争取更多的指导和支持；另一方面要进一步整合力量，加强政府、高校、企业等多元主体之间的协作，建立相应的公共外交智库，策划和组织公共外交活动，为国家和地方的公共外交实践提供智慧支持。2014年12月，海南省外事侨务办公室与海南大学签署合作框架协议，共建人才培养与科学研究平台，为海南扩大对外开放和公共外交事业培养和储备人才。

（五）吸纳资源，服务地方

伴随着"三个基地一个示范区"的稳步推进，大量的信息、技术、资金、智力、人脉、政策甚至注意力资源等周期性地注入进来，这为海南的经济社会提供了不可多得的潜在商机和发展契机。对海南而言，在做好传统的综合服务与后勤保障工作的同时，更要积极考虑对上述各种资源进行深入细致的开发利用，改变以往随着各种论坛、会议、外事等活动的结束，诸多短期流入的资源迅速流出，未能与海南的各种发展需求进行无缝对接，也无法对海南的可持续发展提供必要的支持。因此，相关主管部门要在一定程度上超脱琐碎繁重的事务性工作，站在更加高远的角度创造性地推进这项事务，按照统筹策划、科学编配、系统整合的原则，充分调动相关人员的积极性和主动性，通过策划富有新意的活动方案、组织特色鲜明的项目合作、举办别开生面的推介展示等，或者在不同机构、部门和人员之间牵线搭桥、穿针引线，努力促成各种有利于海南发展的投资洽谈、经贸合作、文化交流、智力引进、口碑传播、形象提升等，使这些流动性的稀缺资源能够在海南有所沉淀并生根开花。

展望篇

第十章

海南国际旅游岛战略展望

2014年是海南国际旅游岛发展的中期，也是重新审视国际旅游岛战略，并以此为基础展望未来前景的契机。在这样的历史节点，海南提出建设一流"旅游特区"的发展战略。本部分在全文基础上，以建设一流旅游特区为逻辑起点，将按照海南国际旅游岛战略新阶段、新路径和新举措来对国际旅游岛战略做全面展望。

第一节 海南国际旅游岛战略的定位展望

一 新阶段与新版图中的海南定位

我们需要从两个坐标轴去审视国际旅游岛战略的新阶段，一个坐标轴是时间轴，一个坐标轴是空间轴。

（1）从时间轴来看，20世纪80年代以深圳特区为龙头的改革启动了中国的全面开放，特区建设成为中国改革开发的窗口；20世纪90年代以来以上海浦东新区、天津滨海新区为龙头的发展促进了中国融入经济全球化。那么自金融危机后，中国新一轮的对外开放意味着，中国经济将积极抢占全球竞争的一些制高点，中国有责任培育出一个世界发展的"中国维度"，"一带一路"就是一种积极探索。

（2）从空间轴来看，世界经济版图和中国区域经济格局正在经历新的变化，美欧日三大经济体，力图通过跨太平洋伙伴关系（TPP）、跨大西洋贸易与投资伙伴关系（TTIP）和多边服务业协议（PSA）形成新一代高规格的全球贸易和服务业规则，而中国正在形成以"自贸区"为杠杆来进一步加强扩大开放力度。2008年之后，以中国为代表的新兴市场国家发展越来越受到世界关注，世界越来越需要从中国的发展来拉动世界发展。

相应地，中国也形成了以"一带一路"+"自贸区"+"长江经济带"+"京津冀一体化"的新经济版图，海南必须在新的经济版图中寻找自己的位置。本报告根据全文的阐释，可以形成这样的一种判断和认识：海南将成为世界旅游发展的"中国维度"，也是实现"一带一路"的旅游愿景。这既是海南国际旅游岛战略的历史使命，也是海南建设旅游特区的宏观表述。

二 海南国际旅游岛战略所面临的多重叠加期

在研究中，本报告形成了这样的认识：即海南国际旅游岛的中期建设处于多重叠加期，这种叠加期既有中国经济时代特征，也包含着海南发展的特殊性。概括起来，海南面临的多重叠加期包括：中国经济换挡、产业结构调整和政策消化的叠加期；一带一路、自贸区和国际旅游岛战略的叠加期；进一步开放与全面小康的叠加期。在这样的叠加期面前，海南不能错失机遇，但海南又不能忽略特殊省情的要求。为此，我们提出以下展望：

（1）未来五年，国际旅游岛应该能够承接多样化、多层次、可持续性的旅游消费，提供更丰富的旅游产品、性价比更高的旅游产品。中国经济新常态的一个典型特征就是"投资和出口"拉动逐渐转向由"消费+投资+出口"来动。而旅游在总体消费格局中处于重要地位，我国消费亮点不多而旅游始终是亮点。受益于国民收入的增加，中国国内游客和国际游客年度总量依旧不断增加，旅游消费已经成为很多国内游客和国际旅游的日常消费，但旅游供给根据需求做出调整，部分奢侈性需求让渡空间给更多平民化旅游需求，更多"价格亲民"的产品出现（保继刚，2014）。为此海南必须建立多样化、多层次和可持续性的旅游产品体系，海南省委书记罗保铭提出了"八大天堂"的构想，即打造"世人青睐的休闲天堂、人居天堂、购物天堂、美食天堂、医疗天堂、养生天堂、娱乐天堂、特色文化天堂"，就是这种产品体系最好的诠释。

（2）未来五年，是海南优化投资结构和提升投资效益的五年，也是海南利用"互联网+"实现产业转型升级和培育新业态的五年。中国步入发展新常态进程中，"投资拉动增长"正在转向"创新驱动增长"，而在"创新驱动增长"方面，"互联网+"成为拉动经济增长的首选项。全国主要省份都推出了"互联网+"的产业行动计划，海南必须快速进入这一经济发展新节奏中。但必须看到的是海南的产业基础依然薄弱，经济体量依然较小，抵御风险能力依然较弱，相当长的时间内经济增长要靠强化有效投资来拉动，在今后相当长的时期内，海南将进入基础设施建设高峰期，大项目带动的各方面投资需求仍将持续旺盛。

第二节 旅游特区背景下的海南国际旅游岛战略创新

一 "一带一路"中的海南愿景——"国际旅游特区"

建设"旅游共同体"，促进中国与世界其他国家和地区旅游贸易合作，是海南旅游特区的重要使命。在国家发展改革委、外交部、商务部联合发布的《推动共建丝绸之路经济带和21世纪海上丝绸之路的愿景与行动》明确提出："加强旅游合作，扩大旅游规模，互办旅游推广周、宣传月等活动。联合打造具有丝绸之路特色的国际精品旅游线路和旅游产品，提高沿线各国游客签证便利化水平。推动21世纪海上丝绸之路邮轮旅游合作"和"加大海南国际旅游岛开发开放力度""加强海口、三亚等沿海城市港口建设"。"一带一路"和"自贸区"强调"互联互通"和"全面合作"的"共同体"战略，然而相比国际贸易、金融、科技等领域，海南的优势领域依然是旅游领域。因此本报告有三点建议：

（1）要实现最大限度的游客自由流动，在海南实行更加开放的出入境政策，更大范围地对外国游客实行落地签证或免签入境，将海南建设成为"国际旅游特区"；

（2）将海南建设成邮轮母港，实现旅游互联互通，争取更多开放的邮轮政策，包括"一程多站""多点挂靠""三沙旅游"等，可以为中外游客提供更加具有海洋特色的海上旅游度假体验；

（3）将海南建设成为中国"公共外交"基地，实现"三个基地、一个示范区"的对外交往构想，即打造三亚"首脑外交和休闲外交"基地、博鳌"公共外交"基地、万宁"中非合作交流促进基地"、海口"侨务交流示范区"。

二 以"大城市管理框架"推动绿色崛起

海南省第六次党代会报告提出"以全省整体和一盘棋的视野，打破行政区划的壁垒。强化规划执行，形成全省特色鲜明、布局合理的功能分区"。推动海南科学发展、绿色崛起的关键就是通过大城市管理框架下的区域一体化，这也是经济特区和旅游特区的"特"字的集中体现。

（1）突出海南"类直辖市"的省区管理体制变革，以实现"特"。通过加快改革开发和城市化进程和区域整合，尤其是市县等级管理的"削峰填谷"，实现基层政府统一管理，提升省级政府的统筹能力，以便更好地实现全省范围内的国际旅游岛整体建设。在不涉及大的行政区划变革的基础上，通过"沿海带动内地"的"内拉动"模式，短期内可建立省政府层面的融招商、建设、管理职能为一体的专门机构，赋予其高层协调和调度各市县行政资源的权力，形成扩大招商管理体制，彻底改变过往项目低水平和同质化现象。长期内以沿海大城市为龙头，辐射内陆市县的方式，由省政府组建副省级的区域协调管理委员会，将土地整理、项目规划、经济协调和公共服务作为区域协调管理委员会的主要职责。

（2）实现"三规合一"乃至"多规合一"，以绿色智慧岛为抓手驱动大城市的整体管理。建议成立"智慧规划管理中心"，集规划、建设、国土、发改、环保、交通等各部门规划信息，以整合和利用岛内各部门、各系统所含的电子数据，运用融合技术将不同来源、不同标准、不同语义的数据集成起来形成一个统一的视图，最大限度清除噪声数据、冗余数据，保证数据的完整性和可靠性。智慧规划管理中心对各部门已编制或正在编制的规划进行筛选、对比分析，找出已开展或正在开展的规划编制的问题，并通过信息技术传送给规划管理者、规划编制单位和规划监督实施者，三者结合自身的功能定位，对规划信息数据进行及时更新处理。

三 以"丰富的产业体系"推动城市化进程

海南省城市化的典型特征就是缺乏工业化的推动，因此会出现"非协调性城市化"，即就业的城市化水平滞后于产业结构的城市化水平，城市空间的快速蔓延使得土地空间的城市化进程也快于人口和就业的城市化进程。快速地以相对单一的服务业和房地产业推动的城市化，使得海南居民的生活方式和文明程度的城市化水平相比经济方面的城市化水平更低，非协调性非常明显。因此本报告建议海南以"更丰富的产业体系"进一步推动海南城市化进程，具体建议有三方面：

（1）通过聚集更大规模和更多样化构成的人口，形成更丰富的产业形态，解决就业问题不可能仅依赖二、三个产业，尤其是作为一个区域经济中心城市的海口、三亚和儋州，首先自身就要达到一定的需求规模，即自身就是一个有吸引力的市场，其次作为一个区域经济中心城市其辐射力需要有辐射源，辐射源归根结底是高增值的产业内容和产业链条较长的产业形态。

（2）依靠旅游产业，走向高度联动、高度融合的产业发展之路。法国尼斯不仅是法国南海岸疗养胜地和旅游中心，还是重要的空运中心，铁路、公路运输发达，有电子工业、精密机械、服装、香水、食品等制造部门。本报告在休闲农业中提出的"第六产业"理念就是这样的一种产业发展思路。

（3）技术及经济模式的改变，为旅游城市的发展转型带来了前所未有的机遇，海南需要创造新的产业内容。例如，夏威夷的技术导向型产业和创意产业发展在很大程度上就得益于20世纪末期的信息技术的迅猛发展和扩散，夏威夷的高技术产业、文化创意产业分别占夏威夷总就业人口的3.2%和6.1%。当前新型服务经济业态的产生，如消费电子产业价值链的分解造就了一批消费电子独立设计企业，电子商务的出现也改变了传统产业发展方式，海南完全有可能在"互联网+"的格局中创造新的产业内容。

第三节 打造中国旅游特区的若干建议

一 "特"体现的是在多个旅游细分领域的顶端优势

旅游特区的"特"本身也是一种优势概念，即如何衡量海南旅游的竞争优势。海南旅游的竞争优势不是笼统的资源优势、规模优势和政策优势，因为这些优势都不能体现海南旅游在中国的地位，同时因海南经济体量小，整体规模优势不能成为海南旅游业的绝对优势。我们建议将"顶端优势"作为海南建设旅游特区的优势概念。

首先，顶端优势不是一种大而全的优势，而是可以在特色细分领域内做到极致的优势。顶端优势借用了生物学概念，即树木的顶部越高、枝叶越茂盛，果实越壮硕，顶部表现出远比底部强的"优势"。虽然顶端优势部分地牺牲了低处的枝叶，但整棵树却因此获益。比如三亚的世界选美小姐大赛就是一种顶端优势，因为它可以产生如磁场般的吸附效应，吸引选美赛事领域的资源或需求向三亚聚集，也在很大程度上阻止了其他城市在举办选美赛事方面努力的步伐。同样海南能够建设东南亚地区最大规模的热带雨林主题公园和探险式旅游景区、医疗养生旅游目的地，只要海南形成了顶端优势，海南有可能在这些细分领域成为全国之冠。这是一种思维上的改变，即不能以单纯传统旅游业指标去衡量国际旅游岛建设，因为国际旅游岛是中国的唯一。海南的优势就是多个细分领域的顶端优势，也可以形象表述为"八个天堂"的顶端优势。

其次，顶端优势的打造，需要集中力量与资源、政策，在某一领域深耕细作，还需要抢占先机。因为同一个产业领域或同一类经济活动，往往会引来多个城市或区域的关注，这种情况下能够做到先动，本身就是一种优势。另一方面也要求充分论证、审慎决策，一旦确定实施后，在相应领域就需要不断深入、长期投入和不断创新，才能够真正实现并进一步发挥顶端优势效应。

二 中国唯一的"旅游+"的实践范例

"旅游+"的含义是旅游资源转化和扩大，旅游资源本身具有极大的放大效应，如果单纯去看旅游资源本身，它的产业价值和社会价值并不能体现出来，而应当将旅游作为一种资源转化平台和资源放大器。因此海南不能仅仅向巴厘岛、普吉岛这些单纯的旅游岛屿作为标杆，而应该将发达国家的先进旅游目的地作为标杆，这些旅游目的地就是充分将旅游资源进行转化，进而形成新的经济资源、社会资源，甚至是外交资源。从这种意义上说，"旅游+"正是海南旅游特区的优势所在。

首先，旅游资源是开展公共外交的重要资源。如果从 2001 年博鳌亚洲论坛创立算起，海南公共外交实践已经走过了十多年的历程。未来的旅游特区建设将立足现有的博鳌公共外交示范基地、三亚首脑外交和休闲外交基地、万宁中非合作交流促进基地和海口国家侨务交流示范区，有针对性地开展公共外交。

其次，旅游度假资源的转化为金融资源、会议资源和研发资源。海南带动的是游客，游客可以形成大量"伴随性资源"。如度假资源转化为金融资源的可能性是很大，在海南诸岛上可以发展离岸金融业务，海南国际旅游岛本身也是"海南国际财富岛";度假资源转化为会展资源,海南极有可能成为国际会议中心城市之一;度假资源也可以转化成为休闲办公资源,根据国外经验,创新驱动阶段催生了总部经济的产生,大型企业职能部门相对分离,向郊区化、生态化和低密度发展,大量研发中心和企业总部一般在近郊风景优美处选址,员工就业和生活与周边旅游资源融为一体,跨国公司总部选择在风景怡人的旅游目的地。

三 进一步扩大政策开放力度,打造旅游"政策特区"

旅游特区意味着海南将进一步加大政策开放力度。因为从沪、津、粤、闽的自贸区政策的深度与广度来看,在可预见的未来,自贸区政策可能超出海南国际旅游岛的政策框架。以旅游购物为例,自贸区借助保税优势、"前店后库"模式、跨境电商等,游客可能买到比国内商场更便宜的国际高端品牌产品。以旅游开放为例,广东自贸区已取得港澳旅行商对内地居民出境旅游（除台湾）的经营,其中珠海横琴新区片区以旅游休闲健康、商务金融服务、文教开放为主导,与澳门对接；福建自贸区支持设立外资合资旅行社经营大陆居民出国（境）（不包括赴台湾地区）团队旅游业务,同时放宽旅游从业人员限制,支持台湾合法导游、领队经培训认证后在自贸区所在设区市（或试验区）执业等。因此海南打造一流旅游特区的政策框架不需要与自贸区全面对等,但在旅游政策上应当超越现有自贸区政策边界。为此本报告建议如下：

首先,真正全面落实 2009 年国务院《关于推进海南国际旅游岛建设发展的若干意见》要求,如《若干意见》中提出的"完善外汇支付环境,开展居民个人本外币兑换特许业务试点。推动开展跨境贸易人民币结算试点,改善结算环境。鼓励保险机构创新旅游保险产品。探索开展离岸金融业务试点""在海南试办一些国际通行的旅游体育娱乐项目,探索发展竞猜型体育彩票和大型国际赛事即开彩票"政策等,甚至可向国家申请更开放的政策,如允许在海南某些地段（如海岛、人工岛或邮轮）开放博彩项目等。

其次,建议由全国人大制定《海南旅游特区法》,或由国务院颁布《海南旅游特区管理条例》,并由海南省人大或政府制定实施细则。本报告突出了海南国际旅游岛的法制建设,相信在旅游及其立法领域,海南可以有所作为。

最后，探讨跨界政策创新的可行性，包括医疗、海洋等诸多方面。以医疗旅游为例，能否获得国际医疗卫生机构认证联合委员会的认证，是游客做出选择的重要标准。而在新加坡、印度、泰国等国家，医疗涉外服务是由大量民营医疗机构承担的，但这一举措并不适合现在的中国医疗环境。中国主要的医疗资源都集中在大型国有公立医院中，国家规定公立医院提供特需服务的比例不得超过全部医疗服务的10%。那么能不能像当年办特区一样，公立医院可以选择在海南作为试点，积极培养人才、发展医疗旅游行业。

四 实施人才战略，实现旅游"人才特区"

发达国家的城市发展历史表明，当一个城市形成一定的经济规模后，城市自身积累的人才创造力和资本能量通常会产生一个经济加速成长的惯性，为今后发展奠定基础。二十多年前，"十万人才下海南"毫无疑问是海南开发史上的大事，当年留在海南的人才现如今也已50多岁，对于海南建设旅游特区的新的历史起点，亟须重启"人才战略"，吸引新一代年轻人到海南创业和发展事业，只有如此才能开创海南旅游特区建设的新局面。

一般来说，经济落后的地区要注重外部市场，因为本地消费较少，这样就需要能够开拓外部市场的企业和人才。但是，经济落后的地方一般大企业较少，人才也较少，大家不愿意长期一起干，所以很容易陷入"人才高流动率"的恶性循环，这也是海南二十余年来人才流动的一种表现。为此本报告形成如下建议：

首先，在"互联网+"和"旅游+"创业政策的突破，形成"人才引力池"。当年"十万人才下海南"的背景是海南在建中国最大的经济特区，年轻人怀揣着人生梦想。现如今海南需要建立吸引人才的新的引擎，这一引擎我们形象地形容它们为"互联网+"和"旅游+"。

其次，优先发展中小学等基础教育。由于基础教育水平偏低导致子女教育问题无法解决，这已经成为制约海南省高端人才引进的瓶颈问题。在加速城市化的进程中，海南需要调整优化学校布局结构，在此过程中需要给予土地供应等方面的优惠政策，并对中小学幼儿教育进行超前布局，对中小学和幼儿教育人才进行优先引进。

再次，对外籍人才、港澳台人才的准入机制上进一步放宽。可以把海南打造成为旅游酒店业高级管理领军人才、旅行社业高级管理领军人才和邮轮业高级管理领军人才的聚集地,为此需要为外籍或港澳台地区创新创业人士提供出入境便利方面,并形成具体落实细则。

最后,建立人才流失问责制度。一个单位,一个部门,如果一年内流失出省的高层次人才、优秀人才达到一定的数量,该单位、部门的主要领导必须承担一定责任(如降职、减薪等)。

五 陆海统筹,实现海洋旅游的"互联互通"

海南省应与海上丝绸之路沿线国家和地区联合开发以邮轮为平台的国际旅游线路和促销利益共享的海上旅游产品。因此应该从滨海、近海、远洋多视角去落实海洋旅游项目,因此南海的旅游就需要以远洋和邮轮为主,不能简单地以岛屿为主。在此方面,本报告形成如下建议:

首先,三亚成为邮轮母港的条件已经成熟,海南应以三亚为中心点,勾连出国内国际内外相连、良性循环的海洋旅游圈。海南作为最早开展邮轮业务的邮轮港之一,自2009年三亚开港起,访问港运营管理模式基本成熟,海南作为邮轮运输业试点其主要创新空间还在于邮轮母港的发展。三亚近十年前在全国最先创新试验了以三亚为出发地和返回地的邮轮游业务,但由于当时经济与政策环境的限制,该业务并没有持续。而目前正处于邮轮经济发展的有利时期,国家试点政策为三亚政策创新提供了有利的条件,三亚完全具备建立邮轮母港的条件。

其次,通过邮轮产业链发展并延伸旅游特区建设。以邮轮经营为中心,以邮轮旅游、商业休闲和文化娱乐为主业,发展相关金融、贸易、研发、培训、创意、会展等服务业为延伸的现代邮轮产业体系,可以成为旅游特区建设的新增长点。同时海南可以创新更多的邮轮母港旅游产品,相信随着邮轮旅客吞吐量的不断增加,港口旅游或将兴起,港口的发展也将带动周边行业的发展。

最后,陆海统筹作为旅游特区发展"蓝色经济"的出发点。南海资源开发与海洋旅游发展的前提,就是相应的陆地产业发展必须达到一定的水平。因为依托海洋发展的产业,它的战略起点往往较高,且有连为一体的"陆—海"的产业现代化互为依托。发展海南省海洋旅游业就必须充分实现陆海统筹,建立具有足够海洋产业承载力的陆地载体及其产业高度做依托,比如邮轮旅游所要求的港口服务业布局与发展(立体构建的交通基础设施，机场、铁路、公路和港口的交汇能力较强）等。

六 打造旅游特区一流的"营商环境"

旅游特区应当拥有一流的营商环境，营商环境的最直接体现是"商务综合成本"。商务成本的构成要素包括要素成本、营业成本、制度成本和其他成本，囿于岛屿经济体的限制，海南物价偏高，而囿于房地产投资拉动，人才吸引成本和企业进驻成本也较高。因此，旅游特区建设不得不面临"未富先高"的局面，本报告对海南的营商环境有如下建议：

首先，可在重点区域打造"仿真"的国际一流投资环境。可借鉴早年天津经济技术开发区的经验，模仿国际一流的投资环境进行建设，适度突破政策限制，着力提高招商服务水平，在技术环境、物质环境、市场环境、人才环境和行政环境营造方面大胆地先行先试。

其次，高土地成本需与低投资税率充分整合。低税费政策，是透过低水平的税收和对非必要税费的减免来影响经济发展。国内外很多土地成本高的城市，往往通过低税费政策来吸引金融企业总部、商贸物流企业等进驻。中国香港、新加坡等一贯奉行简单税制、低税率的税收政策，因而吸引大量投资者前往注册公司。同时，低税费政策能够促进商品进口商能够以低廉的价格售卖产品，使本地居民受惠；低税费政策也是"国际购物中心"建设的突破口，在此方面应积极争取国家政策支持。

海南发展形成了海南"经济特区→国际旅游岛→旅游特区"战略深化过程，建设一流"旅游特区"是国际旅游岛战略的延伸和深化，相信在海南省委省政府的领导下，以"旅游特区"建设为契机，海南未来发展会更好。